심상기반 외상치료

IMAGERY-BASED
TRAUMA THERAPY

심상기반 외상치료

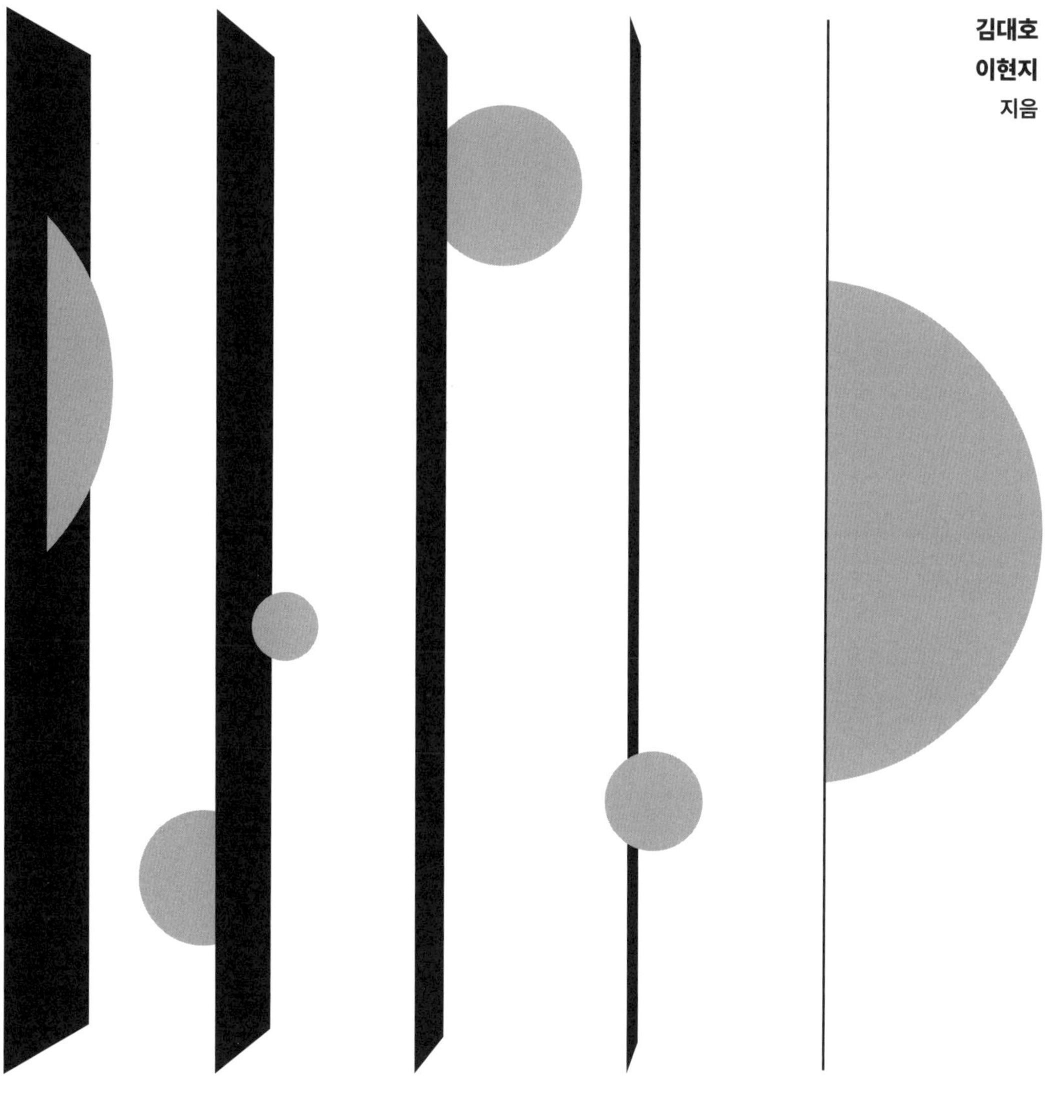

김대호
이현지
지음

圖書出版 하나醫學社

목차

4장 심상변화치료의 현황

5장 심상변화치료 시작하기

6장 심상치료 난제

2부 실제 해보기

부록

머리말

오랜 기간 동안 정신의학과 심리학에는 '도도새의 판결do do bird's verdict'이라는 불문율이 있었다.[1] 이 개념은 루이스 캐롤의 『이상한 나라의 앨리스』에서 달리기 경주의 심판인 도도새가 경주가 끝난 후 "모든 참가자가 다 우승자다"라고 덕담을 한 것에서 비롯된다. 이 판결을 정신심리치료에 적용하게 되면, 한마디로 모든 치료의 효과는 같다는 얘기가 된다. 즉, 도도새 판결은 모든 정신심리치료에 비특이적 효과 요소, 예를 들어 치료관계, 기대효과, 치료자의 능력처럼 개별 치료기법과 관련이 없는 공통적 요인이 크게 자리잡고 있기 때문에 치료와 치료 사이의 효과 비교는 의미가 없다는 견해다. 이러한 견해가 오랜 기간 계속된 또 다른 이유는 기존의 치료 기간이 너무 길기 때문에, 치료 전후 효과 연구가 쉽지 않고, 이 기간 동안 여러 외부 요인이 작용하여 그 결과에 영향을 미칠 수가 있기 때문이었다.

그러나 치료효과를 측정하기 쉽고 영향요인을 통제하기 쉬운 단기치료의 등장과 특정 질환에 대한 무작위 임상연구 결과가 축적된 90년대 후반부터, 반세기 이상 계속된 이 도도새의 판결이 잘못되었다는 견해가 제기되었고, 일부는 '정신심리치료의 도도새도 멸종되었다'라고 표현하기도 하였다.[2] 이 책을 쓰고 있는 현재 시점의 일반적인 견해는 모든 치료에 공통적인 치료효과 요인이 있지만, 어떤 질환에는 특정 치료가 더 효과적일 수 있다는 점과 어떤 치료는 효과가 더 빠르게 나타난다는 것, 이 두 가지로 요약할 수 있다.

이를 외상치료에 국한하자면, 기억노출를 기반으로 한 치료들이, 불안감소나 스트레스관리에 초점을 둔 치료보다 효과가 낫다는 것이 전문가들의 의견이다. 그러나 아직까지 기억노출을 기반으로 한 대표적인 외상치료 내에서 전반적 효과의 차이는 불분명하

---

1 D. L. Chambless, "Beware the Dodo Bird: The Dangers of Overgeneralization," *Clinical Psychology-Science and Practice* 9, no. 1 (2002).

2 Larry E Beutler, "The Dodo Bird Is Extinct," *Clinical Psychology: Science and Practice* 9, no. 1 (2002).

다. 오히려 차이가 없다는 연구가 더 많지만, 일부 증상이나 대상군에 따라 각 치료의 장단점이 있다는 것은 일부 알려졌다. 저자들은 치료의 효과에 더하여 효율성을 강조하고 싶다. 동등한 효과를 위해 치료회기가 덜 필요한 치료, 즉 시간자원의 절약, 중도탈락과 증상 악화가 적은 안전성, 그리고 치료자나 환자의 치료에 대한 수용성을 갖춘 효율적인 치료가 요구된다.

저자들이 지난 세월 걸어왔던 외상치료자의 길을 요약하면, 가능한 다양한 치료를 배우고 임상에 적용해 보는 과정이라고 할 수 있으며, 이를 통한 결론은 절충적인 접근이다. 즉, 어떤 특정 치료가 외상치료에서 제일 낫다고 할 수 없으며, 각 치료의 장단점을 통해 환자의 개별 특성과 요구에 특화된 맞춤형 치료를 제시하는 것인데, 그렇기 때문에 한 개인에 대한 치료계획은 여러 치료의 미시적 기법microintervention들이 모여 단계별로 제공되는 것이다.

그리고 또 한 가지 결론은 앞에서 얘기한 치료의 효율성에 제일 근접한 치료는 현재로선 심상기반치료이다. 외상치료에서 심상이 적용되기 시작한 것은 이미 한 세기 전에 프랑스의 신경정신의학자이자 심리학자였던 피에르 자네로부터 시작되었다. 이 기념비적 업적은 이후 수수께끼처럼 역사의 흐름 뒤로 후퇴하게 되는데, 당대의 정신의학이나 심리학이 받아들이기에 너무 앞서갔던 탓이라는 생각도 든다. 다행히, 심상치료는 완전히 소멸되지 않고, 일부 임상가들에 의해 활용되고 명맥이 유지되다가 1990년대에 들어와서 현재의 완성된 치료 형태로 알려지기 시작하였다. 왜 심상치료는 100년 만에 부활하였을까? 그 이유는 가장 이상적인 외상치료의 요소들을 갖추고 있기 때문이다.

이 책에서 저자들은 우선, 심상과 외상치료를 소개하고, 본론에서 저자들이 그동안의 임상 경험을 바탕으로 외국의 기존 치료를 한국 임상에 맞게 수정하고, 일부 새롭게 개발한 심상기반 외상치료를 소개하려 한다. 또한, 외상치료에 경험이 있는 치료자뿐 아니라 외상치료를 시작하려는 초보 치료자도 이 심상치료를 쉽게 공부하고 실전에 사용할 수 있도록 최대한 구체적이고 실질적으로 작성하도록 노력하였다.

1부 「이론과 준비」는 이 책의 총론이라고 할 수 있다. 심상치료의 역사, 외상치료 전반, 심상의 유용성, 현재 사용되는 여러 심상치료 소개, 심상치료를 시작할 때 알아야 할 것, 심상치료의 어려운 상황과 그 해결책에 대해 언급하였다. 2부는 외상치료 프로토콜로 구성되어 있다. 우선, 기본 안정화 단계로 심상치료는 아니지만 모든 외상치료의 기본이 되는 내용을 담았으며, 이들 내용은 저자들의 임상경험을 통해 축적된 것을 바탕으로 한 것이다. 그리고 외상치료 단계에 따라 실제 심상기법을 소개했는데, 이 기법들은 외국의 기존 기법들을 번안하고 수정하여 임상에서 활용해 온 것들과 일부 저자들이 개발한 심상기법을 제시하였다. 마지막 장에서는 흔히 질문을 받았던 사항에 대한 답을 소개하며 부록에서는 실제 임상에서 사용할 워크시트를 제공하였다.

저자들이 소개하는 심상치료 프로토콜의 상당 부분은 2015년부터 4년 동안 보건복지부 정신건강기술개발사업단이 지원한 〈재난충격해결을 위한 한국형 재난유형별 개입 기술의 개발 및 기반 연구〉의 성과이며, 이에 대한 표시는 해당 기법의 참고문헌에 기재하였다. 이들 기법은 심리치료자 및 외상전문가 그룹의 긍정적인 평가를 이뤄냈으며, 임상연구를 통하여 효과와 안전성의 타당성을 입증하였다. 추가로 이 책에서는 외상경험자를 지칭하는 용어를 환자로 통일하였고, 필요에 따라 대상자라는 용어도 사용하였다.

이 책이 나오기 위해 감사할 분들이 많지만, 한국 외상 연구와 치료의 선구자이신 가톨릭의대의 채정호 교수님, 아산충무병원 정문용 선생님, 그리고 이 책을 출판해주신 하나의학사에도 심심한 감사의 말씀을 올린다. 그리고 3년 동안 심상치료 임상연구 및 프로토콜 개발에 기여해 주신 민지영 선생님, 재난기반연구팀에 참여해 주신 모든 연구원 선생님들, 연구에서 프로토콜을 평가하고 의견을 주신 전문가 선생님들과 마지막으로 임상연구에 참가해 주신 외상경험자분들께 감사의 말씀을 전한다.

김대호, 이현지

1부 이론과 준비

다음은 심상을 이용한 외상치료의 한 사례이다.

"격렬한 불안발작과 심한 생리전 증후군으로 고통스러워하는 여성 환자의 심리치료를 담당하던 치료자는 이 두 가지 증상이 환자가 16세 때 목격했던 사망 사건 후 발생했다는 점에 주목하였다. 치료자는 직관적으로 이 외상기억의 처리가 증상 해소에 중요한 단서임을 알아채고, 환자가 그 기억을 심상화하고, 즉 떠올리고 덜 불편한 내용으로 바꾸도록 제안하였다. 결국, 환자는 그 이웃집 할머니가 계단에서 넘어지지만 심각한 부상 없이 일어서는 기억으로 변경하여 상상하게끔 이르렀다. 이러한 심상치료 세션 후 환자의 증상들은 급격히 호전되었으며 오랜 시간의 고통에서 해방될 수 있었다."

심상기법으로 외상기억을 다룬 경험이 있는 치료자라면 위의 사례에 사용된 치료가 현재, 심상재각본이라 불리는 심상치료 기법이라고 생각했을 것이다. 그러나 이 사례는 심상재각본이 보급된 2000년대보다 훨씬 전의 일인데, 이 임상 사례가 발간되었을 당시 국내에선 황해도에 방곡령이 내려졌으며(고종 26년), 프랑스에서는 에펠탑이 완공되어 마침 파리에서 개최된 세계 박람회에 맞추어 대중에게 개방되었을 때였다. 바로 이 해가 1889년이며 위에 소개된 치료사례는 프랑스의 심리학자이자 정신과 의사인 피에르 자네Pierre Janet의 『심리적 자동현상L'automatisme psychologique』이란 단행본에 보고된 것이다.[3]

이렇게 오래 전부터 시작된 심상치료를 지금 우리가 재조명하는 이유를 역사, 기전, 현황을 통해 살펴보고 심상치료를 시작하기 전에 알면 도움이 되는 내용을 1부에 정리하였다.

---

3 Onno van der Hart, et al. "Pierre Janet's Treatment of Post-Traumatic Stress." *Journal of Traumatic Stress* 2, no. 4 (1989): 388

1장 심상치료의 역사

심상변환을 통한 치유의 언급은 지금으로부터 2,600년 전, 이스라엘의 선지자 에스겔이 기록한 구약성서로 거슬러 올라갈 수 있다.[4] 신은 선지자에게 골짜기에 처참히 버려진 사람 뼈들을 보여주고, 이 뼈들이 모여서 골격을 이루고 점차 힘줄, 근육, 가죽이 덮이고 살아서 큰 집단을 이루는 심상을 보여줬고, 이들은 이스라엘 민족이라고 알려주었다. 이를 통해 바빌론에 전쟁 포로로 잡혀있던 이스라엘 민족에게 회복과 희망의 메시지를 전달하고, 이들의 심리적 고통을 위로하였다. 마찬가지로 신약성서의 요한 계시록에는 사도 요한이 목격한 전 세계적인 대환란과 전쟁 심상이 새로운 하늘과 땅의 이미지로 극적인 반전됨을 기술하여 로마의 핍박하에 있었던 성도들을 안위하고 격려하였다.[5]

원시부족의 주술과정에서도 심상기법이 등장한다. 하와이를 포함한 폴리네시아 제도의 카후나Kahuna 주술사의 치료과정에는 '변화하기kala'라는 단계가 있다. 여기서 카후나는 환자의 역기능적 생각, 감정, 행동을 새롭고 바람직한 것으로 바꾸도록 격려하는데, 그 방법 중 하나가 환자의 과거 기억을 탐색하여 이를 재평가하거나 심지어 그 경험을 의도적으로 바꾸기까지 했다. 현대의 심상재각본의 원시적인 형태라고 할 수 있겠다.[6]

임상 장면에서는 앞에서 밝힌 것처럼 심리적 외상의 개념과 치료가 시작되던 130여

---

4 구약성서 에스겔서 37장 1-14절.

5 신약성서 요한계시록 21장 1절.

6 A. A. Sheikh, R. G. Kunzendorf, and K. S. Sheikh, "Healing Images: Historical Perspective," in *Healing Images: The Role of Imagination in Health*. , ed. A. A. Sheikh (Amityville, NY: Baywood Publishing Company, Inc.. 2003).

년 전에, 심상을 활용한 외상치료가 개발되어 사용되었으나 안타깝게도 이후 정신의학이나 심리학에서 사라졌다가 최근 다시 각광을 받게 되는데, 그 배경을 살펴보고자 한다.[7]

심상치료의 태동

우선 1889년 프랑스 파리를 주목할 필요가 있다. 당시 유럽은 변화의 해였다. 파리에 만국박람회가 개최되고 그 유명한 에펠탑이 완공되어 대중에게 공개되었다. 또한, 20세기 인류의 삶에 큰 영향력을 주는 대표적인 두 인물이 영국 런던과 오스트리아 브라우나우 암인Braunau Am Inn에서 태어난 해이기도 했다. 한 사람은 전쟁과 급격한 사회변화에 지친 세계인들을 위로해 준 찰리 채플린이었고, 다른 한 사람은 제2차 세계 대전을 일으켜 수많은 사람들에게 정신적 외상을 안겨 준 루돌프 히틀러였다.

심상치료의 역사는 프랑스 파리의 삐띠에 살페트리에 병원Pitié-Salpêtrière Hospital에서 시작된다. 당시 이곳에는 소르본느 의과대학의 해부병리 교수이자 살페트리에 병원의 신경과 과장인 쟝 마르탱 샤르코Jean Martin Charcot가 담당하던 신경과 병동이 있었고, 당대 많은 문하생들과 학자들이 최신 의료기술을 습득하려고 이곳을 찾곤 했다. 대표적인 인물은 정신분석의 창시자인 지그문트 프로이트였다. 하여튼 샤르코는 신경과 의사였지만 주 관심사는 히스테리아였는데, 젊은 여성에 많고 신경 손상 없이 나타나는 국소적 마비나 구축contracture이 주증상인 환자들이었다. 현재 사용되는 정신질환 진단체계로는 전환장애conversion disorder 혹은 기능성 신경학적 질환으로 진단할 수 있다.[8] 이 히스테리아 환자들은 대부분 아동기 성학대 및 여러 트라우마로 인한 신경학적 증상을 겪고 있는 신체적 해리 증상을 보였는데, 아쉽게도 신경과 의사인 샤르코는 이를 심리적 원인이 아닌 신경계 질환으로 파악하고 치료하였다.

---

7 넓은 의미의 심상치료는 심상유도법(guided imagery)과 상상노출치료(imaginal exposure therapy)를 포함하지만, 본고에서는 심상을 의도적으로 재구성하는 치료에 국한하여 고찰하고자 한다.

8 American Psychiatric Association, American Psychiatric. *Diagnostic and Statistical Manual of Mental Disorders (Dsm-5®)*. Americal Psychiatric Pub, 2013

피에르 자네

1882년 파리대학의 대학원생 피에르 자네Pierre Janet는 한 학술지에 최면과 투시에 대한 증례를 보고하였는데, 이 보고서는 샤르코의 관심을 끌게 된다. 같은 해 발간된 샤르코의 최면에 대한 논문은 자네에게 큰 영향을 주었고, 그는 르 하브르 정신병원Le Havre Mental Hospital에서 히스테리아 연구를 시작하게 된다. 1889년 자네가 심리학 박사 학위를 받자, 샤르코는 살페트리에 병원에 심리연구실을 만들어 자네를 초대 연구실장에 임명하였고, 자네는 자신의 치료기법을 이용한 사례들을 발표하게 된다. 4년 후 샤코트의 지도하에 의학박사 학위도 취득한 자네는 줄곧 임상 진료와 학술적 연구 두 가지를 병행하여 심리학과 정신외상학에 위대한 업적을 남겼으며, 1910년에 살페트리에를 그만두고 소르본느대학 교수를 거쳐 콜레주 드 프랑스의 심리학과 학과장으로 1935년까지 재직하였다. 그는 심리학 교수로서 강의와 연구뿐 아니라 의사로서 진료와 심리치료를 병원과 자신의 의원에서 병행하였다.

자네가 정신외상학에 미친 영향은 지대하다. 다양한 치료기법을 개발하고 적용하였으며, 해리나 외상기억에 대한 개념을 정립하였는데, 100여 년이 지나 정신외상학에서 논의되는 수준에 결코 뒤떨어지지 않는다. 자네의 치료 접근 방법은 현재 우리가 사용하는 트라우마 치료와 유사한 면이 많다. 자네는 외상기억에 노출하는 치료를 시행할 때 세 가지 기법을 사용하였는데, 첫 번째는 최면 상태에서 기억을 자세하게 말로 표현하게 하는 '중성화neutralization'로, 이는 현대의 노출치료와 유사하다. 두 번째는 외상기억을 바꾸는 치료, 즉 치환법substitution method으로 심상재각본치료의 초기 버전이라고 볼 수 있다. 마지막으로 외상기억에 관련된 감정, 인지를 언어를 통해 표현하고 이를 재정립하는 치료적 재구성therapeutic reframing으로, 이는 현재의 인지치료와 비슷하다. 마치 오랜 세월이 흐른 미래의 외상치료가 어떤 방향으로 진행될지 암시한 예언자로서의 자네를 보는 것 같다.

우리의 관심사는 물론 심상치료 기법인 치환법이다. 자네의 주요 트라우마 치료법은 역시 최면 상태에서 기억에 노출하는 법이었지만, 많은 환자들이 이 방식을 견디지 못하였고 저항하였기 때문에 이때 가뭄에 단비처럼 활용할 수 있었던 것이 치환법이었다. 자네는 외상기억을 중립적이거나 긍정적인 심상으로 바꾸는 시도를 하였는데, 예를 들어

죽은 자식의 이미지를 만개한 꽃으로 바꾼다든지, 초경의 외상적 경험을 자연스럽게 생리현상을 받아들이는 심상으로 바꾸는 것 등이었다.[9] 한 사례에서는 콜레라로 죽은 시체의 이미지를 점차 변형시켰는데, 그 시신을 과거 박람회에서 봤던 중국 장군이라고 정하고 이에 맞춰 모습을 변화시켰다. 이후 장군이 일어서고 행군하는 모습까지 상상할 수 있을 때 증상은 호전되었다.[10] 자네는 어떤 경우는 외상 사건의 인지적 해석이나 정서반응을 바꾸기도 했으며, 외상기억을 연상시키는 단어를 음은 비슷하나 전혀 다른 의미로 바꾸기도 했다. 자네의 치환법은 현대의 심상치료에 비해 비교적 단순하고 부분적인 재구성으로 이루어져 있으나, 그 치료 내용과 활용대상은 오늘날의 심상치료와 그 맥락을 같이한다.

심상치료의 암흑기

심상치환법을 포함하여 자네의 외상치료는 프로이트의 정신분석이 당대의 정신의학과 심리학을 장악하면서 역사 속으로 사라졌다. 그럴 수밖에 없는 것이 프로이트는 처음에는 외상이 신경증의 원인이라는 개념을 가지고 최면을 통한 카타르시스를 주치료기법으로 사용하였으나, 20세기에 들어오면서 환자들의 외상기억을 환상으로 규정하고 시작한 것이 정신분석이기 때문이다. 따라서 이후 1990년대에 외상치료가 다시 각광받기까지 심상을 이용한 외상치료도 역사의 무대에서 사라졌으며, 다만 일부 소수의 치료자들이 심상을 이용한 치료법을 개발하고 저서나 워크숍을 통해 조용히 소수에게 알리는 과정으로 이어졌다. 이들에게 영향을 미친 사람은 1930년대 헝가리 정신분석학자인 산도르 페렌치Sandor Ferenczi로, 그는 아동기 외상경험자에게는 상처받은 내면의 아이inner child가 존재하고, 이러한 자아의 부분들을 치유하고 다시 양육시키는 것이 치료자의 역할이라고 주장하였다. 그는 아동기 외상을 재현하고 대화법과 재양육 접근법으로 작업하였다.[11] 이

9 Onno van der Hart, et al. "Pierre Janet's Treatment of Post-Traumatic Stress." *Journal of Traumatic Stress* 2, no. 4 (1989): 388

10 *van der Hart, O, and B. Friedman. "A Reader's Guide to Pierre Janet: A Neglected Intellectual Heritage. ." Dissociation 2 (1989).*

러한 상처받은 아동기 자아에 상상으로 접근하여 상호작용하고 치유하는 기법들이 후대에 발전하게 된다.

먼저 언급될 치료는 독일 출신의 정신과 의사인 프리츠 펄스Fritz Perls의 게슈탈트치료인데, 펄스는 종종 환자들로 하여금 아동기 부모나 중요 인물 등 특정 대상을 심상화시키고 이들과의 부정적인 경험을 언어화해서 당시 표현하지 못했던 태도, 반응 등을 찾아내어 심상 혹은 드라마로 표현하도록 했다.[12] 비슷한 심상기법은 상호-상담co-counselling으로 알려진 영국의 존 헤론John Heron의 다양한 치료방법 중에 발견할 수 있다. 예를 들어, '나쁜 부모-좋은 부모Bad Parent-Good Parent' 기법에서는 유아기의 심층 분노를 다루기 위하여 상담자가 나쁜 부모 역할을 한다. 내담자는 쿠션을 때리기, 울음 등을 통해 나쁜 부모에 대한 분노를 배출하며 그들을 심상 속에서 죽인다. 상담자는 울음, 신음, 굴러떨어짐 등을 통해 부모의 죽음을 시연해 보인다. 이를 통해 나쁜 부모에 대한 내담자의 분노가 처리되면, 상담자는 이상적인 부모가 되어 내담자를 안아주고, 사랑과 지지를 주며, 내담자도 이에 좋은 감정을 표현하며 화답한다.[13] 이는 심상화와 신체기법을 혼합한 일종의 카타르시스법이라고 할 수 있다.

펄스와 헤론의 기법들은 60년대에서 70년대로 넘어가며 완성되었으며, 이후 게슈탈트치료나 인본주의 심리학에서 활용되었으나 주류 정신의학이나 심리학보다는 사이코드라마, 코칭이나 상담 영역에서 활용되었다.

다른 흐름은 최면인데 특히, 최면분석hypnoanalysis이라는 치료학파에 주목할 필요가 있다. 밀톤 클라인Milton Kline과 존 왓킨스John Watkins가 대표적인데, 최면분석이란 최면으로 연령 퇴행을 유도하고 고통스러운 아동기 기억에 접근하여 정신역동적 사례개념화를 바탕으로 해결하는 방법이라고 할 수 있다. 이들은 50, 60년대부터 심상기법들을 다양하게 활용하였고, 특히 왓킨스는 인간 내면에 존재하는 여러 자아의 부분들을 자아상태ego state라 명명하고, 이들을 찾아서 심상대화법과 기타 치료기법들로 치료하는 자아상태치료

---

11 D. Edwards, "From Ancient Shamanistic Healing to Twenty-First Century Psychotherapy: The Central Role of Imagery Methods in Effecting Psychological Change.", in *Oxord Guide to Imagery in Cognitive Therapy*, ed. A. Hackmann, J. Bennett-Levy, and E.A. Holmes (2011).

12 "Restructuring Implicational Meaning through Memory-Based Imagery: Some Historical Notes", *Journal of Behavior Therapy and Experimental Psychiatry* 38, no. 4 (2007).

13 J. Heron, *Helping the Client: A Creative Practical Guide* (Lodon: SAGE Publication, 2001).

를 90년대에 완성하여 보급하였다. 앞에서 언급하였듯이 게슈탈트치료와 최면에서 사용된 심상기법들은 소수의 비주류 치료자들에게 공유되었으며, 성인기 비특이적인 여러 정신건강의 문제에 관련된 아동기 부정적 경험을 찾아내고 치료하는 일종의 기법으로 사용되었기 때문에, 이를 독립된 외상치료라고 규정하기는 어렵다. 그러나 미미하게나마 심상치료가 계속되어 현재의 독립된 심상치료의 바탕이 되었다는 점은 분명하다.

심상치료의 부활

심상치료의 부활은 정신외상학 분야의 내적 계기와 외적 계기로 나눌 수 있다. 내적 계기는 1980년에 외상후스트레스장애가 미국 정신질환진단 분류체제에 공식적인 질환으로 출현한 것이고, 이를 통해 외상의 병태생리와 치료에 대한 관심이 급속히 증가하였다. 이로써 기존 불안장애의 치료기법인 체계적 탈감작, 홍수법, 내폭법이 외상치료에 적용되고 수정되는 과정이 전투 관련 PTSD 환자들을 대상으로 진행되었다. 이들이 경험한 외상 사건의 특성상 실제 혹은 현장 노출보다는 상상노출이 치료의 기준이 되었으며, 이 과정에서 심상의 변화를 통한 개입의 필요성이 지적되기도 했다. 1987년에 발간된 한 사례 연구에 다음과 같은 내용이 포함되어 있다.

> '이 단계에서 카타르시스만으로도 도움이 되는 것으로 보이지만, 이것만으로는 부족한 것이 명백하다. 때로는 당면한 임상 상황의 요구에 따라 수정되어야 한다. 예를 들어, 환자가 사건을 회상하며 강한 정동을 경험하는 것이 확실하다면, 정서반응의 다른 일면을 이해하기 위해 원래와는 다른 결과를 상상하게 제안할 수 있다(p. 57).'[14]

이렇게 미국의 외상후스트레스장애 관련 연구와 치료의 메카인 보훈처를 중심으로 노출치료의 대안으로 (완성된 독립적 치료가 아니라 기법으로) 심상치료가 사용되었다. 외적

---

14 J. P. Grigsby, "The Use of Imagery in the Treatment of Posttraumatic Stress Disorder," *J Nerv Ment Dis* 175, no. 1 (1987).

계기는 80년대에 들어서면서 당대의 정신의학이나 심리학의 주류 치료였던 정신분석이 쇠퇴하고 인지행동치료가 무대에 등장한 것이다. 인지행동치료는 게슈탈트치료의 심상 기법을 흡수하게 되었다. 90년대에 들어와서 심상 재구성의 적극적인 형태로 출현하는데, 머브 스머커Merv Smucker, 아누드 안츠Arnoud Arntz, 앤 해크만Ann Hackmann, 매리 앤 레이든Mary Ann Layden, 제프리 영Jeffrey Young, 데이비드 에드워즈David Edwards가 주요인물이었다. 이들을 통해 심상재각본Imagery Rescripting과 스키마치료의 심상기법이라는 독립된 치료기법으로 발전하게 되었다. 이 치료들은 대조임상연구를 통해 그 효과가 입증되고 있으며, 외상후스트레스장애 외의 여러 질환(성격장애, 우울증, 사회공포증, 임소공포증, 식이장애 등)에서 사용되고 있다. 질환은 모두 다르지만, 기본적으로 외상기억 혹은 불편한 경험의 기억에 접근하여 재구성하는 방법은 동일하다.

결론

심상을 이용한 외상치료의 역사는 100년의 시차로 탄생과 부활의 과정이라고 할 수 있다. 그 과정에서 중요한 역할은 인지행동치료 학파의 심상기법에 대한 포용과 발전, 효과적이고 안전한 외상치료에 대한 요구를 들을 수 있겠다. 다음 장에서는 심상을 이용한 외상치료가 왜 필요한지에 대해 소개하고자 한다.

참고문헌

Association., American Psychiatric. Diagnostic and Statistical Manual of Mental Disorders(Dsm-5®). American Psychiatric Pub, 2013.

Beutler, Larry E. "The Dodo Bird Is Extinct." Clinical Psychology: Science and Practice 9, no. 1(2002): 30-34.

Chambless, D. L. "Beware the Dodo Bird: The Dangers of Overgeneralization." [In English]. Clinical Psychology-Science and Practice 9, no. 1 (Spr 2002): 13-16.

Edwards, D. "From Ancient Shamanistic Healing to Twenty-First Century Psychotherapy: The Central Role of Imagery Methods in Effecting Psychological Change." In Oxord Guide to Imagery in Cognitive Therapy, edited by A. Hackmann, J. Bennett-Levy and E.A. Holmes, xxxiii-xlii, 2011.

____. "Restructuring Implicational Meaning through Memory-Based Imagery: Some Historical Notes." [In English]. Journal of Behavior Therapy and Experimental Psychiatry 38, no. 4 (Dec 2007): 306-16.

Grigsby, J. P. "The Use of Imagery in the Treatment of Posttraumatic Stress Disorder." J Nerv Ment Dis 175, no. 1 (Jan 1987): 55-9.

Heron, J. Helping the Client: A Creative Practical Gulde. Lodon: SAGE Publication, 2001.

Sheikh, A. A., R. G. Kunzendorf, and K. S. Sheikh. "Healing Images: Historical Perspective." In Healing Images: The Role of Imagination in Health., edited by A. A. Sheikh. Amityville, NY: Baywood Publishing Company, Inc.. 2003.

van der Hart, O, P Brown, and B. A van der Kolk. "Pierre Janet's Treatment of Post-Traumatic Stress." Journal of Traumatic Stress 2, no. 4 (1989): 379-95.

van der Hart, O, and B. Friedman. "A Reader's Guide to Pierre Janet: A Neglected Intellectual Heritage.." Dissociation 2 (1989).

2장 외상기억과 외상치료

외상후스트레스장애는 외상적 사건을 경험한 후에 발생한 기억장애라고 할 수 있다. 이는 사건과 전후의 기억이 제대로 저장되지 않고, 일반적인 기억과 통합되지 않으며, 당시 경험했던 그대로 부호화encoding된 상태로 임시 저장된 것이라 할 수 있다. 처리되지 않은 이 외상기억은 시간이 흘러도 유발요인이 있으면 그때 상태로, 즉 당시 느꼈던 감각(이미지, 소리, 촉감 등), 감정, 생각으로 재현되는데, 이를 침습 증상, 침습 기억이라고도 하며 외상후 발생하는 여러 문제의 핵심 증상으로 환자들이 제일 힘들어하는 반응이다.

이 장에서는 외상경험후 발생하는 다양한 문제의 핵심 원인인 외상기억이 어떤 특징이 있으며, 이 외상기억의 처리와 통합을 유도하는 치료들은 어떤 것들이 있는지 알아보겠다.

외상기억

기억은 완성된 상태로 고정된 것이 아니며, 계속 만들어 나아가는 역동적 과정이라고 할 수 있다. 특히 기억의 소소한 부분들은 그 의미부여에 따라 오염되어, 즉 영향을 받아 실제와 다르게 기억될 수 있다. 더불어 기억은 언제나 시간이 지나면 정확도가 떨어진다. 또한, 일반적인 기억은 서술적이라고 할 수 있는데, 이는 언어나 상징으로 알게 된 기억을 말로 표현할 수 있다는 것이다. 기억은 보통 의식계에 있는데, 처음이 있고 끝이 있는 연속적 형태이며, 강한 감정이나 감각에 방해받지 않은 상태로 존재한다.

이에 반해 외상기억의 특징은 다음과 같다.[15]

첫째, 서술적 기억이 공존할 수 있지만, 기본적으로 외상기억은 감각과 정서의 방식으로 각인imprint된다. 그렇기 때문에 외상기억은 일종의 파편과 같이 감각과 정서로 강하게 재경험된다. 또한, 외상기억은 시간적, 논리적, 전체적인 관점에서 조망하기 어렵다. 그래서 환자들에게 종종 영문도 모르고 설명할 수 없는 강렬한 감정, 신체반응이 나타나는데, 그 이유와 맥락을 이해하지 못한다. 피에르 자네는 외상기억이 의식계로부터 분리(해리)되어 감각적 지각, 강박적 반추, 혹은 행동적 재현으로 저장된다고 했다.

둘째, 이 감각적 경험이 시간이 지나도 일정하게 지속되며, 다른 인생 경험에 의해 좀처럼 변화되지 않는다. 수십 년이 지나도 외상기억은 마치 당시에 저장된 그 상태로 생생하게 재현되기도 한다.

셋째, 일생 기간 중 언제라도 연상 요인reminder에 의해 유발되어 재발할 수 있으며, 마치 그 경험을 처음부터 다시 하는 것처럼 생생하게 느껴진다. 예를 들어, 잊힌 아동기 성학대의 기억이 성인기의 신체 접촉에 의해 유발되고 떠올라서 고통스러워하는 경우이다.

넷째, 이 감각적인 각인은 희생자가 그들의 느낌이나 생각을 정확히 표현할 수 없는 정신상태에서 발생하는 경향이 있다. 이를 무언의 공포speechless terror로 표현하기도 한다.[16] 이를 간접적으로 증명하는 연구결과가 있는데, 외상기억을 유발한 뒤 뇌영상을 촬영하면 언어를 생성하는, 즉 의미적 처리를 하고 언어로 표현하게 하는 브로카 영역의 활성도가 떨어지고, 이에 비해 오른쪽 변연계, 즉 정서와 감각적 자극을 나타내는 부위는 활성화된다.[17]

외상기억의 이러한 특징은 기억의 저장, 다시 말해 기억의 경화consolidation 과정의 문제로 본다. 경화를 통해 처음의 취약한 기억흔적들이 재구성되고 장기 기억으로 통합되는데, 정서적인 기억의 경우 콜티졸이나 노에피네프린과 같은 호르몬과 신경전달물질이 뇌의 편도체에 작용하여 해마-피질 쪽으로 이동하게 된다. 즉, 경화를 통해 정동적 부하

---

15 Bessel A Van Der Kolk, Jennifer A Burbridge, and Joji Suzuki, "The Psychobiology of Traumatic Memory. Clinical Implications of Neuroimaging Studies", (1997).

16 B. A. van der Kolk, "The Body Keeps the Score: Memory and the Evolving Psychobiology of Posttraumatic Stress," *Harv Rev Psychiatry* 1, no. 5 (1994).

17 S. L. Rauch et al., "A Symptom Provocation Study of Posttraumatic Stress Disorder Using Positron Emission Tomography and Script-Driven Imagery", *Arch Gen Psychiatry* 53, no. 5 (1996).

를 줄이는 동시에 정서적 기억의 서술적, 사실적 측면을 보존하게 된다. 그런데 PTSD를 야기하는 외상적 기억은 피질 내측과 지각 영역에 머물러서 자율신경이나 지각 부위와 강하게 연결되며, 피질의 자서전적 기억망에 통합되지 않는다(p. 1).[18] 따라서 유발요인에 자극되면 불수의적으로 기억의 흔적이 인출되는데, 이를 침습이라 하며 말로 표현하기 힘들고 부분적이며 짧게 나타난다. 이는 생생한 감각, 즉 이미지, 소리, 신체감각, 맛 혹은 냄새를 동반한다. 이 침습 기억의 특성은 현재의 시간과 장소에서 발생하는 것처럼 느껴지고, 실제와는 다른 맥락, 즉 외상 당시의 감정이나 생각으로 나타나며, 외상 당시와 감각적으로 유사한 요인에 의해 유발되며, 현저히 고통스럽다.[19]

한 가지 희망적인 사실은 재경화reconsolidation를 통해, 기억은 수정될 수 있다는 점이다. 회상하거나 활성화활 때, 기억은 불안정하고 변화가 가능한 상태가 된다. 이때 치료과정을 통해 원래 경험을 재평가하게 되면, 새롭고 적응적인 정서반응이 뒤따를 수 있다. 이는 새로운 기억이 만들어지는 것이기보다 원래의 기억이 변형되는 것이며, 원래의 기억과 이와 연관된 정서반응은 더 이상 이 전의 상태로 인출되지 않는 것이다([그림 1] 참고).[20]

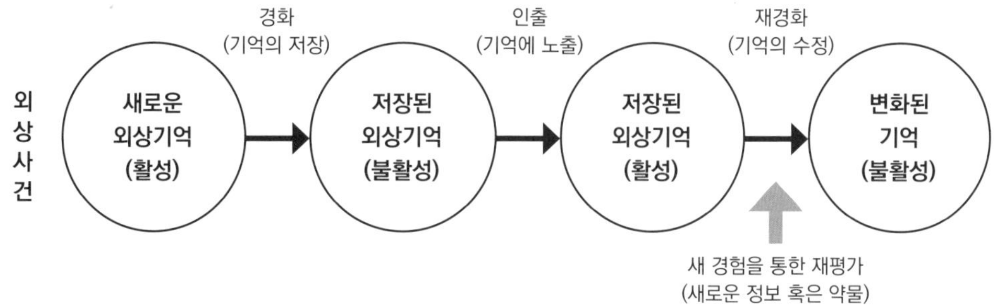

[그림 1] 외상기억의 경화와 재경화[21]

18 H. van Marle, "Ptsd as a Memory Disorder", *European Journal of Psychotraumatology* 6 (2015).

19 Anke Ehlers, "Understanding and Treating Unwanted Trauma Memories in Posttraumatic Stress Disorder", *Zeitschrift für Psychologie/Journal of Psychology* (2015).

20 R. D. Lane et al., "Memory Reconsolidation, Emotional Arousal, and the Process of Change in Psychotherapy: New Insights from Brain Science", *Behav Brain Sci* 38 (2015).

21 Adapted from L. Schwabe, K. Nader, and J. C. Pruessner, "Reconsolidation of Human Memory: Brain Mechanisms and Clinical Relevance," *Biol Psychiatry* 76, no. 4 (2014).

치료적 측면

재경화를 통한 새로운 정보의 투입은 외상기억을 다루는 모든 치료에 공통적인 요소라고 할 수 있다. 그런데 앞에서 말한 외상기억의 특징을 고려하면 언어적 표현의 상호교환을 통해 치료하는 일반적인 정신심리치료를 외상치료에 동일하게 적용하기에는 한계가 있다. 물론 외상기억에 잘 접근하고 관련된 정서와 감각을 조절하며 언어화할 수 있는 외상환자도 있는데 이는 예외다. 대부분의 외상환자들에게 외상기억을 쉽게 언어로 표현하여 작업하는 것, 다르게 표현하자면 정리되지 않은 감각과 행동양상으로 나타나는 외상기억을 스스로 언어로 통합하기는 어려운 일이다. 따라서 효과적인 외상치료를 위해서는 뇌의 변연계와 뇌간에서 투입되는 정서적, 감각적 요소를 조절 혹은 우회하는 상태에서, 신뇌피질neocortex의 기능을 확보하고 외상기억을 재구성하는 노력이 필요하다. 이런 치료를 '경험하는 치료experiencing therapy', '상향식 치료bottom-up treatment'라고 표현하며, 여기에 속한 치료가 심상치료, EMDReye movement desensitization and reprocessing, 신체기반치료 등이다.

외상치료의 종류

넓은 의미의 외상치료는 외상경험자의 증상과 심리적 고통을 경감하고, 대인관계-사회적 적응력과 긍정성을 증진시키는 모든 치료라고 할 수 있으며, 여기에는 약물치료나 뇌자극법 같은 생물학적 치료도 포함된다. 그러나 정신사회적 치료, 특히 정신심리치료만을 볼 때 외상중심trauma-focused과 비외상중심으로 나누는 것이 일반적이다. 외상중심의 의미는 결국 외상기억에 노출을 포함하는 접근방식을 말하며, 비외상중심은 직접적으로 외상기억이나 관련 사고, 감정, 감각 등을 다루지 않는 것을 의미한다. 비외상중심 정신심리치료는 스트레스 예방훈련stress inoculation training, 수용전념치료acceptance and commitment therapy, 변증법적 행동치료dialectical behavior therapy의 일부 프로토콜로 구성된 정동 및 대인관계 조절훈련skill training in affect and interpersonal regulation(STAIR), 대인관계정신심리치료interpersonal therapy가 포함된다.

외상중심 정신심리치료는 1) 외상중심 인지행동치료로 분류되는 지속노출치료, 인지처리치료, 인지치료, 그리고 집단으로 진행되는 외상중심 인지행동치료가 있다. 2) 변형된 형태의 노출치료로, 이야기노출치료, 가상현실노출, 글쓰기 노출치료, 심상재각본, 3) 통합치료로, EMDR과 단기절충 정신심리치료가 있다(〈표 1〉 참고).[22] [23]

이렇게 독립적인 치료로 확립되고 연구를 통해 효과의 증거를 갖춘 외상중심치료 외에 언급되어야 할 치료기법이 있는데, 스키마치료의 심상요법, 정서자유기법emotional freedom technique의 외상치료 프로토콜, 자아상태치료ego state therapy의 대화기법, EMDR치료의 아형인 플래시기법, 되감기기법rewind technique, 신체경험somatic experiencing, 감각운동 정신심리치료sensorimotor psychotherapy가 있다. 아직 이들 치료의 효과에 대한 연구는 부족한 실정이다.

〈표 1〉 외상중심 정신심리치료의 분류

분류	치료	활용
인지행동 치료	지속노출치료(prolonged exposure)	심상재각본, STAIR와 병합
	인지처리치료(cognitive processing therapy)	집단 가능
	인지치료(cognitive therapy)	
	외상중심 인지행동치료(trauma-focused cognitive behavior therapy)	집단치료, 소아용
변형된 노출치료	이야기노출치료(narrative exposure therapy)	
	가상현실노출(virtual reality exposure)	
	글쓰기 노출치료(written exposure therapy)	
	심상재각본(imagery rescripting)	지속노출치료와 병합
통합치료	EMDR(eye movement desensitization and reprocessing) 치료	
	단기절충 정신심리치료(brief eclectic psychotherapy)	

22 Paula P Schnurr, "Focusing on Trauma-Focused Psychotherapy for Posttraumatic Stress Disorder", *Current opinion in psychology* 14 (2017).

23 C. Steuwe, M. Driessen, and T. Beblo, "[Trauma-Focused Psychotherapy: Technique, Area of Application, and Treatment Outcome]", *Nervenarzt* 86, no. 11 (2015).

단계적 치료

앞에서 언급했듯이 외상치료는 기억의 치료라고 할 수 있지만, 기억에 노출하여 외상기억을 일반 기억으로 전환하는 과정이 모든 환자에게 쉽게 수행되는 것은 아니다. 기억에 압도되거나, 정서적 차단 상태에서는 기억에 성공적으로 노출하여 정서적 처리가 일어나는 것이 불가능하다. 즉, 기억의 노출은 내성의 창window of tolerance(일생생활에서 기능하고 생존하는 데 가장 적합한 항진 혹은 자극상태) 안에서 정동조절이 가능한 상태를 기본 전제로 하고 있다. 그렇기 때문에 이러한 상태를 만들기 위한 선제적 치료 단계가 필요한 것이다.

더불어, 기억의 처리가 성공적으로 되었다고 하더라도 환자가 당장 사회나 직장으로 돌아갈 수 있는 완전한 정신사회 기능 상태가 되었다고 할 수 없다. 특히 아동기에 시작되거나 오래 지속된 외상의 경우, 그 잃어버린 시간 동안 정상적으로 발달시키고 갖추어야 할 사회적, 심리적 역량을 회복하고, 외상의 의미를 만들고, 타인 및 사회에 연결되는 과정이 필요하다. 여기에는 통제력과 자존감 회복, 대인관계 기술, 자기보호 및 주장 능력의 증진, 문제 및 갈등 해결 전략, 스트레스 대처 전략, 일상생활 관리와 여가 등의 다양한 영역이 다루어져야 한다.

그래서 일찍이 피에르 자네, 그리고 그 개념을 다시 부활시킨 쥬디스 허먼의 주장대로 1단계 안정화(안정화와 증상 감소, 혹은 안전과 안정화), 2단계 기억처리(외상기억의 수정 혹은 기억과 애도), 3단계 재통합(재통합과 재활, 혹은 재연결과 통합)의 3단계의 외상치료가 제시된 것이다. 물론 모든 환자가 이런 단계적 접근이 필수적인 것은 아니다. 안정적인 애착과 이후의 삶에서 건강한 적응을 해오던 성인이 교통사고나 재해와 같은 단일 외상을 겪고 생긴 외상후 반응의 문제라면, 최소한의 안정화 치료 이후 곧바로 기억의 노출을 하여 성공적인 증상 감소와 기능 수준을 회복할 수 있으며, 3단계 접근은 간단히 진행하거나 생략할 수 있다.[24]

---

24 김대호, "안정화 기법과 외상치료," in *근거기반정신심리치료의 이해와 실제*, ed. 대한정서인지행동의학회 (서울: 시드북스, 2018).

1. 안정화

안정화 단계는 단순히 2단계의 기억처리를 위한 준비단계라고 보기보다는, 외상치료의 중요한 기초작업이라고 할 수 있다. 아동기 학대로 인한 PTSD 연구에 따르면, 안정화 치료가 독립적인 치료로도 효과가 있으며, 노출치료보다 중도탈락률이 유의하게 적었다.[25] 이 단계의 치료목표는 환자가 본인이 경험하고 있는 스트레스 반응을 객관적으로 이해하고 안전감과 정동조절을 확보하는 것이다. 구성 내용은 다음 일곱 가지로 요약할 수 있는데 1) 치료동맹, 2) 안전감, 3) 정상화와 타당화, 4) 심리교육, 5) 희망주기와 강점 강조, 6) 치료목표의 생성, 7) 증상 대처 및 조절기술 교육이다.[26]

이 안정화 단계가 완료되면, 그다음 단계인 기억처리로 진행이 필요한지, 가능한지 평가가 필요하다. 왜냐하면 일부 환자들은 이 안정화 치료만으로 임상 상태가 상당히 호전된 경우도 있고, 일부는 상당 기간 동안 이 단계의 치료를 받아도 정동을 조절하기 어려워하고 해리 및 자해 증상이 계속되기 때문이다. 후자의 상태에서 무리하게 2단계의 치료를 진행하면 호전되지 않고, 오히려 증상 악화나 치료 중도탈락의 가능성이 높다. 그러나 2단계 기억처리는 외상치료의 하이라이트이자 정점이라고 할 수 있으며, 많은 환자들이 2단계 치료를 필요로 한다.

2. 기억처리

기억처리 단계에서는 외상기억의 노출을 통해 조각나고 부분적인 외상기억을 의미 있고, 응집력 있는 외상 이야기로 전환시키는 것이다. 또한, 외상기억과 관련된 강렬한 부정적 정서와 감각도 탈감작하게 된다. 노출의 방법과 강도는 치료마다 차이가 있으나 공통적으로 기억에 접근하여 재평가하는 과정을 포함한다(〈표 1〉 참고).

예를 들어, 가장 고전적이며 노출의 범위와 강도가 강한 지속노출치료의 경우, 현재

---

25 M. Cloitre et al., "Treatment for Ptsd Related to Childhood Abuse: A Randomized Controlled Trial", *Am J Psychiatry* 167, no. 8 (2010).

26 L. Haskell, *First Stage Trauma Treatment* (Toronto, ON: Centre for Addiction and Mental Health, 2003).

시점 및 1인칭 관점에서 외상기억을 반복적으로 상상노출하며, 이야기노출치료는 과거 시점으로 외상기억을 서술하며 3인칭 관점에서 인생 맥락에서 하나의 이야기로 만드는 과정으로 구성되어 있다. 인지처리치료는 글쓰기 노출이 옵션으로 되어 있고, 인지치료는 글쓰기, 상상재현, 장소 재방문을 통한 노출이 포함되어 있다.

정서적 처리 이론에 의하면 회피 및 비적응적 행동을 야기하는 공포 네트워크가 기억에 생김으로 PTSD가 발생한다고 한다. 따라서 치료 외상 사건의 정서적 처리를 위해서는 두 가지 조건이 충족되어야 하는데, 첫째, 공포기억이 활성화되어야 하고, 둘째, 기존의 병적인 요소와 불일치하는 새로운 교정된 정보가 제공되어야 한다. 즉, 외상 기억의 정서적 처리는 기억의 노출과 이를 통한 부정 정서의 탈감작과 새로운 관점을 통합시키는 과정이다.[27]

3. 재통합

외상경험의 의미를 삶에 통합하는 단계로, 자신의 힘과 통제력을 증진하며, 자기보호 기술을 습득하고, 대인관계에서도 건강한 자기주장과 한계를 형성하고, 여러 상황에서 대처하는 기술을 발달시킨다. 또한, 스트레스관리나 여가활동, 생존자로서의 정체성과 타인과의 친밀감 형성, 사회적, 영적 영역에 이르기까지 다양한 영역에서의 회복을 의미한다.[28] 자네는 이 단계에 치료자의 교육을 통한 인지 및 운동기능 회복, 신체감각 인식 훈련기술 습득, 긍정적 정서와 동기 강화, 행동활성화, 약물치료의 과정을 포함시켰다.[29]

이 책에서 소개할 다양한 심상기법은 외상치료의 3단계에 맞춰 사용될 수 있는 장점이 있다. 따라서 책 후반부의 각 심상치료 기법들을 단계별로 나누어 제시하였다.

---

27 E. B. Foa and M. J. Kozak, "Emotional Processing of Fear - Exposure to Corrective Information", *Psychological Bulletin* 99, no. 1 (1986).

28 Judith Lewis Herman, "Trauma and Recovery: From Domestic Abuse to Political Terror", *London: Pandora* (1992).

29 O. Vanderhart, P. Brown, and B. A. Vanderkolk, "The Psychological Treatment of Janet, Pierre Posttraumatic Stress," *Annales Medico-Psychologiques* 147, no. 9 (1989).

STEP 1

안정화(안전과 안정화)

- 목표: 스트레스 반응을 이해하고 조절
- 내용: 관계형성, 심리교육, 정동 및 증상조절 기술

STEP 2

기억처리(기억과 애도)

- 목표: 외상기억을 처리하고 일반기억으로 전환
- 내용: 기억노출, 정서 처리, 서술적 기억으로 전환

STEP 3

재통합(재연결과 통합)

- 목표: 사회적 연계와 대인관계 효율 확립
- 내용: 기술 습득, 타인과의 연결, 외상의 의미 창출

[그림 2] 외상치료의 3단계

결론

이 장에서는 외상치료를 이해하기 위한 기본적인 개념으로, 외상기억의 특징과 임상적 의의, 기존의 외상치료, 그리고 단계적 치료원칙을 설명하였다. 다음 장에서는 심상이 왜 외상치료의 좋은 방법인지 논의하겠다.

참고문헌

Cloitre, M., K. C. Stovall-McClough, K. Nooner, P. Zorbas, S. Cherry, C. L. Jackson, W. Gan, and E. Petkova. "Treatment for Ptsd Related to Childhood Abuse: A Randomized Controlled Trial." Am J Psychiatry 167, no. 8 (Aug 2010): 915-24.

Ehlers, Anke. "Understanding and Treating Unwanted Trauma Memories in Posttraumatic Stress Disorder." Zeitschrift für Psychologie/Journal of Psychology (2015).

Foa, E. B., and M. J. Kozak. "Emotional Processing of Fear - Exposure to Corrective Information." [In English]. Psychological Bulletin 99, no. 1 (Jan 1986): 20-35.

Haskell, L.. First Stage Trauma Treatment. Toronto, ON: Centre for Addiction and Mental Health, 2003.

Lane, R. D., L. Ryan, L. Nadel, and L. Greenberg. "Memory Reconsolidation, Emotional Arousal, and the Process of Change in Psychotherapy: New Insights from Brain Science." Behav Brain Sci 38 (2015): el.

Lewis Herman, Judith. "Trauma and Recovery: From Domestic Abuse to Political Terror." London: Pandora (1992).

Rauch, S. L., B. A. van der Kolk, R. E. Fisler, N. M. Alpert, S. P. Orr, C. R. Savage, A. J. Fischman, M. A. Jenike, and R. K. Pitman. "A Symptom Provocation Study of Posttraumatic Stress Disorder Using Positron Emission Tomography and Script-Driven Imagery." Arch Gen Psychiatry 53, no. 5 (May 1996): 380-7.

Schnurr, Paula P. "Focusing on Trauma-Focused Psychotherapy for Posttraumatic Stress Disorder." Current opinion in psychology 14 (2017): 56-60.

Schwabe, L., K. Nader, and J. C. Pruessner. "Reconsolidation of Human Memory: Brain Mechanisms and Clinical Relevance." Biol Psychiatry 76, no. 4 (Aug 15 2014): 274-80.

Steuwe, C., M. Driessen, and T. Beblo. "[Trauma-Focused Psychotherapy: Technique, Area of Application, and Treatment Outcome]." Nervenarzt 86, no. 11 (Nov 2015): 1427-35; quiz 36-7.

van der Hart, O, and B. Friedman. "A Reader's Guide to Pierre Janet: A Neglected Intellectual Heritage." Dissociation 2 (1989).

van der Kolk, B. A. "The Body Keeps the Score: Memory and the Evolving Psychobiology of Posttraumatic Stress." Harv Rev Psychiatry 1, no. 5 (Jan-Feb 1994): 253-65.

Van Der Kolk, Bessel A, Jennifer A Burbridge, and Joji Suzuki. "The Psychobiology of Traumatic Memory. Clinical Implications of Neuroimaging Studies." (1997).

van Marle, H. "Ptsd as a Memory Disorder." [In English]. European Journal of Psychotraumatology 6 (2015).

Vanderhart, O., P. Brown, and B. A. Vanderkolk. "The Psychological Treatment of Janet,Pierre Posttraumatic Stress." [In French]. Annales Medico-Psychologiques 147, no. 9 (Nov 1989): 976-82.

김대호. "안정화 기법과 외상치료." In 근거기반정신심리치료의 이해와 실제, edited by 대한정서인지행동의학회, 74-96. 서울: 시드북스, 2018.

3장 왜 심상인가?

본 장에서는 심상의 정의가 무엇인지 심상이 왜 외상치료에서 중요하고, 이를 이용한 치료의 장점은 무엇인지 알아보고자 한다.

심상이란?

표준국어대사전에 의하면 심상心像이란 '이전에 경험한 것이 시각적으로 나타나는 상'이며, 예를 들어 '백두산을 머리에 그리는 경우, 지각만큼 생생하지는 못하더라도 그 형태라든가 산꼭대기에 쌓인 눈 따위가 떠오른다'라고 설명한다.[30] 또한, 심상은 영문으로는 image나 imagery로 번역되는데, 사실 이 두 원어도 같은 뜻으로 간주되어 구별 없이 사용되기도 하지만, imagery가 좀 더 포괄적인 의미로 받아들여진다. 이 책에서는 편의상 image를 이미지, imagery를 심상으로 표기하겠다.

구조주의 심리학에서는 이미지, 감각, 정동을 의식의 세 가지 구성 요소로 본다. 이미지는 감각 경험의 정신적 표상, 즉 복사본으로 규정한다. 그러나 이렇게 단순한 감각의 복제품이라고 하기보다는, 심상은 실제 세상의 경험과 유사한 감각을 정신적으로 작동시키는 인지적 과정이라고 할 수 있다. 이전 사건의 단순한 재생이 아닌, 본인이 경험한 사건을 나름대로 구성construction하고, 종합synthesis하는 과정으로, 시각적 표현에 국한되지

30 국립국어연구원, "표준국어대사전", (서울: 두산동아, 2001).

않고, 청각, 촉각 등 다른 감각의 이미지가 포함된다.[31]

결론적으로 정신적 심상mental imagery이란 기억을 통해 지각적 정보에 접근할 때 경험되는 현상으로 정의할 수 있으며, 여기에는 시각, 청각, 후각, 미각, 촉각 그리고 운동감각이 포함된다. 즉, 마음의 눈으로 보고, 귀로 듣고, 냄새를 맡고, 맛을 보며, 상상으로 몸에서 느끼고 움직이는 경험이다.[32]

심상은 PTSD의 핵심 증상이다

고통스럽게 떠오르는 정신적 심상은 PTSD뿐 아니라 우울증, 사회불안장애, 공포증, 강박증, 우울증, 조현병, 양극성장애 등 여러 정신질환에서 나타나는 주요 증상이다. 동시에 개인의 핵심 문제를 내재하여 반영하고, 질환의 회복을 방해하는 이유가 되는 요소이기도 하다.[33] PTSD에 국한하면, 정신진단통계편람-5판(DSM-5)의 증상 진단기준 중 침습 증상 5개, 회피 증상 1개가 심상과 직접 관련된 증상이다. 즉, 반복적이고 불수의적이며 침습적인 외상의 기억, 반복되는 꿈, 해리성 반응, 외상 단서에 대한 심리적 고통과 심한 신체적 반응이 외상기억의 심상과 그 반응이라 할 수 있으며, 외상 관련된 기억, 감정, 생각을 회피하는 것도 침습 심상의 회피와 관련이 있다.[34] 따라서 PTSD의 진단기준 증상 20개 중 30%가 심상 자체 혹은 외상 심상이 원인이라고 할 수 있겠으나, 그 외 증상들도 모두 침습 심상과 관련이 있을 수 있다. 예를 들어 사건에 대해 물어볼 때, 침습 심상이 유발되어 의도적으로 외상과 관련된 대화를 회피하는 경우이다. 또한, 침습 심상이 계속되면 이로 인한 고통과 좌절감 때문에 생각과 기분이 부정적이 되고, 심상 증상에 대한 반응으로 과도경계, 놀람반응, 집중력감소, 수면장애와 같은 각성과 반응성의 변화가 올 수

31 A. S. Reber, *Dictionary of Psychology* (London, England: the Penguin Group, 1985).

32 S. M. Kosslyn, G. Ganis, and W. L. Thompson, "Neural Foundations of Imagery", *Nat Rev Neurosci* 2, no. 9 (2001).

33 J. Pearson et al., "Mental Imagery: Functional Mechanisms and Clinical Applications", *Trends Cogn Sci* 19, no. 10 (2015).

34 American Psychiatric Association., *Diagnostic and Statistical Manual of Mental Disorders (Dsm-5®)* (American Psychiatric Pub, 2013).

있다. 이렇게 여러 PTSD 증상이 침습되는 심상과 직간접적으로 연관되어 있다.

또, PTSD 증상 중 가장 주요한 증상들을 찾는 네트워크 분석 연구는 주변 환경에 대한 인식저하, 침습 증상, 단서에 노출 시 심리적 고통, 대인관계 위축, 생각이나 감정의 회피를 다섯 가지 증상으로 꼽았다. 즉, 심상과 이에 대한 반응이 PTSD의 가장 핵심적인 증상임을 입증하였다.[35]

심상은 외상기억의 핵심을 포함한다

심상치료에서 우선적으로 작업하는 침습 심상은 외상 사건과 관련된 기억의 가장 핵심적인 부분hot spot, 즉 당사자에게 가장 안 좋은 의미와 제일 불편한 정서적 영향을 주는 순간을 포함한다.[36] 실제 성공적인 외상치료는 얼마나 이 핵심 부분을 잘 찾아서 다루느냐에 따른 것으로 볼 수 있는데, 침습 심상을 초기 평가부터 파악하고 치료 중에 집중적으로 다루는 심상치료는 다른 치료에 비해 이로운 점이 있다.[37] 또한, 핵심 부분은 사건의 의미가 최악의 경우로 바뀌는 순간인 경우가 많다. 즉, 사건에 대한 가장 최악의 시나리오가 연상되는 부분이다. 예를 들어, 반대 차선에서 돌진하는 차의 이미지는 이제 나는 죽는구나 혹은 우리 애들이 죽거나 중상을 당하겠구나 하는 생각을 동반한다. 실제로는 일어나지 않은 이러한 평가가 사건 후에도 계속 떠오르게 된다.[38]

---

35 Seon-Cheol Park, Jinseob Kim, and Daeho Kim, "Reduced Awareness of Surroundings Is the Most Central Domain in the Network Structure of Posttraumatic Stress Disorder Symptoms", *Nordic journal of psychiatry* 74, no. 4 (2020).

36 E. A. Holmes, N. Grey, and K. A. D. Young, "Intrusive Images and "Hotspots" of Trauma Memories in Posttraumatic Stress Disorder: An Exploratory Investigation of Emotions and Cognitive Themes", *Journal of Behavior Therapy and Experimental Psychiatry* 36, no. 1 (2005).

37 M. J. Nijdam et al., "Hotspots in Trauma Memories and Their Relationship to Successful Trauma-Focused Psychotherapy: A Pilot Study", *Journal of Traumatic Stress* 26, no. 1 (2013).

38 A. Ehlers et al., "The Nature of Intrusive Memories after Trauma: The Warning Signal Hypothesis", *Behav Res Ther* 40, no. 9 (2002).

침습 심상은 중요한 치료대상이다

외상 사건의 경험자들에게 심상이나 생각이 침습되는 이유는, 미래에 동일한 사건을 경험할 때를 대비해서 성공적인 회피 혹은 탈출을 할 수 있도록 정신적으로 시연하기 때문인데, 사건 당시와는 다른, 생존에 유리한 대체 행동을 준비할 기회를 제공하는 것이다.[39]

침습에 대한 반응은 세 가지로 나타날 수 있는데, 묵살하기dismiss, 전환distraction이나 회피이다. 묵살하기는 가장 흔한 반응으로 아예 느끼거나 생각하지 않는 것이고, 전환은 다른 생각이나 행동을 하는 것, 회피는 피하거나 반응이 일어나기 전에 막는 것이다.[40] 문제는 이러한 반응으로 불편감을 줄일 수 있지만, 이들은 궁극적으로 회복을 방해하는 요소이다. 외상기억의 정서적 처리, 즉 외상기억에 대해 의식적으로 주의를 기울여 사건의 의미를 숙고하고, 인과관계를 재조명하는 정서적 처리를 불가능하게 만들기 때문이다.

외상기억은 감각적인 심상을 내포한다

대부분의 외상기억은 감각적인 심상을 포함하며, 특히 침습적 기억은 거의 모두 심상적 요소를 지닌다. 심상에 나타나는 오감은 시각, 신체감각, 청각, 미각 혹은 후각 순으로 나타나며, 대개 2개 이상의 감각 심상을 동시에 가진다.[41] 예를 들어, 지진경험자가 보고하는 건물 무너지는 소리와 흔들림, 폭력 경험자가 떠올리는 가해자의 얼굴과 당시 느꼈던 신체 통증, 교통사고 현장의 장면과 구급차 소리, 타는 냄새 등으로 구성된다. 이전 장에서 언급했듯이 외상후 반응은 외상기억으로 인한 반응이며, 외상치료도 궁극적으로 외상기억을 다루는 것이기 때문에, 심상은 외상평가와 치료에 핵심적 요소가 된다.

---

39 Raina E Eberly, Brian E Engdahl, and Allan R Harkness, "An Adaptational View of Trauma Response as Illustrated by the Prisoner of War Experience", *Journal of traumatic Stress* 4, no. 3 (1991).

40 Padmal de Silva and Melanie Marks, "Intrusive Thinking in Posttraumatic Stress Disorder", *Post-traumatic stress disorder: Concepts and therapy* (1999).

41 A. Hackmann et al., "Characteristics and Content of Intrusive Memories in Ptsd and Their Changes with Treatment", *Journal of Traumatic Stress* 17, no. 3 (2004).

뇌는 심상을 실제와 같이 지각한다

정신적 심상은 실제 경험하는 지각과 차이가 없음이 밝혀졌다. 우선 뇌기능영상 연구를 통해, 유명인사의 얼굴과 잘 알려진 장소의 사진을 보여줄 때와 머릿속으로 상상할 때, 뇌의 어떤 부위가 작동하는지 비교해 보았는데, 두 경우 모두 같은 뇌영역이 활성화되었다. 따라서 상상하는 것과 직접 보는 것은 차이가 없었던 것이다.[42] 또한, 뇌는 심상을 떠올릴 때, 그 심상과 관련된 감각-운동 영역이 마치 실제로 느끼고 움직이는 것처럼 활성화된다. 케임브리지대학과 벨기에 리에주대학 연구팀은 12명의 자원자들에게 네 가지 감각별 심상을 상상시키고 뇌기능영상을 촬영했는데, 가장 현저하게 뇌를 활성화시킨 심상은 공간이동 심상(집안 돌아다니기)과 운동 심상(테니스공 치기)이었다. 청각 심상(노랫소리)과 시각 심상(사람 얼굴)은 앞의 두 심상보다 뚜렷하지는 않지만, 이들 영역도 일부 활성화되었다. 테니스를 치는 것을 상상하게 한 피험자는 뇌의 운동 담당 영역이 활성화된다는 것이 알려졌다.[43] 또한, 위협적인 사진을 봤을 때, 자율신경계에서 자극을 입력받는 뇌도腦島가 활성화되며, 동시에 심장 박동수, 피부 전도, 호흡이 증가한다. 더욱이 공포와 불안과 같은 외상 반응에 중요한 편도체가 활성화되며, 신체반응을 야기하게 된다.[32]

심상은 언어보다 정서에 쉽게 접근한다

심상은 언어보다 정서적 요소가 강하다. 즉, 상상하는 것이 말로 표현하는 것보다 정서가 더 생생하게 느껴진다. 부정적 정서뿐 아니라 긍정적 정서도 그렇다. 이는 이전 장에서 밝힌 바와 같이, 외상기억에 접근하는 데 좋은 루트가 될 수 있음을 시사한다. 외상기억의 성공적인 처리를 위해선 기억의 정서, 감각적 측면에 충분히 접근하는 것이 필요하

---

42 K. M. O'Craven and N. Kanwisher, "Mental Imagery of Faces and Places Activates Corresponding Stiimulus-Specific Brain Regions", *J Cogn Neurosci* 12, no. 6 (2000). 이 논문은 매사추세츠 종합병원과 MIT공대 소속 연구진이 발표한 것인데, 연구참가자들이 보거나 상상한 장소는 캠퍼스 내의 유명 장소인 것으로 보아, 이들은 MIT 학생이나 직원이었을 것으로 추정된다.

43 M. Boly et al., "When Thoughts Become Action: An Fmri Paradigm to Study Volitional Brain Activity in Non-Communicative Brain Injured Patients", *Neuroimage* 36, no. 3 (2007).

기 때문이다. 다른 말로 표현하자면, 심상은 자서전적 기억내 저장된 기억의 정서와 관련된 표상인 여러 요소에 빠르고 효과적으로 접근한다. 특히 외상기억에 제대로 접근하지 못하는 일부 환자들에게 유용할 수 있는데, 이들은 외상기억을 떠올리면 그 정서나 감각을 제대로 느끼고 표현할 수 없다. 이를 정신외상학에선 정서마비numbing, 감정표현불능증alexithymia, 정서적 고립, 해리반응 등과 같은 용어로 설명한다.

심상은 무의식으로 통하는 왕도?

1900년에 발간된 『꿈의 해석』이라는 책에서 프로이트는 꿈의 해석이 마음의 무의식적 활동을 알 수 있는 왕도王道라고 표현했다. 꿈을 꿀 때는 자아의 방어가 약해져 일상에서 인식할 수 없는 억압된 자료들이 나타나는데, 이를 탐색하고 해석의 과정을 통해 의식화하면 치유가 일어난다는 의미이다. 같은 맥락으로 심상은 외상기억에 접근하는 왕도라고 할 수 있는데, 그 이유는 외상기억의 상당 부분이 의식적인 생각으로 접근할 수 없는 무의식에 해당되며, 심상은 여러 저항과 방어를 최소화하여 외상기억에 접근할 수 있는 지름길이기 때문이다. 외상기억은 감각-지각적 정보를 지닌 삽화적 기억이기 때문에, 심상은 언어보다 '특혜받은 접근권privileged access'이 있다고 할 수 있다(p. 95).[44] 특히, 억압되어 있거나 언어발달 이전 단계(만 4세 이전)의 아동기 기억의 접근에 용이하다. 같은 맥락에서 심상개입은 인생 초기에 형성된 핵심신념을 파악하고, 부적응적 도식을 변화하는 데 특히 유용하다.[45]

---

44 A. Hackmann, J. Bennett-Levy, and E. A. Holmes, "Establishing the Platform for Imagery Interventions: General Principles and Practices", in *Oxord Guide to Imagery in Cognitive Therapy* (Oxford University Press, 2011).

45 권정혜 et al., "인지행동치료에서 심상의 활용", *인지행동치료* 16, no. 4 (2016).

보다 안전하게 외상기억에 접근한다

이전 장에서 기술한 바와 같이 외상기억을 떠올리는 것은 상당히 고통스러운 작업이며 실제로 기억에 압도당할까 하는 공포감 때문에 생각조차 못 하는 경우도 있다. 이런 경우 고통스럽고 무서운 상황에 대한 자세한 언급 없이, 그 경험을 은유나 상징적 형태로 표현하고 심상을 통해 작업할 수 있다. 여기서 이미지는 실제 일어난 것과 다를 수 있다.[46]

심상치료는 가성비가 좋다?

정신심리치료에서 비용효과cost-effectiveness는 일반적으로 총 치료비용(면담비, 추가 치료나 입원비용, 약물비, 교통비 포함)에 비해 효과가 얼마나 우수한지를 말한다. 5년 동안 3년간 지속된 주 2~3회 장기역동치료와 12회기 해결중심치료, 20회기 단기역동치료를 무작위 비교한 연구에서는, 장기치료가 효과는 조금 더 낫지만, 비용은 3배 정도 더 들어 비용효과 면에서 단기치료가 우수하다는 것이 알려졌다.[47] 다른 외상치료에 비해 심상치료는 그 효과가 빨리 나타나 치료효과를 위해 필요한 회기 수가 적다. 예를 들어 부정적 기억을 다룬 심상재각본 메타분석 연구에 의하면, 총 19개의 임상연구의 평균 회기 수는 4.5회기였다.[48] 일반적으로 외상중심 인지행동치료는 보통 12회기(8~16회기 범위)인 것에 비해 짧은 편이다. 심상요소가 강한 EMDR이 인지행동치료의 변형으로 볼 수 있는 절충적 치료보다 적은 세션에서 효과가 있었으나, 12회기까지 진행되었을 때는 효과의 차이가 없었다는 연구도 있다.[49]

---

46 J. Taal and J. Krop, "Imagery in the Treatment of Trauma", in *Healing Images: The Role of Imagination in Health.*, ed. A. A. Sheikh (Amityville: Baywood Publishing Company, Inc.. 2003).

47 T. Maljanen et al., "The Cost-Effectiveness of Short-Term and Long-Term Psychotherapy in the Treatment of Depressive and Anxiety Disorders During a 5-Year Follow-Up", *Journal of Affective Disorders* 190 (2016).

48 N. Morina, J. Lancee, and A. Arntz, "Imagery Rescripting as a Clinical Intervention for Aversive Memories: A Meta-Analysis", *J Behav Ther Exp Psychiatry* 55 (2017).

49 M. J. Nijdam et al., "Brief Eclectic Psychotherapy V. Eye Movement Desensitisation and Reprocessing Therapy for Post-Traumatic Stress Disorder: Randomised Controlled Trial", *Br J Psychiatry* 200, no. 3 (2012).

더욱이 현장 노출이나 가상현실 노출치료에 비해 비용이 적게 드는 것은 강조할 필요가 없다. 예를 들어 비행기 사고로 인한 비행공포의 실제 노출치료를 한다고 하면, 치료자와 환자가 공항으로 이동하고 비행기 표를 끊어서 직접 타고 이동하고 다시 돌아와야 하는 시간적, 공간적, 물질적 비용이 만만하지 않다. 최근 개발된 가상현실치료도 프로그램 개발과 장비에 많은 지출이 필요하며, 이라크/아프가니스탄 전쟁 참여나 9·11테러 등 동일한 사건을 겪은 환자를 대상으로 하기 때문에, 개인적 외상경험에 맞는 노출환경을 구성하기가 어렵다.[50] 또한, 기술적으로 냄새나 촉각적 요소의 노출은 더욱 어렵다.

결론

이 장에서 심상과 이를 이용한 치료의 장점과 강점을 소개했다. 다음 장에는 현재 임상에서 활발히 사용되고, 연구되고 있는 심상을 기반으로 한 외상치료를 소개한다.

---

50 Albert Rizzo et al., "Virtual Reality Applications for the Assessment and Treatment of Ptsd", in *Handbook of Military Psychology* (Springer, 2017).

참고문헌

Association., American Psychiatric. Diagnostic and Statistical Manual of Mental Disorders (Dsm-5®). American Psychiatric Pub, 2013.

Boly, M., M. R. Coleman, M. H. Davis, A. Hampshire, D. Bor, G. Moonen, P. A. Maquet, et al. "When Thoughts Become Action: An Fmri Paradigm to Study Volitional Brain Activity in Non-Communicative Brain Injured Patients." Neuroimage 36, no. 3 (Jul 1 2007): 979-92.

de Silva, Padmal, and Melanie Marks. "Intrusive Thinking in Posttraumatic Stress Disorder." Post-traumatic stress disorder: Concepts and therapy (1999): 161-75.

Eberly, Raina E, Brian E Engdahl, and Allan R Harkness. "An Adaptational View of Trauma Response as Illustrated by the Prisoner of War Experience." Journal of traumatic Stress 4, no. 3 (1991): 363-80.

Ehlers, A., A. Hackmann, R. Steil, S. Clohessy, K. Wenninger, and H. Winter. "The Nature of Intrusive Memories after Trauma: The Warning Signal Hypothesis." Behav Res Ther 40, no. 9 (Sep 2002): 995-1002.

Hackmann, A., J. Bennett-Levy, and E. A. Holmes. "Establishing the Platform for Imagery Interventions: General Principles and Practices." In Oxord Guide to Imagery in Cognitive Therapy, 29-42: Oxford University Press, 2011.

Hackmann, A., A. Ehlers, A. Speckens, and D. M. Clark. "Characteristics and Content of Intrusive Memories in Ptsd and Their Changes with Treatment." [In English]. Journal of Traumatic Stress 17, no. 3 (Jun 2004): 231-40.

Holmes, E. A., N. Grey, and K. A. D. Young. "Intrusive Images and "Hotspots" of Trauma Memories in Posttraumatic Stress Disorder: An Exploratory Investigation of Emotions and Cognitive Themes." [In English]. Journal of Behavior Therapy and Experimental Psychiatry 36, no. 1 (Mar 2005): 3-17.

Kosslyn, S. M., G. Ganis, and W. L. Thompson. "Neural Foundations of Imagery." Nat Rev Neurosci 2, no. 9 (Sep 2001): 635-42.

Maljanen, T., P. Knekt, O. Lindfors, E. Virtala, P. Tillman, T. Harkanen, and Helsinki Psychotherapy Study Grp. "The Cost-Effectiveness of Short-Term and Long-Term Psychotherapy in the Treatment of Depressive and Anxiety Disorders During a 5-Year Follow-Up." [In English]. Journal of Affective Disorders 190 (Jan 15 2016): 254-63.

Morina, N., J. Lancee, and A. Arntz. "Imagery Rescripting as a Clinical Intervention for Aversive Memories: A Meta-Analysis." J Behav Ther Exp Psychiatry 55 (Jun 2017): 6-15.

Nijdam, M. J., M. A. M. Baas, M. Olff, and B. P. R. Gersons. "Hotspots in Trauma Memories and Their Relationship to Successful Trauma-Focused Psychotherapy: A Pilot Study." [In English]. Journal of Traumatic Stress 26, no. 1 (Feb 2013): 38-44.

Nijdam, M. J., B. P. Gersons, J. B. Reitsma, A. de Jongh, and M. Olff. "Brief Eclectic Psychotherapy V. Eye Movement Desensitisation and Reprocessing Therapy for Post-Traumatic Stress Disorder: Randomised Controlled Trial." Br J Psychiatry 200, no. 3 (Mar 2012): 224-31.

O'Craven, K. M., and N. Kanwisher. "Mental Imagery of Faces and Places Activates Corresponding

Stiimulus-Specific Brain Regions." J Cogn Neurosci 12, no. 6 (Nov 2000): 1013-23.

Park, Seon-Cheol, Jinseob Kim, and Daeho Kim. "Reduced Awareness of Surroundings Is the Most Central Domain in the Network Structure of Posttraumatic Stress Disorder Symptoms." Nordic journal of psychiatry 74, no. 4 (2020): 235-43.

Pearson, J., T. Naselaris, E. A. Holmes, and S. M. Kosslyn. "Mental Imagery: Functional Mechanisms and Clinical Applications." Trends Cogn Sci 19, no. 10 (Oct 2015): 590-602.

Reber, A. S. Dictionary of Psychology. London, England: the Penguin Group, 1985.

Rizzo, Albert, Michael J Roy, Arno Hartholt, Michelle Costanzo, Krista Beth Highland, Tanja Jovanovic, Seth D Norrholm, et al. "Virtual Reality Applications for the Assessment and Treatment of Ptsd." In Handbook of Military Psychology, 453-71: Springer, 2017.

Taal, J., and J. Krop. "Imagery in the Treatment of Trauma." In Healing Images: The Role of Imagination in Health., edited by A. A. Sheikh. Amityville: Baywood Publishing Company, Inc.. 2003.

van der Hart, O, and B. Friedman. "A Reader's Guide to Pierre Janet: A Neglected Intellectual Heritage." Dissociation 2 (1989).

국립국어연구원, "표준국어대사전", (서울: 두산동아, 2001).

권정혜, 성기혜, 손영미, 조영은. "인지행동치료에서 심상의 활용." 인지행동치료 16, no. 4 (2016): 423-44.

4장 심상변화치료의 현황

심상치료는 다루는 심상의 내용에 따라 긍정적 심상을 강화하는 긍정적 기법과 부정적 심상을 줄이는 부정적 기법으로 나눌 수 있고, 다루는 기법에 따라 적극 개입하여 심상을 변화하는 직접적 기법과 심상을 유지하고 수동적으로 강화하는 간접적 기법으로 나눌 수 있다. 여기에 속하는 모든 치료가 외상치료에 사용될 수 있지만, 우리가 다룰 심상치료는 이 중에 연구를 통한 효과의 증거가 있는 직접적이며 부정적 심상을 다루는 심상치료에 국한할 것이다. 특히, 심상을 의도적으로 조절manipulation하고 변형transformation하는 심상변화치료를 다룰 것이다.

심상변화치료의 공통적 구성

심상의 변화를 꾀하는 치료는 공통적으로 세 가지 요소인, 성찰하는 자세 유지, 불편한 심상 불러오기, 다른 정보의 의도적 개입으로 구성된다. 성찰하는 자세란 정서적 심상을 객관적으로 처리할 수 있는 최소한의 능력을 말한다. 정동의 불안정이나 사고장애, 심한 회피나 해리 상태에서는 이러한 자세를 유지할 수 없다. 그다음은 불편한 심상에 직면하는 단계이다. 이를 통해서 치료의 목표가 될 수 있는 핵심 요소에 대한 정보를 얻고, 반복적 지연노출을 시행하게 된다. 마지막 단계는 새로운 관점을 소개하기 위한 의도적 개입이다. 여기에는 인지적, 심상적, 행동적 기법이 있으며, 치료자의 개입을 통하여 앞선 직면 단계에서 해결되지 않는 외상의 요소들을 다루는 것이다. 심상변화치료는 외상경험과 관련된 심상의 부적절한 맥락을 조정하고, 적절한 균형을 유지하며, 과거에 고착된 시간관념을 수정하는 것이다.[51]

대표적인 심상변화치료

본 장에서는 전반적 PTSD 치료를 위한 독립되고 완성된 심상변화치료, 특정 외상 증상(예를 들어, 악몽)에 국한되어 사용되는 치료, 기존 치료 과정의 일부분으로 그러나 중요한 요소로 포함된 경우의 세 가지로 나누어 보겠다. 첫째, 인지행동치료로 분류되는 심상재각본과 심상재각본 재처리치료 두 가지가 있으며, 둘째, 악몽을 치료하는 심상시연치료와 노출이완재각본, 성학대로 인한 오염감 해결을 위해 개발된 인지재구조화 및 심상수정치료가 있다. 셋째, 스키마치료의 심상기법, EMDR의 인지적 개입 중 심상기법, 자아상태치료의 대화기법이 있다.

독립된 심상변화치료

1. 심상재각본 재처리치료

독일의 임상심리학자 머빈 스머커Mervin Smucker가 90년대 개발하여 보급한 심상변화치료다.[52] 처음에는 심상재각본치료로 불렸고, 아동성학대로 인한 성인 PTSD 환자를 대상으로 개발되었으나, 이후 산업재해 같은 성인기 단일 외상을 포함한 전반적 PTSD에 쓰이게 되었고, 초기 심상재각본치료에서 심상재각본 재처리치료imagery respcripting and reprocessing therapy[IRRT]로 이름이 변경되었다. 반구조화된 면담으로 정보를 수집하는 1회기를 제외

51 A. Hackmann, J. Bennett-Levy, and E.A. Holmes, "Effective Components of Imagery Interventions in Clinical Practice", in *Oxford Guide to Imagery in Cognitive Therapy* (2011).

52 M. R. Smucker et al., "Imagery Rescripting: A New Treatment for Survivors of Childhood Sexual Abuse Suffering from Post-Traumatic Stress.," *Journal of Cognitive Psychotherapy* 9, no. 1 (1995).

하고 모든 회기는 동일하게 3단계로 구성된다.

1단계는 상상노출/재현imaginal exposure/reliving 단계로, 전체 외상기억과 관련된 정동, 신체감각을 접근하고 재경험한다. 지속노출치료와 마찬가지로 이때 환자는 눈을 감고 1인칭, 현재 시점에서 그 기억을 처음부터 끝까지 생생하게 떠올리고, 무엇이 보이고 느껴지는지, 무슨 생각이 드는 지까지 자세히 표현하도록 한다.

2단계는 극복/적응적 심상mastery/adaptive imagery 단계로, 현재의 능력이 있는 생존자로 자신을 시각화하여, 과거의 외상화된 자기를 도와 외상 상황에 잘 대처하고 처리하게 한다. 이 단계의 시작은 다시 한번 외상기억을 처음부터 떠올리지만, 외상 상황이 시작하기 직전에 성인자아가 그 장면에 들어가서 아이를 돕는 새 시나리오로 바꾸어 상상한다. 성인자아는 아이를 구조하고 보호하며, 가해자를 내쫓거나 아이를 안전한 장소로 데려간다.

3단계는 '성인이 아이를 양육'하는 심상인데, 이때 성인자아는 상처받은 아이와 직접 상호작용하여 대화하거나 필요한 것을 물어보고 충족시켜준다. 종종 아이를 안아 주기도 하고, 학대로부터 안전하다는 안심을 시켜주며, 버리지 않을 것을 약속한다. 추가적인 상호작용이 필요한지 확인 후 심상을 종료하는데, 이후 주관적 불편감 점수(subjective units of disturbance scale, 이하 SUDS)를 사용하여 극복 심상이나 양육 심상의 어려움을 확인하고, 심상작업에 대한 환자의 반응을 처리한다. 치료가 종료되는 단서는 SUDS 점수가 20점 이하로 계속 유지되고, 반복되는 침습 기억(예를 들어, 플래시백이나 악몽)이 사라지는 것이다. 과제는 변경된 심상의 내용을 녹음하여 매일 두 번씩 듣고, 청취 전후의 SUDS를 체크하고, 이를 1주일 간의 PTSD 증상 정도와 함께 기록하는 것이다.[53] 만일 단일한 외상 사건을 대상으로 진행하는 경우는, 3단계가 극복 심상 과정에서 만들어진 긍정적 자기 표상을 강화하고, 추가적으로 언어적 처리를 하는 과정으로 대체된다.[54]

초기 심상재각본은 각 1.5시간 진행되는 9회기 프로그램이었으나, IRRT는 단일 외

---

53 B. K. Grunert et al., "Imagery Rescripting and Reprocessing Therapy after Failed Prolonged Exposure for Post-Traumatic Stress Disorder Following Industrial Injury", *J Behav Ther Exp Psychiatry* 38, no. 4 (2007).

54 B. K. Grunert et al., "When Prolonged Exposure Falls: Adding an Imagery-Based Cognitive Restructuring Component in the Treatment of Industrial Accident Victims Suffering from Ptsd", *Cognitive and Behavioral Practice* 10, no. 4 (2003).

상 대상인 경우, 1~3회기로 짧게 진행되며 최근에는 2시간짜리 1회기 단축 프로토콜도 개발되었다.[55]

2. 심상재각본

심상재각본imagery respcripting[ImRs]은 IRRT의 변형된 버전이라고 할 수 있는데, IRRT와의 차이점은 외상기억에 노출하지 않고, 외상 사건이 발생하기 시작할 때 바로 재각본을 시작한다는 점과 아이의 관점에서 사건을 바라보는 과정을 추가한 것이다. 즉, 외상이 발생한 시점의 발달수준에 따른 정서나 인지를 다루기 위함이다.[56] 회기는 3단계로 이루어지는데, 1단계는 환자가 눈을 감고 아이의 관점에서 아동기 외상경험을 최대한 생생하게 상상하도록 한다. 이 과정에서 외상과 관련된 감정이 강하게 유발되면, 여기서 멈추고 다음 2단계로 넘어간다. 이때는 그 상황을 목격하는 어른으로 그 이미지에 들어가서 개입하고 필요한 행동을 한다. 2단계가 끝나는 시점은 성인 자신이 개입에 만족할 때이다. 3단계는 다시 환자에게 아이로서 그 장면을 상상하도록 하고, 어른의 개입을 아이의 관점에서 경험하게 한다. 필요하면 추가적인 개입을 요구할 수 있다. 아이가 개입에 만족할 때, 재각본이 끝난다. 첫 회기에서는 치료에 대한 자세한 설명과 함께 '시연 재각본'을 통해 이 기법에 익숙해지도록 하는 연습을 하고, 앞으로 치료할 외상 사건을 탐색한다. 2회기에서는 환자의 외상경험을 주제별로 정리한다. 예를 들어, 언어 학대, 굴욕감, 정서적 방임, 신체학대 등이다. 주제별로 다룰 순서는 환자가 결정하도록 한다. 치료과정을 통해 모든 주제가 다루어지는지 치료자는 확인해야 하며, 각 주제 안에서 최악의 기억을 우선적으로 다루어야 한다. 만약 최악의 것을 고를 수가 없다면, 최초의 것을 선택한다. 각 회기의 내용은 녹음하여 회기 후에 듣도록 한다(p. 172).[57] 보통 단독으로 시행되는 ImRs는 5~20회기로 구성되며, 다른 치료(인지재구조화나 상상노출)와 결합하여 사용될 수 있다. 회

---

55 B. Stahn, "Brief Imagery Rescripting and Reprocessing Therapy (Birrt)", https://studylib.net/doc/5320400/imagery-rescripting-and-reprocessing-therapy-presented-by.

56 S. Raabe et al., "Imagery Rescripting as Stand-Alone Treatment for Posttraumatic Stress Disorder Related to Childhood Abuse", *J Behav Ther Exp Psychiatry* 48 (2015).

57 A. Arntz and A. Weertman, "Treatment of Childhood Memories: Theory and Practice", *Behav Res Ther* 37, no. 8 (1999).

기 중에 반복되는 ImRs 연습은 대략 20분 정도 소요되고, 2~3개의 연습이 한 회기 내에 가능하다.

특정 문제해결을 위한 심상변화치료

1. 심상시연치료

심상시연치료imagery rehearsal therapy[IRT]는 만성적 악몽을 치료하기 위한 4회기 집단치료로, 매 회기는 2시간 지속된다. 이 치료의 특징은 악몽을 외상의 관점보다는 학습된 행동으로 본다는 점이며, 그렇기 때문에 외상에 대한 교육이나 노출은 없으며, 악몽에 대한 노출도 최소화한다. 첫 회기는 악몽의 의미와 유지 기전, 불면증과의 관계에 대한 교육으로 구성되며, 2회기는 악몽의 만성화 이유, 악몽 치료와 불안과 우울 증상의 관계, 증상 대치 개념, 심상기법 소개 및 심상연습을 시행한다. 3회기는 심상치료의 장점 교육 및 심상변화 연습, 동기 강화가 포함되며, 마지막 회기는 제거할 악몽의 선택, 악몽의 내용 변경, 새로운 꿈의 내용 시연으로 구성된다. 즉, 실제 심상변화는 4회기에 국한되는 것인데, 우선 처음 선택하는 악몽은 가장 불편한 것이 아니어야 하며, 외상 사건이 그대로 나타나는 것이 아니어야 한다. 악몽을 어떤 내용으로 바꿀지는 정해져 있지 않고, 외상경험자가 원하는 대로 하면 된다. 새롭게 바뀐 꿈은 회기 내에서 시연연습을 하며(5~15분), 과제는 3~7일 동안 원하는 시간에 수 분 동안 시연한다. 이후의 작업은 참가자 스스로 다른 악몽에 대해 심상작업을 할 수 있으며, 필요하면 회기 내에 추가적 악몽을 다룰 수도 있다.[58]

IRT는 현재까지 가장 잘 알려진 외상 관련 심상치료이고, 외상후 악몽 증상에 관해서 효과의 준거가 가장 높은 치료이지만, 다양한 방법으로 사용되어 어떤 방식이 기준인지 논하기 어려운 실정이다. 여러 심상시연치료의 프로토콜을 고찰한 한 연구에 따르면, 공통적으로 목표 악몽을 고르고, 재각본하며, 새 꿈을 시연하는 3단계는 동일하나, 집단 대 개인, 악몽의 내용에 노출하는 정도, 악몽의 선택기준, 포함된 기타 치료기법 등에는

---

58 B. Krakow and A. Zadra, "Clinical Management of Chronic Nightmares: Imagery Rehearsal Therapy", *Behav Sleep Med* 4, no. 1 (2006).

차이가 많다는 점을 지적하였다.[59]

2. 심상시연

악몽에 대한 노출을 최소화한 IRT에 비해, 호주의 Forbes 그룹은 악몽의 내용에 자세하고 철저하게 노출하는 6회기 버전의 심상시연imagery rehearsal을 보급하였다.[60] IRT와의 차이는 1) 90분씩 6회기 구조로 2) 치료할 악몽은 대개 환자가 선택한 1개로 정하며 3) 악몽을 최대한 자세히 쓰고 읽으면서 노출한다. 치료는 심상시연치료가 무엇인지, 어떤 방향으로 악몽의 내용을 변경하고 시연하는지 설명하는 것으로 시작하여, 본인에게 적절한 이완요법을 정해서 취침 전과 악몽으로 깨어날 때 실시하도록 한다. 반복되는 악몽 중에 하나를 참가자가 선택하게 하고, 악몽을 가능한 최대로 자세하게 쓰는데, 여러 감각적인 요소(이미지, 냄새, 소리, 맛 등)와 꿈꿀 때 드는 생각과 감정을 포함한다. 그런 다음 집단원 앞에서 큰 소리로 읽는다. 각 참가자는 자신의 악몽을 집단원들과 상의하며 변경하는데, 악몽의 시작, 중간, 끝부분 어디에서나 가능하며, 개인의 선호에 따라 긍정적, 중립적, 심지어는 부정적으로도 바꿀 수 있다. 새로운 꿈을 다시 쓰는데, 마찬가지로 최대한 자세하게 감각적 요소와 생각, 감정을 넣어 구성하고 집단에서 다시 읽는다(집단에서 먼저 시연하고 과제로 쓰기를 부여할 수 있다).[61] 바뀐 각본을 매일 취침 전에 상상으로 시연하도록 과제를 부여한다. 마지막 2회기에는 각본을 더 세밀하게 수정한다. 선택된 악몽이 완전히 해결되면 다른 악몽을 다룬다.

3. 노출-이완-재각본치료

위에서 소개한 심상시연치료는 악몽의 외상 내용이나 외상 자체에 대한 논의는 최소화한

59 G. C. Harb et al., "A Critical Review of the Evidence Base of Imagery Rehearsal for Posttraumatic Nightmares: Pointing the Way for Future Research", *J Trauma Stress* 26, no. 5 (2013).

60 D. Forbes, A. Phelps, and T. McHugh, "Treatment of Combat-Related Nightmares Using Imagery Rehearsal: A Pilot Study", ibid.14, no. 2 (2001).

61 K. E. Thompson, M. Hamilton, and J.A. West, "Group Treatment for Nightmares in Veterans with Combat-Related Ptsd", *NCP Clinical Quarterly* 5, no. 4 (1995).

〈표 2〉 악몽 심상치료의 비교

	심상시연치료	심상시연	노출-이완-재각본
시간 x 회기	2시간 x 4회	1.5시간 x 6회	2시간 x 3회
형태	집단	집단(5명 이하)	집단
악몽 노출	최소	최대(쓰기, 읽기)	최대
외상 노출	없음	악몽과 관련되어 간접적	사건과 악몽 연결
수면 개입	없음	없음	수면위생, 수면습관교정
심상 과제	아무 때나	취침 전 심상시연	취침 전 15분 심상시연
기타 과제	긍정 심상연습	수면 및 악몽일기, 이완	수면습관 변화, 증상 모니터링, 이완

반면, 노출-이완-재각본치료exposure relaxation and rescripting therapy[ERRT]는 꿈의 외상 내용이나 외상 자체에 대한 노출 요소를 강조한 버전이라고 할 수 있다. 이 치료는 주 1회 2시간씩 총 3회기가 진행되며, 심상시연치료와는 다르게 외상과 그 반응에 대해 교육하고, 치료 전반에 걸친 외상 자체에 대한 토의가 허용되며, 악몽에 나오는 외상 관련 주제를 찾고, 관련성을 논의한다. 첫 회기는 외상에 대한 심리교육, 악몽의 발생과 유지 및 영향에 대한 설명, 수면 위생, 점진적 근육이완 교육과 실습이 제공되며, PTSD 증상, 악몽, 수면에 대한 모니터링과 이완연습이 매일 수행해야 할 과제로 부여된다. 두 번째 회기는 과제 평가, 꿈의 외상 내용이나 외상 자체에 노출하는 이유와 배경을 설명한 후 악몽을 쓰고, 크게 읽는다. 그리고 치료자와의 공동작업을 통하여 악몽에 나타나는 특정 외상 주제(힘, 안정, 믿음, 자존감, 관계)를 찾고 원래 외상과의 관련성을 논의한다. 특히, 악몽의 외상 주제가 외상 당시나 이후에 실제로는 어떻게 나타났는지 탐색하게 한다. 그리고 악몽을 바꾸는 이유와 배경을 설명하고, 외상 주제를 반영하여 악몽을 다시 쓰고, 큰 소리로 읽고, 논의한다. SUDS 점수는 전후로 평가한다. 과제는 1회기에 추가하여 변경된 꿈을 시연하는 것이 포함된다. 세 번째 회기는 과제와 악몽의 빈도 및 정도를 평가하고, 어려운 점이 보고되면 이를 해결하고, 앞으로 예상되는 어려움과 대처방법을 상의하고, 호흡연습을 함께 하며 가르쳐 준다.[62] '심상재각본-노출치료'라는 참전군인을 대상으로 강화된 6회기

버전도 있다.[63]

그러나 노출 및 재각본 부분을 제외해도 동일한 효과를 보인다는 무작위 임상연구도 있어서 이 치료의 효과에 심상기법의 기여도는 추후 연구가 필요한 실정이다. 다만, 이 연구는 PTSD 환자군이 아니라 악몽을 지닌 지역사회 자원자를 대상으로 하였다.[64]

4. 인지재구조화 심상수정

인지재구조화 심상수정cognitive restructuring and imagery modification[CRIM]은 아동성학대 피해자의 오염감을 해소하기 위하여 2회기 치료로 개발되었다. 첫 회기는 90분간 진행하는데, 먼저 오염감과 관련된 정보와 의미, 일상생활의 영향, 대처방법 등을 파악한 다음 인터넷 검색을 통해 신체 부위의 피부세포가 완전히 재생될 때까지 시간이 얼마나 걸리는지 의학적인 정보를 찾게끔 유도한다. 그리고 가해자와 마지막 접촉 후, 성폭행 당한 신체부위가 몇 번이나 재생되었는지 계산하게 한다. 예를 들어, 20년이 지났으면 240회 정도 새 피부로 바뀐 것이다. 그다음, 이러한 정보가 환자에게 주는 의미를 토의한 이후에 치료자는 환자에게 재생된 피부를 나타내는 심상을 개발하도록 안내한다. 다음에는 오염감과 불편한 관련 심상을 중간 정도의 강도로 떠올리고, 새로 만든 대치된 피부의 심상으로 바꾼다. 심상수정에 대한 녹음은 과제로 부여하여 1주 동안 매일 듣고 과제장을 기록하게 한다. 두 번째 회기는 1주 후에 진행되며 50분간 지속한다. 치료효과, 방법에 대한 질문받기, 사용 시 어려웠던 점, 일상생활의 영향에 대해 논의한다.[65]

이후 CRIM은 보다 다양한 PTSD 환자를 치료하기 위해 변형된 형태(CRIM-PTSD)

62 J. L. Davis and D. C. Wright, "Case Series Utilizing Exposure, Relaxation, and Rescripting Therapy: Impact on Nightmares, Sleep Quality, and Psychological Distress", *Behav Sleep Med* 3, no. 3 (2005); "Exposure, Relaxation, and Rescripting Treatment for Trauma-Related Nighmares", *J Trauma Dissociation* 7, no. 1 (2006).

63 M. E. Long et al., "Imagery Rescripting and Exposure Group Treatment of Posttraumatic Nightmares in Veterans with Ptsd", *J Anxiety Disord* 25, no. 4 (2011).

64 K. Jung and R. Steil, "A Randomized Controlled Trial on Cognitive Restructuring and Imagery Modification to Reduce the Feeling of Being Contaminated in Adult Survivors of Childhood Sexual Abuse Suffering from Posttraumatic Stress Disorder", *Psychother Psychosom* 82, no. 4 (2013).

65 R. Steil, K. Jung, and U. Stangier, "Efficacy of a Two-Session Program of Cognitive Restructuring and Imagery Modification to Reduce the Feeling of Being Contaminated in Adult Survivors of Childhood Sexual Abuse: A Pilot Study", *J Behav Ther Exp Psychiatry* 42, no. 3 (2011).

로 보급되었는데, 90분간 진행하는 두 번의 회기와 50분의 추가 회기로 구성되었다. 첫 회기에는 외상 사건과 관련된 자신에 대한 핵심 역기능적 가정을 인지재구조화 기법으로 다룬다. 두 번째 회기에는 해변의 풍경 심상으로 유도해 본 후, 자신에 대한 가장 핵심적이고 역기능적 가정을 잘 나타내는 심상을 개발하도록 요구한다. 그런 다음 부정적 이미지를 수정하여 긍정적 이미지로 자세히 바꾼다. 이 과정에서 이미지는 여러 감각적 요소(시각적 인상, 냄새, 소리, 맛 등)를 디테일하게 포함한다. 부정적 이미지와 긍정적 이미지가 완성되면, 심상연습을 시도하는데, 처음의 부정적 자기 이미지를 떠올리고 긍정적 이미지로 바꾸는 것을 상상한다. 회기의 녹음을 매일 듣는 것으로 과제를 부여하고, 추가 회기는 경과를 관찰하고, 과제 연습 시 문제점을 다루고, 긍정적 심상을 가능한 자주 기억해서 일상생활에 적용하고, 미래 어려운 상황에 어떻게 사용할 것인지 토의한다. 또 다른 추가 회기 구성은 부정적 자기 개념에 반하는 이성적 대체 사고를 다루거나 중요 단어를 이용하여 글쓰기로 대체할 수도 있다.[66]

치료 요소로서의 심상변화 기법

1. 스키마치료의 심상기법

스키마치료schema therapy는 1장에서 언급한 것 같이 게슈탈트치료의 영향을 받아, 심상기법을 치료의 한 구성요소, 즉 경험적 기법에 포함된 치료로 명시하였다. 스키마치료의 심상작업은 환자의 정서적 수준에서 심리도식을 도전하도록 돕는 것이다. 첫째, 대표적인 방법으로 심상대화imagery dialogues는 심리도식을 강화시켜 주는 인물(대부분 역기능적 부모)과 심상 속에서 대화를 하는 것이다. 이를 통해 채워지지 않은 욕구를 찾아보고 분노와 같은 강한 감정을 표현해서 자신의 권리를 주장하게 도와준다. 둘째는 재양육reparenting으로, 어려서 받지 못했던 안전, 사랑, 소중함을 치료자와 내담자 사이에서 제공하는 것이

---

66 M. Muller-Engelmann and R. Steil, "Cognitive Restructuring and Imagery Modification for Posttraumatic Stress Disorder (Crim-Ptsd): A Pilot Study", ibid.54 (2017).

다. 세 단계 과정으로, 치료자가 심상 안으로 들어가 취약한 아이에게 직접 말을 건넨다. 일종의 모델로 치료자가 취약한 아이를 재양육하고, 환자 스스로 건강한 성인의 역할을 하여 취약한 아이를 재양육한다. 심상대화와 재양육은 외상적 기억을 다룰 때도 동일하게 적용된다.[67]

2. 자아상태치료

오랜 기간 해리장애와 외상치료에 사용되어 왔던 자아상태치료ego state therapy는 자아상태를 최면유도 중 파악하여, 이와의 심상적 대화 및 개입을 포함한다. 치료는 외상화된 자아상태를 안정화하고 정상화하며, 현재 시점을 교육하고, 보호와 양육을 제공한다. 해리장애를 위한 원래의 자아상태치료로부터 수정되고 매뉴얼화된 기법이 있는데, 단일한 외상을 대상으로 개발된 단 회기 프로토콜[68]과 복합 외상을 위한 단계적 프로토콜[69]이 있다.

3. EMDR의 인지적 개입 중 심상기법

안구운동 민감소실 및 재처리eye movement desensitization and reprocessing therapy[EMDR] 요법은 외상중심 인지행동치료와 함께 가장 잘 알려진 외상전문치료이다. 일종의 심상치료라고 부를 수 있을 정도로 치료과정에 심상적 요소가 차지하는 부분이 크다. 우선 회기의 시작은 다루고자 하는 외상기억의 심상적 요소(이미지 혹은 소리, 신체감각 등)를 정하고, 이로부터 자발적인 상상을 유도하는 과정이 지속된다. 자유연상에 가까운 상상을 이행해 나갈 때, 수평적 안구운동이나 신체의 좌우 촉각 자극과 같은 외부 자극을 동시에 주어 외상기억의 정동적, 감각적 과부하를 감소시키고 정서적 처리를 용이하게 한다. 따라서 이 민감소실 단계가 끝나면 원래의 외상기억의 심상은 자발적으로 긍정적 혹은 중립적인 것으로

---

67 J. E. Young, J. S. Klosko, and M. E. Weishaar, *Schema Therapy: A Practitioner's Guide* (New York, NY: Guilford Press, 2006).

68 A. F. Barabasz, M. Barabasz, and J. G. Watkins, "Single-Session Manualized Ego State Therapy (Est) for Combat Stress Injury, Ptsd, and Asd, Part 1: The Theory", *Int J Clin Exp Hypn* 59, no. 4 (2011).

69 S. J. Schmidt, "Developmental Needs Meeting Strategy: A New Treatment Approach Applied to Dissociative Identity Disorder", *Journal of trauma & dissociation* 5, no. 4 (2004).

변화되거나 사라지게 된다.[70] 의도적인 심상변화 개입이 없기 때문에 EMDR은 심상변화 치료로 분류되기 어려우나, 이러한 자발적인 긍정적 변화가 나타나지 않을 때, 치료자는 인지적 개입cognitive interweave, 즉 간단한 코멘트나 제안을 하여 재처리를 촉진하게 된다. 여기에는 이미지의 축소, 흑백으로 바꾸기, 방어막과 경계두기, 거리두기 등 간단한 작업에서부터 하고 싶은 말이나 행동을 하는 상상하기, 현재의 자아가 어린 자기에 가서 도와주는 재양육기법, 구조하기, 상황을 바꾸어 상상하기 등의 심상기법이 사용된다.[71]

기타

아직 연구를 통한 효과의 증거는 부족하지만, 몇 가지 추가로 언급할 치료들이 있다. 첫째 정서자유기법emotional freedom therapy은 신체 특정 부위를 두드리는tapping 신체적 자극과 인지적 요소를 동반한 일종의 노출치료로, 다양한 질환에 사용되지만 외상치료를 위한 프로토콜도 존재한다. 둘째 되감기기법rewind technique은 이미지를 조정하고 외상기억을 상상노출하는데, 시간 순서를 반대로 끝에서 처음까지 시연하는 과정도 있어 되감기기법이라 불린다. 셋째 플래시기법flash technique은 아주 짧은 시간의 외상 심상노출과 그보다 긴 시간의 안전지대 심상노출을 번갈아 가면서 양측성 자극과 함께 진행하는 EMDR의 아형이라고 볼 수 있다. [그림 3]에서는 외상적 기억의 노출 정도와 심상을 변화시키는 정도를 두 축으로 하여 심상을 이용한 외상치료들을 정리해 보았다. 세로축은 위로 갈수록 노출의 강도와 시간이 높은 치료이고, 가로축은 오른쪽으로 갈수록 심상의 의도적 변화가 큰 치료이다.

---

70 F. Shapiro, *Eye Movement Desensitization and Reprocessing (Emdr) Therapy: Basic Principles, Protocols, and Procedures* (New York, NY: Guilford Publications, 2017).

71 G. Gilson and S. Kaplan, *The Therapeutic Interweave in Emdr: Before and Beyond- a Manual for Emdr Trained Clinicians* (Tarzana, CA.: Ginger Gilson and Sandra Kalplan, 2000).

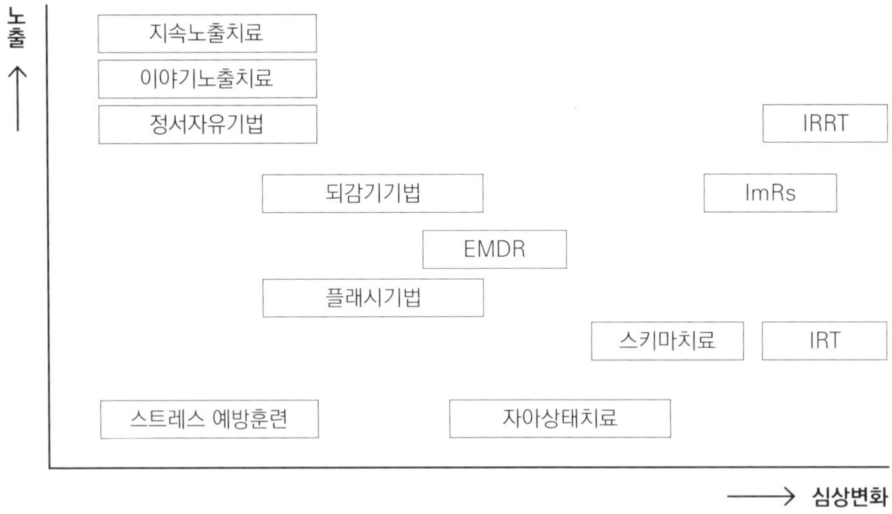

[그림 3] 노출과 심상변화의 정도에 따른 외상치료의 분류

EMDR: Eye movement desensitization & reprocessing therapy; IRRT: Imagery rescripting & reprocessing therapy; ImRs: Imagery Rescpriting; IRT: Imagery rehearsal therapy.

결론

이 장에서는 현재 외상치료에 활용되고 있는 여러 심상변화치료를 종류별로 살펴보았다. 현재 상당수의 외상치료가 독립적으로 혹은 특정 치료의 한 부분으로 심상기법을 포함하고 있으며, 독립적인 심상변화치료인 IR이나 IRRT는 지속노출치료에 포함하여 혹은 지속노출치료에 반응하지 않는 환자들에게 추가로 제공되기도 한다. 다음 장에서는 심상변화치료를 시작할 때 고려해야 할 점들을 소개하고자 한다.

참고문헌

Arntz, A., and A. Weertman. "Treatment of Childhood Memories: Theory and Practice." Behav Res Ther 37, no. 8 (Aug 1999): 715-40.

Barabasz, A. F., M. Barabasz, and J. G. Watkins. "Single-Session Manualized Ego State Therapy (Est) for Combat Stress Injury, Ptsd, and Asd, Part 1: The Theory." Int J Clin Exp Hypn 59, no. 4 (Oct-Dec 2011): 379-91.

Davis, J. L., and D. C. Wright. "Case Series Utilizing Exposure, Relaxation, and Rescripting Therapy: Impact on Nightmares, Sleep Quality, and Psychological Distress." Behav Sleep Med 3, no. 3 (2005): 151-7.

____. "Exposure, Relaxation, and Rescripting Treatment for Trauma-Related Nighmares." J Trauma Dissociation 7, no. 1 (2006): 5-18.

Forbes, D., A. Phelps, and T. McHugh. "Treatment of Combat-Related Nightmares Using Imagery Rehearsal: A Pilot Study." J Trauma Stress 14, no. 2 (Apr 2001): 433-42.

Gilson, G., and S. Kaplan. The Therapeutic Interweave in Emdr: Before and Beyond- a Manual for Emdr Trained Clinicians. Tarzana, CA.: Ginger Gilson and Sandra Kalplan, 2000.

Grunert, B. K., M. R. Smucker, J. M. Weis, and M. D. Rusch. "When Prolonged Exposure Falls: Adding an Imagery-Based Cognitive Restructuring Component in the Treatment of Industrial Accident Victims Suffering from Ptsd." [In English]. Cognitive and Behavioral Practice 10, no. 4 (Fal 2003): 333-46.

Grunert, B. K., J. M. Weis, M. R. Smucker, and H. F. Christianson. "Imagery Rescripting and Reprocessing Therapy after Failed Prolonged Exposure for Post-Traumatic Stress Disorder Following Industrial Injury." J Behav Ther Exp Psychiatry 38, no. 4 (Dec 2007): 317-28.

Hackmann, A., J. Bennett-Levy, and E.A. Holmes. "Effective Components of Imagery Interventions in Clinical Practice." In Oxford Guide to Imagery in Cognitive Therapy, 45-57, 2011.

Harb, G. C., A. J. Phelps, D. Forbes, R. J. Ross, P. R. Gehrman, and J. M. Cook. "A Critical Review of the Evidence Base of Imagery Rehearsal for Posttraumatic Nightmares: Pointing the Way for Future Research." J Trauma Stress 26, no. 5 (Oct 2013): 570-9.

Jung, K., and R. Steil. "A Randomized Controlled Trial on Cognitive Restructuring and Imagery Modification to Reduce the Feeling of Being Contaminated in Adult Survivors of Childhood Sexual Abuse Suffering from Posttraumatic Stress Disorder." Psychother Psychosom 82, no. 4 (2013): 213-20.

Krakow, B., and A. Zadra. "Clinical Management of Chronic Nightmares: Imagery Rehearsal Therapy." Behav Sleep Med 4, no. 1 (2006): 45-70.

Long, M. E., M. E. Hammons, J. L. Davis, B. C. Frueh, M. M. Khan, J. D. Elhai, and E. J. Teng. "Imagery Rescripting and Exposure Group Treatment of Posttraumatic Nightmares in Veterans with Ptsd." J Anxiety Disord 25, no. 4 (May 2011): 531-5.

Muller-Engelmann, M., and R. Steil. "Cognitive Restructuring and Imagery Modification for Posttraumatic Stress Disorder (Crim-Ptsd): A Pilot Study." J Behav Ther Exp Psychiatry 54 (Mar 2017): 44-50.

Raabe, S., T. Ehring, L. Marquenie, M. Olff, and M. Kindt. "Imagery Rescripting as Stand-Alone Treatment for Posttraumatic Stress Disorder Related to Childhood Abuse." J Behav Ther Exp Psychiatry 48 (Sep 2015): 170-6.

Schmidt, S. J. "Developmental Needs Meeting Strategy: A New Treatment Approach Applied to Dissociative Identity Disorder." Journal of trauma & dissociation 5, no. 4 (2004): 55-78.

Shapiro, F. Eye Movement Desensitization and Reprocessing (Emdr) Therapy: Basic Principles, Protocols, and Procedures. New York, NY: Guilford Publications, 2017.

Smucker, M. R., C. Dancu, E. B. Foa, and J. Niederee. "Imagery Rescripting: A New Treatment for Survivors of Childhood Sexual Abuse Suffering from Post-Traumatic Stress." Journal of Cognitive Psychotherapy 9, no. 1 (1995): 3-17.

Stahn, B. "Brief Imagery Rescripting and Reprocessing Therapy (Birrt)." https://studylib.net/doc/5320400/imagery-rescripting-and-reprocessing-therapy-presented-by.

Steil, R., K. Jung, and U. Stangier. "Efficacy of a Two-Session Program of Cognitive Restructuring and Imagery Modification to Reduce the Feeling of Being Contaminated in Adult Survivors of Childhood Sexual Abuse: A Pilot Study." J Behav Ther Exp Psychiatry 42, no. 3 (Sep 2011): 325-9.

Thompson, K. E., M. Hamilton, and J.A. West. "Group Treatment for Nightmares in Veterans with Combat-Related Ptsd." NCP Clinical Quarterly 5, no. 4 (1995): 13-17.

van der Hart, O, and B. Friedman. "A Reader's Guide to Pierre Janet: A Neglected Intellectual Heritage." Dissociation 2 (1989).

Young, J. E., J. S. Klosko, and M. E. Weishaar. Schema Therapy: A Practitioner's Guide. New York, NY: Guilford Press, 2006.

5장 심상변화치료 시작하기

본 장에서는 심상치료를 시작할 때, 치료자들이 알고 있어야 할 사항들을 정리해 보았다. 대부분은 일반적인 외상치료의 원칙과 다르지 않으나 심상치료에 국한된 특수성도 있어서 이 점에 대해 중점을 두고 언급하고자 한다.

치료자의 자세

외상치료는 매우 전문적인 영역이기 때문에 심상을 이용하여 외상치료를 시작하려는 치료자는 외상 반응과 그 치료에 대해 잘 숙지한 외상치료자여야 한다. 따라서 외상치료의 임상경험과 자문 등 기초수련을 받기를 권고한다. 그 이유 중 하나는 외상치료자의 태도나 역할은 다른 정신심리치료나 상담과는 사뭇 다르다. 전통적인 심리치료자는 공감적으로 청취하며, 지지적이고 연민적 태도를 보이며, 관계 중심, 내담자 중심의 면담을 진행한다. 그런데 이러한 자세가 외상치료에서는 오히려 해가 될 수 있다. 좋은 외상치료자는 보다 적극적이고 교육적인 역할을 수행하는 것이 권고되는데, 아동외상치료자인 그린월드는 동기 강화, 심리교육, 안정화와 안전, 대처기술 개발, 외상해결의 다섯 가지 역할을 제시하였다.[72] 앞의 네 가지는 1단계인 안정화 단계에서, 마지막 외상해결은 2단계에 해당

72 R. Greenward, "How to Find a Good Trauma Therapist", Trauma Institute & Child Trauma Institute, https://www.childtrauma.com/blog/find-good-therapist.

되는 과제이나, 치료 전반에 걸쳐 제공해야 할 치료자 역할이기도 하다.

일반적인 심상치료자의 자세는 환자가 스스로 심상을 떠올리고 작업할 수 있도록 가급적 심상변경 내용에 대해 제안하지 말고, 단지 환자가 난관에 부딪히거나 도움을 요청할 때 개입하도록 권장하지만,[73] 저자들의 경험으로는 환자의 주도권과 통제력을 손상하지 않는 범위 내에서 치료자는 적극적이고 협업을 통한 공동작업자로서의 역할을 하는 것이 좋다. 이는 특히 심상변화치료에서 대체할 재각본의 준비와 진행과정에서 그렇다. 이런 관점에서 심상외상치료자의 자세로 창의성과 직관성, 융통성, 공동협업, 관찰 능력 네 가지를 제시하고자 한다. 우선 창의성과 직관성은 치료가 구조화되어 있지 않고, 치료 내용이 임의로 진행됨을 말하는 것은 아니다.

창의성은 치료가 최종 목표에 다다를 수 있도록 (목표는 안정화가 될 수도 있고, 성공적인 기억처리가 될 수도 있다) 환자와 함께 방해 요인과 차단 상태를 극복할 수 있는 여러 가지 옵션을 개발하는 능력이라고 할 수 있다. 다르게 표현하면, 직관적으로 환자의 특성과 경험하는 어려움을 파악하고 이에 맞는 대처방안을 제시할 수 있는 능력도 필요하다. 둘째는 융통성인데, 이는 치료의 기술적 측면이기도 하면서 환자의 선택을 존중하는 것이기도 하다. 전자는 치유에 필요하다면 다양한 치료적 전략과 방법을 제공할 수 있는 절충적 자세와 다양한 외상치료 경험과 그 활용이다. 즉, 심상치료 중 어려움에 봉착했을 때, 심상적 기법뿐 아니라 인지, 행동, 신체치료 등 여러 기법을 적재적소에 사용하여 극복하는 능력이다. 후자는 항상 환자의 선택과 의견을 존중하는 개방적 자세를 말한다. 항상 정답은 환자로부터 나온다. 아무리 그럴듯한 각본도 환자에게 마음으로 이해되지 않는다면 소용이 없고, 아무리 어설픈 각본이라도 환자의 경험과 맥락에서 우러나온 것이라면 성공할 가능성이 높다. 셋째는 공동협업이다. 심상치료는 어떤 치료보다도 치료자와 환자 사이에 협력과 논의가 필요하다. 이는 심상개발과 심상변화의 아이디어로부터 시작되는데, 마치 연속 TV 드라마의 공동 작가가 매회 대본을 완성하는 작업과 유사하다. 한 아마추어 작가는 본인의 경험을 통해 얻은 인생사 스토리를 바탕으로 시나리오를 작성하고, 동료인 프로 작가는 충분한 시나리오 작업 경험을 바탕으로 경험이 적은 작가를 격려하

---

73 Arnoud Arntz, "Imagery Rescripting as a Therapeutic Technique: Review of Clinical Trials, Basic Studies, and Research Agenda", *Journal of Experimental Psychopathology* 3, no. 2 (2012).

고, 때로 충고를 하기도 하며, 아이디어 고갈이나 스토리가 전개되지 않을 때 도와주는 역할을 한다. 마지막으로 관찰능력이다. 심상치료는 환자가 눈을 감고 진행하고, 언어적 교환이 적고 신체감각을 포함한 감각적 요소를 중요시하기 때문에, 치료자는 미묘한 환자의 상태 변화를 표정, 움직임, 호흡 등을 관찰하여 파악하는 능력이 필요하다. 또한, 환자의 말이나 신체 언어의 뉘앙스를 통하여 심상치료과정의 어려움이나 환자가 경험하고 있을 감각적 요소를 추측할 수 있어야 한다. 그리고 환자의 인생사를 환자가 좋아하는 것 등의 긍정적 요소를 통해 간접적으로 관찰하고 치료에 응용하는 것이 큰 도움이 된다.

심상치료 설명하기

아마 대부분의 환자들이 심상치료에 대해서는 익숙하지 않을 것이다. 왜냐하면 정신건강의학과나 센터, 심리상담소에서 하는 치료는 말하고 질문하고 얘기를 듣는 언어적 교환을 주요 기법으로 하기 때문이다. 심상치료는 상상을 통해 감각을 경험하는 치료가 진행되기 때문에 일반 상담치료에 비해 낯설게 느껴질 수 있다.

1. 심상치료 설명

> "사람들은 누구나 생각하고, 감정을 느끼고 상상을 합니다. 마음을 치료하는 방법도 이 세 가지 경로를 통해서 할 수 있는데, 가장 일반적인 방법은 말로 하는 상담이나 심리치료로 생각을 통해서 하는 것입니다. 두 번째는 감정을 이용하는 방법인데, 감정이나 몸의 감각으로 하는 치료입니다. 저희는 세 번째 방법인 상상을 통해서 불편함을 줄이고, 긍정적인 부분을 더 강화하는 그런 치료를 하고자 합니다. 상상치료의 장점은 다른 치료에 비해 그 효과가 빠르고, 융통성이 있다는 점입니다. 비행 공포증이 있는 분이 있다고 합시다. 직접 비행기를 타보고 노출치료를 한다면, 그 시간과 비용을 생각해 보십시오. 누구나 어려움 없이 상상하고 치료에 응할 수 있습니다. 그러나 상상하는 것이 낯설다면 실제 치료에 앞서서 상상하는 연습을 먼저 해 볼 수도 있습니다."

일부 환자들은 상상하는 것 자체에 대한 두려움이 있다. 이런 경우는 외상기억을 회피하고자 하는 외상경험자들의 특징일 수도 있고, 치료자 및 치료환경에 대한 기본적인 신뢰나 안전감이 없는 경우로 볼 수도 있다. 어떤 경우라도 생존과 안녕을 위해 위험부담을 감수하지 않으려는 자연스러운 현상이기 때문에, 이러한 태도를 인정해 주고 환자 스스로 예상되는 불편감이나 걱정을 자유롭게 얘기하는 분위기를 만들도록 한다. 외상환자들은 상상하는 치료를 한다고 하면, 선입견으로 불편한 기억을 또 상기해야 한다고 느낄 수 있다. 이러한 오해를 줄이기 위해 환자가 선택권을 지니며, 모든 치료과정을 통제할 수 있음을 알려준다.

2. 상상에 대해 두려워하는 경우

> "처음 해 보는 치료이기 때문에 걱정도 되고, 상상이 두려울 수 있습니다. 중요한 것은 당신이 선택할 수 있다는 점입니다. 억지로 불편한 것을 감수할 필요는 없습니다. 우선 긍정적인 상상을 주로 하게 될 것 있습니다. 그럼에도 불구하고 만약 상상 중에 불편해지면 당신이 스스로 멈추고 눈을 뜨면 됩니다. 불편함을 줄일 수 있는 방법을 저와 상의해서 해 볼 것입니다. 불편한 이미지를 덜 불편한 것으로 바꿀 수도 있습니다. 걱정되는 부분이 있으신가요?"

3. 안 좋은 기억에 대해 걱정하는 경우

> "어떤 분들은 상상치료가 안 좋은 기억을 자꾸 떠올리는 치료로 오해를 합니다. 특히 이전의 치료나 조사 과정에서 외상기억이 떠올라 고통스러웠던 경험을 하신 경우 그렇습니다. 그러나 상상치료는 외상기억을 어떤 치료보다 최소한 일부만 다루고, 다루기 전에 충분한 준비과정을 하여 불편함을 잘 조절하는 능력을 먼저 키우게 될 것입니다."

심상훈련

모든 환자가 심상치료 전에 심상훈련이 필요한 것은 아니다. 사실, 조금 어렵다고 느껴질 수 있는 심상변화치료는 대부분 심상을 통한 안정화 기법을 경험하고 진행되기 때문에,

이미 심상을 떠올리고 진행하는 것에 익숙해진 상태이기에 더욱 그렇다. 그러나 상상이라는 방법에 생소해하거나 두려움이 있는 경우, 불안정한 환자, 아동이나 노인, 지적장애나 인지장애가 있는 사람, 만성 정신병 환자의 경우는 간단한 심상훈련을 통해서 치료에 대한 이해와 불안감을 감소시킬 수 있다.

심상시연치료의 창시자 Krakow는 1분, 5분, 15분의 3단계 즐거운 심상 떠올리기를 통해 심상훈련을 제시하였는데,[74] 참가자는 공통적으로 1분 연습을 한 뒤, 이후에는 각자의 숙련도나 준비성에 맞춰 추가로 5분이나 15분을 하라고 권고했다. 외상생존자 그룹은 평균 5~10분 정도의 연습이 가장 적절했다고 덧붙였다. 즐거운 심상은 긍정적인 느낌을 일으키는 것이면 된다.

1. 긍정 심상훈련

"심상을 떠올리는 연습을 해보려고 합니다. 눈을 감으시고 하면 더 집중이 되어 좋지만, 원하시면 눈을 뜨고 하셔도 됩니다. 어떻게 하시겠습니까? 좋습니다. 이게 최근에 있었던 기분 좋은 일이 될 수도 있고, 좋아하는 음식, 풍경이나 장소일 수도 있습니다. 즐거웠던 활동이나 좋아하는 동물 혹은 연예인일 수도 있습니다. (적절하고 동의한다면) 좋습니다. 그 이미지 혹은 상황을 마음속에 떠올려 보세요. 어떤 느낌이십니까? (긍정적이라면) 그 이미지와 느낌을 조금 더 떠올려 보시겠습니다."

위와 같이 하여 1분 연습이 잘 되면 하루에 한 번씩 연습하도록 과제를 준다.

"잘하셨습니다. 본격적인 치료에 들어가기 전에 지금 연습했던 심상을 하루 중에 시간을 내어 상상해 보는 연습을 하시면 좋겠습니다. 혹시 상상 중에 불편한 점이 생기면 멈추시고 다음 시간에 알려주십시오."

이 단계에서 치료자는 1분 연습에 사용된 심상 버전을 5분으로, 더 나아가 10분짜리로

74 B. Krakow and A. Zadra, "Clinical Management of Chronic Nightmares: Imagery Rehearsal Therapy", Behav Sleep Med 4, no. 1 (2006).

연장할 수 있다. 이때는 단순히 이전 심상을 반복하여 5분으로 만드는 것보다는 심상의 감각적 요소를 강조하면서 늘려나가는 것이 좋다.

> "즐거운 심상을 조금 더 오래 상상해 보겠습니다. 상쾌한 감각을 더해볼 수 있습니다. 무엇이 보이는지 둘러보시고, 무슨 소리가 들리는지, 상쾌한 냄새는 없는지, 그 장면을 상상할 때 감정이나 몸의 느낌은 어떤지 살펴보시고 얘기해 주세요."

드물지만 아예 상상 자체를 못 하겠다고 말하는 분들이 있다. 상상을 하라고 하면 '아무것도 안 떠오른다' 혹은 '상상을 못 하겠다'고 보고하는데, 마치 고장 난 컴퓨터에 아무것도 나타나지 않는 화면 같다고 볼 수 있다. 이 경우는 해리, 심한 회피, 뇌의 기질적 장애 등을 의심할 수 있으나, 이 경우에도 차분히 치료에 대한 걱정이나 불편함 등을 탐색하고, 아주 쉬운 심상연습을 해볼 수 있다.

2. 상상을 못 하는 경우에 필요한 연습

> "좋아하는 과일을 생각해 봅시다. 우선 그 과일 바라보세요. 무슨 색깔인가요? (잠시 멈춤) 모양과 크기는 어떻습니까? (잠시 멈춤) 그 과일에 코를 대고 냄새를 맡습니다. 어떤 냄새인가요? (잠시 멈춤) 이번엔 그 과일을 손가락으로 만져봅니다. 손가락의 촉감은 어떻습니까? (잠시 멈춤) 이번엔 그 과일을 손에 들고 위아래로 움직여 보세요. 무게가 어떻게 느껴집니까?"

> "지금 살고 있는 집의 본인의 방을 생각해 보십시오. 그리고 방에 뭐가 있는지 한번 얘기해 주세요. 네 좋습니다. 중앙에서 왼쪽으로 둘러보면서 있는 물건들을 얘기해 주세요. 이번엔 중앙에서 오른쪽으로 무슨 물건들이 보이는지 얘기해 주세요. 혹시 가구가 있으신가요? (잠시 멈춤) 있다면 어떤 모양인지, 그 위에 어떤 물건들이 있는지 말씀해 주세요."

심상변화치료 연습

심상변화치료를 하기 전에 치료에 대한 이해와 동기의 증진을 위해 연습이 필요하다면 두 가지 방법이 있다. 하나는 심상을 변화시키는 간단한 연습을 하는 방법이 있고, 또 다른 하나는 유도심상guided imagery을 시행하여 심상각본을 시연하는 연습을 할 수 있다. 유도심상은 심상각본의 처음과 끝을 경험하고, 감각적 요소를 경험할 수 있도록 하며, 스트레스와 긴장 완화의 긍정적 효과를 미리 맛볼 수 있다.

1. 심상바꾸기 연습

환자에게 일상에서 변화시키고 싶은 것이 있는지 묻는다. 불편감이 연상되지 않을 긍정적인 혹은 중립적인 것이어야 한다. 가장 흔한 예는 자신의 방을 리모델링 혹은 재배열하는 것이다. 환자는 5~10분 동안 변경하고 싶은 것들을 상상한다. 그리고 이것에 대해 치료자와 얘기하는데, 긍정적이고 유쾌한 느낌의 이미지들이다. 중요한 것은 실제로 어떤 변화를 일으키려는 것이 아니라 심상변화를 배우는 것이다(p. 58).[74]

> "심상변화치료를 경험하기 전에 간단한 연습을 해보겠습니다. 우선 지금 살고 있는 본인의 방을 한번 떠올려 보겠습니다. 그런데 당신은 방을 1주일 동안 치우지 않았다고 생각합시다. 이불과 벗어놓은 옷들이 사방에 흩어져 있고, 먹다 남은 과자 봉지와 그릇도 방바닥과 책상에 아무렇게나 버려져 있겠죠. 그리고 물건들도 정신없이 쌓여있습니다…. 상상하셨습니까? 이제는 방을 순식간에 깨끗이 청소하고 정돈된 모습으로 바꿉니다. 본인이 직접 치우거나 누군가의 도움으로 치운다고 생각하셔도 좋습니다. 완벽히 정돈된 모습을 상상해 봅니다…. 잘 되셨습니까? 이번에는 더 나아가서 방을 새롭게 꾸밉니다. 가구를 새것으로 바꾸고 벽지도 멋있고 마음에 드는 새것으로 바꿉니다. 그리고 원하는 물건들을 가져다 놓고 꾸며봅니다. 어떤 것을 갖다 놓거나 새롭게 꾸미고 싶습니까?… 좋습니다. 바뀐 방을 상상해 보십시오."

다음 예처럼 심상연습과 변화 연습을 동시에 할 수도 있다.[75]

> "눈을 감고 레몬을 떠올려 보세요. 그리고 레몬을 반으로 자른 다음 입속에 넣고 깨뭅니다. 어떻습니까? … 이제 레몬을 당신이 제일 좋아하는 과일로 바꿔서 상상하고, 입에 무는 것을 상상해 봅니다. 어떻습니까?"

2. 유도심상

다음에 소개하는 해변the beach이라는 유도심상각본은 가장 유명한 시각화 심상기법이다. 현재까지 여러 버전이 인터넷상에 공개되어 있으나 다음 소개하는 버전은 2002년에 한국어로 번안된 각본이다.[76]

> "당신은 기다란 나무 계단을 내려와서 아름답고 넓게 펼쳐진 해변에 들어섭니다. 해변에는 아무런 인적이 없고, 모래가 끝이 안 보일 정도로 길게 뻗어 있습니다. 모래는 매우 가늘고 가볍습니다… 하얀 색깔입니다. 당신은 맨발로 모래 위에 올라섭니다. 그리고 발가락 사이에 모래를 문지릅니다. 이 아름다운 해변을 천천히 걸어갑니다. 기분이 너무 좋습니다. 파도의 웅장한 소리는 마음을 진정시켜, 마음에 있는 어떤 것이든 내버릴 수 있을 것 같습니다. 당신은 파도가 들어왔다 나가는 것을 지켜보고 있습니다… 파도는 천천히 들어와서… 서로 뒤엉켜 부서지며… 그리곤 천천히 다시 흘러나갑니다. 바다 자체는 아름다운 푸른색입니다…. 이 푸른색을 바라보는 것만으로도 편안해집니다. 당신은 바다 위 멀리, 수평선까지 바라봅니다. 그리고 수평선이 보이는 끝까지 따라갑니다. 당신은 바다를 자세히 바라보다가, 해변에서 수 킬로 떨어진 곳에서 수면을 스치고 지나가는 작은 배를 발견합니다. 이런 풍경이 당신을 더욱더 홀가분하고 이완되게 합니다. 해변가를 따라 내려가면서 신선하고, 소금 냄새나는 바다의 공기를 느끼게 됩니다. 당신은 깊게 호흡을 들이마시고… 내쉽니다… 청량감을 느끼고 더욱 편안해집니다. 당신의 머리 위로 갈매기 두 마리가 바다 쪽으로 날아갑니다… 바람 속으로 솟구쳐 오르면서 우

75 K. Cole, "Regnerating Images in Memory (Rim): An Inroduction for Therapists", *Psychotherapy and Counselling Journal of Australia* 6, no. 1 (2018).

76 김대호, *스트레스 이완*(서울: 한양대학교 신경정신과학 교실, 2002).

아하게 날아갑니다…. 그리고 당신은 만약 당신이 날아갈 자유가 있다면 어떤 느낌일지 상상합니다. 당신은 해변가를 따라 걸어 내려가면서 점점 더 편안한 이완 상태로 빠져듭니다. 당신은 바닷바람이 살며시 당신의 뺨을 향해 불어오는 것을 느끼며, 머리 위 태양의 따사함이 당신의 목과 어깨를 관통하는 것을 느낍니다. 따듯한 햇빛이 몸에 흘러내리는 느낌이 당신을 더욱 이완시킵니다…. 그리고 이 아름다운 해변에서 당신은 완전한 만족감을 느끼기 시작합니다. 참 아름다운 날입니다. 잠시 후, 당신 앞에 편안해 보이는 비치의자를 봅니다. 천천히, 그 비치의자에 다가서기 시작합니다… 그리고 당신은 그 위에 편안히 앉습니다. 편안한 비치의자에 누우면서, 당신은 홀가분하고 더욱 깊은 상태로 이완됩니다. 잠시 후, 눈을 감고 파도치는 소리를 듣습니다. 파도가 밀려오고 흘러나가며 끊임없이 반복합니다. 규칙적인 파도 소리는 당신을 더욱더 깊은… 더욱더 깊은 고요와 평화의 상태로 이끕니다."

회기의 구성

외상치료의 한 회기는 치료기법에 따라 다르지만, 일반적으로 안정화 단계의 치료는 30~60분, 기억처리 단계의 치료는 60~90분을 진행한다. 사실 회기의 길이보다 중요한 것은 모든 외상치료회기의 구성인데, 항상 시작, 외상작업, 마무리로 진행된다는 점을 기억할 필요가 있다. 각각 1/4, 1/2, 1/4 정도의 시간을 배분하는 것이 경험적으로 권고된다. 외상 관련 환자는 항상 동일한 상태에서 여러분의 면담실을 찾아오지는 않을 것이다. 같은 환자라도 어떤 경우는 비교적 안정된 상태에서, 어떤 경우는 최악의 자극상태에서, 심지어 어떤 경우는 멍하고 해리된 상태에서 말이다. 여러분이 외상치료의 경험이 많다면, 전혀 다른 인격으로 치료자를 맞이하는 경우도 드물게 경험하였을 것이다. 항상 외상치료자는 환자가 어떤 상태에서 면담실을 찾아왔고, 치료에 임하고 있는지 먼저 파악해야 한다. 지난 회기에서 작업한 내용으로 인해 불편감이 어떠했는지, 새로운 자료, 즉 기억이나 생각, 감정적 요소가 떠오른 것이 있는지, 일상생활에서 스트레스나 큰 변화가 있었는지, 외상 관련 자극이 있어서 악화된 상태인지 등이다. 그래서 매 회기 외상치료는 항상 재평가로 시작하는 것이 좋다. 또한, 지난 회기에 대한 인상도 물어보고, 불편했던 점이나 개선점 등의 피드백도 받을 수 있다.

이후 시작 부분은 지난번 과제에 대한 체크와 과제 수행 중 어려웠던 점을 물어보게 된다. 과제는 이완연습이 될 수도 있고, 치료회기 녹음듣기, 심상시연연습, 재각본 읽기나 상상, 혹은 상태 모니터링이 될 수도 있다. 치료대상에 따라 간단한 증상 설문지를 이때 작성한다.

다음 단계는 오늘 진행할 작업에 대한 설명과 질문을 받고, 이후 안정화나 기억처리에서는 회기의 본론인 외상작업이 진행된다. 외상작업 특히, 기억처리를 할 때는 다음 환자 약속까지 30분 정도의 시간을 확보해 놓기를 바란다. 외상치료는 여러 돌발 상황이 가능하기 때문에 예상보다 시간이 더 걸릴 수 있고, 해리에 빠지거나 과각성되는 환자를 안전한 상태로 귀가시키려면 여유 시간이 필요하기 때문이다. 예정된 시간 프레임 안에서 외상작업이 완수되면, 마무리 단계로 넘어가서 오늘 시행한 작업에 대해 칭찬해 주고, 환자의 피드백을 듣는다. 이때 치료자는 혹시라도 불편감이 있는지 해리 상태가 아닌지 확인하고, 그렇다면 추가적인 이완연습이나 안정화 기법을 시행한다. 그 이후는 다음 회기까지 시행할 과제를 부여하고, 회기 사이에 불편감이나 문제 발생시 대처방안을 상의하고 종료한다.

마무리 단계의 목표는 불편함 없이 안전하게 귀가하는 것이라고 보면 되고, 이는 외상치료에서 아무리 강조해도 지나치지 않은 주요 계명이다. 어떤 경우든지 불편감이 아주 높거나, 해리 상태나 제반응 상태로 환자를 보내서는 안 된다. 이러한 면에서 회기의 시간 관리도 중요하다. 마무리 시간을 최소 10~15분 정도 확보해 놓고 외상작업을 정리하여야 하며, 과거의 기억이나 기억의 영향하에서 현실 즉, 지금-여기here and now로 완전히 돌아오도록 해야 한다. 개인적 경험으로 볼 때, 해리나 제반응 상태에서 효율적인 안정화 방법으로 착지연습grounding, 특히 시각이나 촉각 착지와 호흡연습, 신체동작기법, 심상요법인 봉인연습containment을 추천한다.

목표 기억의 선택

모든 외상치료에서 적절한 기억을 선택하는 것은 매우 중요한 일이다. 적절한 기억의 선택은 치료의 성공과 효과뿐 아니라, 안전하고 만족스러운 치료과정을 보장하며, 불필요한 치료지연과 기억 직면으로 인한 고통을 줄일 수 있다. 일반적으로 이상적인 목표 기억은 세 가지 조건을 가지고 있는데, 1) 고통스러운 정동이 동반되고, 2) 현재의 문제와 핵심적으로 연결되어 있는 (혹은 기본 스키마 연관된) 3) 초기 기억인 경우이다.[74]

심상작업도 예외는 아닌데, 단일한 외상 사건(예를 들어, 사고나 성폭행 등)이라면 선택할 기억이 자명하겠으나, 아동기 학대나 배우자 폭력, 학교 폭력 등은 반복되고 축적되는 경향이 있어 여러 외상 사건 중 어떤 기억을 선택할지 참여자나 치료자가 혼란에 빠질 수 있겠다. 더욱이 여러 종류의 외상을 경험한 경우는 과연 어떤 기억을 처음 선택하여 작업할 것인지 결정하는 일은 쉽지 않다. 심상치료뿐 아니라, 기억을 다루는 외상치료의 우선적 기억 선택 원칙은 다루고자 하는 현재 문제에 원인이 된 가장 초기 혹은 가장 고통스러운 기억이다. 그러나 환자가 동의하지 않고, 다른 기억을 선호하는 경우 예외가 된다. 어떤 외상치료도 동의 없이 진행할 수 없으며, 특히 참여자와 치료자 간의 공동작업이 필수적인 심상치료에서는 더욱 그렇다.

그다음에 고려할 점은 다루고자 하는 기억이 외상적 사건이 아니라, 불쾌하거나 부정적인 기억일 수도 있다. 외상적 사건으로 정의되지 않은 보다 넓은 의미의 부정적인 생활 사건, 아동기 부정적 사건, 또래 관계에서 경험한 굴욕감, 의사소통 문제 등이 포함될 수 있다. EMDR 창시자인 Shapiro는 이를 작은 t 외상small t trauma으로 불렀고, 일반적인 외상적 사건 못지않게 주요한 처리 대상이라고 간주했다.[77]

또한, 기억은 실제로 일어난 것과 다르거나 정확하지 않을 수 있다. 우리가 원하는 것은 기억의 사실적 측면이 아니라, 환자의 표준적인 부정적 경험을 일반화하고 잘 나타낼 수 있는 스키마의 표상이기 때문이다.[78]

1. 초기 기억 선택의 장점

아동기 외상을 지닌 성격장애의 스키마치료에서 2/3 정도의 환자와 치료자는 아동기 기

77 F. Shapiro, *Eye Movement Desensitization and Reprocessing (Emdr) Therapy: Basic Principles, Protocols, and Procedures* (New York, NY: Guilford Publications, 2017).

78 A. Arntz and A. Weertman, "Treatment of Childhood Memories: Theory and Practice", *Behav Res Ther* 37, no. 8 (1999).

억을 먼저 다루고, 이후에 현재의 문제를 다루는 순서를 선호하였으나, 이 순서가 치료에 영향을 미치지는 않았다고 보고했다. 위어먼Weertman과 안츠Arntz는 그 이유를 아동기에서 발달된 스키마가 성인기로 이어지는 순서와 맞고, 아동기 기억을 치료한 뒤 현재의 문제를 다룰 때, 과거의 작업을 통해 학습된 긍정적인 부분들이 일반화되고 점진적으로 흡수되어 적용되기 때문에 도움이 된다고 덧붙였다.[79]

또한, 청소년기의 기억이라면 초기 아동기에 비해 청소년으로서 기대되는 행동이나 정서, 인지적 수준이 높기 때문에, 기억과 관련된 본인에 대한 부정적인 측면을 교정하기가 어려울 수 있다.78)

2. 심상치료의 기억 찾기

심상변화치료는 작업할 구체적인 기억의 심상을 필요로 하기 때문에, 적절한 기억을 찾기 위한 방법을 숙지하는 것이 필요하다. 물론 환자가 의식적으로 관련된 기억을 보고하지 못하거나, 최근 기억이나 과거 기억 중 청소년기 후기 이후의 기억만을 연상할 때 좀 더 초기의 기억을 찾아야 한다. 기존 외상치료에서 사용되는 몇 가지 기억을 찾는 방법을 소개하면 다음과 같다.

1) 정서교량(emotional bridge) 기법

정서를 이용하여 관련된 기억을 찾아 나가는 방법으로 현재 문제와 관련된 정서를 처음 느낀 적이 언제였는지 묻는 방법이다. 현재의 문제에 기원이 되고, 성공적인 해결을 막고 있는 과거의 기억, 주로 아동기의 경험을 탐색할 때 사용한다.[80]

> "이런 감정을 처음 느낀 것이 언제인가요? 과거로 돌아가 봅시다."

---

79 A. Weertman and A. Arntz, "Effectiveness of Treatment of Childhood Memories in Cognitive Therapy for Personality Disorders: A Controlled Study Contrasting Methods Focusing on the Present and Methods Focusing on Childhood Memories", *Behaviour Research and Therapy* 45, no. 9 (2007).

80 A. Hackmann, "Imagery Rescripting in Posttraumatic Stress Disorder", *Cognitive and Behavioral Practice* 18, no. 4 (2011).

2) Arntz와 Weerman의 방법

감정 외에 생각이나 행동이 명백하다면 이를 사용한다.[78]

> "이러한 동일한 생각을 갖거나 행동했던 어린 시절의 당신을 상상해 봅시다."

3) 역류기법(floatback technique)

현재의 문제에 관련된 아동기 기억을 찾는 방법이며 직접적인 질문으로 찾기 어려울 때 사용한다. 현재의 불편한 경험과 관련된 부정적 인지와 신체감각을 주목하게 하고 다음과 같이 묻는다.[81]

> "그 이미지와 부정적 믿음을 마음에 떠올리고 몸의 감각에 주목하세요. 그리고 마음이 과거로 흘러가게 합니다. 이런 식으로 가장 처음 느꼈던 최초의 장면을 말해 주세요."

4) 정동스캔(affect scan)

아주 어렸을 기억을 찾을 때나 정서나 인지를 말로 잘 표현하지 못할 때 유용한 기법이다.[77]

> "그 경험을 마음에 두고, 지금 느껴지는 감정에 주목하세요. 그리고 몸에서 느껴지는 느낌에 주목하세요. 자 이제, 전에 이런 식으로 느꼈던 과거를 마음이 찾아보도록 해보세요(p. 445)."

---

81 Jeffrey E Young, William M Zangwill, and Wendy E Behary, "Combining Emdr and Schema-Focused Therapy: The Whole May Be Greater Than the Sum of the Parts" (2002).

심상변화의 예

옥스퍼드 대학의 앤 해크만 교수는 외상환자의 심상변화를 할 때 도움이 되는 아홉 가지 유용한 예들을 제시했는데, 이것을 〈표 3〉에 정리해 보았다. 이러한 예는 심상변화를 시작하는 치료자들에게 좋은 안내자 역할을 할 것이다. 핵심은 그 사건 당시에 부여했던 의미에 새로운 정보를 제공하여 그것을 갱신하는 것이라고 보면된다. 즉, 사건 이전과 이후 환자가 경험했던 보다 폭넓은 맥락에서 왜곡된 평가를 재조명하는 것이다(p. 428).[80] 앞에서도 언급했지만 이 심상변화의 예는 임상가들의 경험을 통해 가장 가능성이 높을 것으로 예상되는 대안이며, 정답은 환자로부터 나온다는 점을 기억하기 바랍니다.

	외상 심상	변화된 심상
왜곡된 이미지 수정	최악의 미래 상황을 상상	실제 일어난 일을 상상
다른 측면에서 보기	1인칭 관점에서 봄	3인칭(조감도로 조망)
생존자 자기가 위로	상처받은 자기	생존자 자기가 가서 안심시키기
생존자 자기가 타인에게 설명	사건 당시 상황을 타인에게 설명하지 못함	생존자 자기가 가서 대신 타인에게 설명해 주기
희생자 목격 관련 고통	사망한 희생자와 관련된 고통	자신이 희생자가 되어 임사 체험 혹은 시신을 생전모습으로 변형
망자와의 대화	망자와 관련된 생각의 오류	망자와의 질문, 대화, 말하기
현존하는 위협감 감소	과거 학대자의 침습적 심상	학대자의 크기를 줄임, 학대자의 현재 상황 상기(사망 등)
행동화 상상 및 결과 시험	외상 당시 하지 못했던 행동에 대한 후회나 죄책감	행동화하여 그 결과를 상상함
억제된 감정 반응 표현	통제력 상실과 무기력, 두려움 등으로 표현 못 함	필요와 감정을 표현하며 다르게 행동하여 상황을 통제함

(Ann Hackmann 2011 논문에서 요약)

과제

심상변화치료에서 과제는 필수적인가? 저자의 의견으로는 필수적이지는 않으나, 과제가 도움이 되는 것은 부인할 수 없다. 우선 심상치료에서는 지속노출치료와 같이 세션의 녹음 내용을 반복적으로 듣는 것과 같은 과제는 필요 없으나, 새로운 기술이나 새로운 자아상과 같은 심상작업의 경우 세션의 녹음이 효과 증진을 위해 필요하다는 것이 연구를 통해 알려진 견해이다.[82] 이 책에 소개하는 기법들도 새로 창출된 재각본이나 심상시연의 녹음, 그림 등을 다시 들어보거나 시연하는 과제를 부여하지만, 새로 조성된 심상이 내담자에게 개인적인 과거 경험을 기반으로 하고, 주요한 심상 부분(핵심 요소, hot spot)이 비슷하지만 다른 의미의 감각으로 대체되고, 그 맥락이 잘 어필되었다면, 부여된 과제를 수행하지 않아도 효과는 나타났다. 오히려 정서조절의 어려움을 겪고 있는 환자들은 과제 수행 중 오히려 불안감이 상승하거나 새로운 부정적 기억이 떠오르는 등 악화되는 경우도 있어서, 과제 부여는 일반적으로 추천되지만, 사례에 맞춰서 임상적 판단하에 제외할 수 있다고 본다.

결론

이 장에서 심상치료를 시작할 때 주의할 점과 도움이 되는 내용을 살펴보았다. 결론적으로 어떤 경우라도 불쾌한 심상을 자극하는 기법은 중단할 것, 심상시스템의 활성은 천천히 부드럽게 진행되어야 한다는 점, 심상치료를 받는 환자는 치료 중 불편감을 조절하는 방법을 숙지하고 있어야 한다는 점이다.[78]

82 A. Hackmann, J. Bennett-Levy, and E. A. Holmes, "Establishing the Platform for Imagery Interventions: General Principles and Practices", in *Oxord Guide to Imagery in Cognitive Therapy* (Oxford University Press, 2011).

참고문헌

Arntz, A., and A. Weertman. "Treatment of Childhood Memories: Theory and Practice." Behav Res Ther 37, no. 8 (Aug 1999): 715-40.

Arntz, Arnoud. "Imagery Rescripting as a Therapeutic Technique: Review of Clinical Trials, Basic Studies, and Research Agenda." Journal of Experimental Psychopathology 3, no. 2 (2012): 189-208.

Cole, K. "Regnerating Images in Memory (Rim): An Inroduction for Therapists." Psychotherapy and Counselling Journal of Australia 6, no. 1 (2018).

Greenward, R. "How to Find a Good Trauma Therapist." Trauma Institute & Child Trauma Institute, https://www.childtrauma.com/blog/find-good-therapist.

Hackmann, A. "Imagery Rescripting in Posttraumatic Stress Disorder." [In English]. Cognitive and Behavioral Practice 18, no. 4 (Nov 2011): 424-32.

Hackmann, A., J. Bennett-Levy, and E. A. Holmes. "Establishing the Platform for Imagery Interventions: General Principles and Practices." In Oxord Guide to Imagery in Cognitive Therapy, 29-42: Oxford University Press, 2011.

Krakow, B., and A. Zadra. "Clinical Management of Chronic Nightmares: Imagery Rehearsal Therapy." Behav Sleep Med 4, no. 1 (2006): 45-70.

Shapiro, F. Eye Movement Desensitization and Reprocessing (Emdr) Therapy: Basic Principles, Protocols, and Procedures. New York, NY: Guilford Publications, 2017.

van der Hart, O, and B. Friedman. "A Reader's Guide to Pierre Janet: A Neglected Intellectual Heritage." Dissociation 2 (1989).

Weertman, A., and A. Arntz. "Effectiveness of Treatment of Childhood Memories in Cognitive Therapy for Personality Disorders: A Controlled Study Contrasting Methods Focusing on the Present and Methods Focusing on Childhood Memories." [In English]. Behaviour Research and Therapy 45, no. 9 (Sep 2007): 2133-43.

Young, Jeffrey E, William M Zangwill, and Wendy E Behary. "Combining Emdr and Schema-Focused Therapy: The Whole May Be Greater Than the Sum of the Parts." (2002).

김대호. 스트레스 이완. 서울: 한양대학교 신경정신과학 교실, 2002.

6장 심상치료 난제

본 장에서는 심상치료자들이 접하게 되는 대표적인 어려운 상황 여섯 가지에 대해 원인과 대책을 정리하였고, 다음 장엔 심상외상치료에 흔히 하는 질문들에 대한 답을 정리하였다. 난제는 우리가 심상을 이용한 외상치료를 하면서 실제 부딪혔던 문제들이었으며, 마찬가지로 심상치료 워크숍을 진행하면서 참가자들이 흔히 질문하는 내용이었다. 우선 양상과 원인을 살펴보고 해결책을 기존의 외상 및 심상문헌으로부터 정리하고, 저자들의 경험을 통해 배운 방법들을 제시한다.

기억이 안 찾아질 때

심상치료에서 작업할 기억을 찾을 수 없을 때, Arntz와 Weertman은 세 가지 이유를 제시했다(p. 727).[83] 첫째는 환자의 저항, 둘째는 해리나 미세정신병 증상, 셋째는 억압을 통한 기억 접근 차단이다. 그 이유가 어떤 경우든지 치료자는 시간을 갖고 충분히 준비하고 점진적으로 기억에 접근하도록 도와야 한다. 우선 환자의 통제감과 조절 능력 향상을 위한 조치가 필요하다. 외상기억의 두려움과 회피를 정상화하는 것, 그럼에도 불구하고 접근이 필요한 배경 설명하기, 환자가 원할 때 사용할 수 있는 멈춤신호 알려주기, 세션과 세

83 A. Arntz and A. Weertman, "Treatment of Childhood Memories: Theory and Practice", *Behav Res Ther* 37, no. 8 (1999).

션 사이의 불편감 조절법과 대처방안 상의 등이다. 그리고 세 번째 이유인 무의식적 차단에는 회기 내에서 경험한 감정을 기반으로 연관된 아동기 기억을 찾는 방법을 추천하였다. 우선 5장에서 소개한 '심상치료의 기억 찾기'에서 제시된 방법들을 시도하였고, 그럼에도 불구하고 기억을 찾지 못했다면 다음 세 가지 방법을 사용하길 추천한다. 만약 여러분의 대상자가 해리장애가 의심되는 환자분이라면, 외상치료 수련과 경험, 추가로 해리장애에 대한 수련을 받은 경우에 치료하기 바란다.

첫째, 성인이 된 환자가 기분이 좋은 상황을 상상하고, 이 상황을 기술하게 한다. 그러고 나서 그 이미지에 있는 성인 자신 대신, 어렸을 때 자신으로 바꾸어 상상한다. 이렇게 되면 현재 느끼는 정서와 의미에 반대되는 기억이 유인되어 이를 치료에 사용할 수 있다.83) 둘째, 5장에서 제시된 기법인 정동스캔과 비슷하게 진행되지만, 신체감각(촉각, 자세, 움직임)만을 이용하여 찾는 방법이다. 이 방법은 특히 해리 상태의 기억이나 언어화되기 전, 즉 만 3세 이전의 기억을 찾는 데 유용하다. 마지막으로 자아상태치료에서 사용하는 회의실conference room기법으로 억압된 기억의 자아상태를 찾는 방법이다.[84] 이때는 자아상태에 대한 설명이 먼저 필요하고, 환자로 하여금 현재 문제와 관련된 과거의 자아상태를 회의실로 한번 초청해 보자고 하여 진행한다. 만약 자아상태가 나왔다면, 나이를 묻고 어떤 일이 있었는지 공유해달라고 부탁한다.

기억해야 할 점은 기억이 억압되었다는 것은 그 기억을 감당하기 어렵다는 의미이며, 이는 시간이 많이 지나도 그 당시의 상태 그대로 저장되어 있기 때문에, 그만큼 지금도 기억을 다룰 준비가 안 되었다는 의미가 된다. 따라서 치료자는 이 시점에서 기억을 찾아 작업하는 것이 나을지, 아니면 안정화 단계의 치료를 좀 더 지속하는 것이 적절한지 판단이 필요하다.

84 Sandra Paulsen, *Looking through the Eyes of Trauma and Dissociation: An Illustrated Guide for Emdr Therapists and Clients* (Booksurge Publishing, 2009).

해리에 빠지는 경우

해리 경향이 있는 분들은 충분한 안정화 단계를 통해 해리 증상 조절 및 정동조절 능력의 향상이 필요하다는 점은 2장에서 언급하였다. 그러나 이러한 준비과정에도 불구하고 기억에 노출할 때 해리에 빠지는 경우, 다음과 같은 기법을 사용할 수 있다. 첫째, 치료자와 환자가 미리 상의를 통해 해리에 빠질 때 표현할 수 있는 신호를 정하고, 해리 상태일 때 환자가 신호를 보내면 치료자가 착지를 돕는 방법이다. 이를 통해 환자는 치료에 대한 통제력을 얻을 수 있다. 둘째, 점진적으로 기억에 접근하는 방법이다. 이는 기억에 접근을 서서히 늘려가면서 노출하거나, 여러 기억이 있을 때, 고통감이 낮은 기억부터 작업하는 방법이 포함된다. 셋째, 외상기억의 시작 부분 혹은 시작 직전까지만 회상하고, 곧바로 심상재각본을 진행하는 방법이다.[83] 그 외 방법으로는 눈을 뜨고, 상상하는 시간을 단위별로 짧게 끊어서 외부 현실(지금-여기)로 자주 돌아오게 하는 것이다.

만약 외상치료 중 나타나는 해리 상태나 일부 해리 증상을 동반한 PTSD가 아니라, 독립적인 해리장애로 진단이 될 상황이면, 이는 외상전문치료자에게 의뢰하는 것이 적절하다. 해리장애를 의심할 수 있는 특징을 〈표 4〉에 정리해 놓았으니 참고하길 바란다.[85] 해리장애를 계속 치료해야 한다면, 1단계 안정화 치료와 사회적 적응을 도와주는 3단계 치료 일부를 적절히 혼합하여 해리 증상의 감소와 일상생활 기능 증진을 목표로 치료를 진행한다.

해리장애 진단은 어렵고 임상가들이 놓치기 쉬운데, 환청이나 슈나이더 일급증상 등 정신병 증상이 있어 조현병으로 오진을 받기도 하고, 다른 인격이나 정서 상태의 변화 때문에 조울병으로 진단을 받기도 하고, 정서적 불안정성과 변화, 문제행동과 자해 때문에 경계성 성격장애로 진단되기도 한다. 물론 이런 질환과 공존할 수도 있지만, 해리장애와 기타 질환은 그 치료와 대책이 매우 다르기 때문에 감별 진단은 꼭 필요하다. 기존 문헌에서 알려진 해리장애의 임상증후 여덟 가지에 다른 인격의 존재를 의심할 소견을 추가하고 내용을 보충하여 〈표 4〉에 제시하였다.

---

85 Gerald Puk, "Clinical Signs of Dissociative Disorders", *EMDR Institute manual. Pacific Grove, CA: EMDR Institute* (1999).

〈표 4〉 해리장애 진단을 고려해야 할 소견

징후	내용
치료력	정신병을 포함한 여러 다양한 진단을 받는다. 병원마다, 시기에 따라 진단이 바뀐다. 장기간의 치료(약물치료, 상담, 입원치료 포함)에도 불구하고 호전이 없다.
이인화와 비현실감	나 자신이나 내 몸이 다른 사람처럼 느껴진다. 종종 주위 환경이 평소와 다르게 느껴진다. 꿈꾸는 것 같고 안개 속을 걷는 느낌이다. 유체이탈의 느낌이 있다.
기억 소멸 (memory lapse)	특정 장소에 어떻게 갔는지 기억이 안 난다. 기억 안 나는 행동을 한 증거가 있다(문자, 채팅, 전화 기록, 상품 구입). 일생 중에 혹은 최근에 기억이 안 나는 시점이 있다.
플래시백과 침습사고	과거 트라우마 관련 해리성 플래시백, 침습 증상이 있다. 움직이지 못하고, 말을 못 하는 상태(각성저하), 자해나 공격행동, 슬픔, 분노 등 강렬한 감정 반응(각성항진).
슈나이더 일급증상	환청, 조정망상, 신체피동 체험, 사고주입 등.
신체증상	진통제가 듣지 않는 만성두통, 의학적으로 설명되지 않은 신체증상(종종 신체기억임).
수면장애	매우 불규칙한 수면각성주기. 불면과 과도수면이 교차한다. 악몽, 야경증, 몽유병 증상.
우울증	흔히 정동장애가 동반된다. 자살사고 혹은 자살기도력이 있다.
다른 인격의 존재	기분이나 성격의 변화가 심한 것처럼 보인다. 때로 다른 사람처럼 말투, 표정, 태도가 다르다. 전에 한 얘기나 행동을 전혀 기억 못 한다.

부정적 이미지가 자주 떠오를 때

부정적 이미지나 생각을 반복하지 않고 긍정적인 것에 집중할 수 있는 능력은 심상치료뿐 아니라 일반 정신건강에도 중요하다. Klasow와 Zandrea는 6개의 단계를 추천하는데, 멈추기, 숨쉬기, 착지, 말하기, 쓰기, 인정하고 선택하기로 〈표 5〉에 요약되어 있다(p. 70).[86]

〈표 5〉 부정적 이미지 대처방법[86]

6단계	방법
멈추기	손뼉을 치면서 "멈춰!"라고 얘기한다.
숨쉬기	깊게 숨을 들이쉬고, 그 이미지와 함께 숨을 뱉어낸다.
착지	눈을 뜨고, 바닥에 발을 딛고, 주변에 집중한다.
말하기	친구나 가족에게 이미지에 관해 얘기한다.
쓰기	이미지를 글로 써 본다.
인정하고 선택하기	받아들이거나 부정하지 않고 그 불쾌한 이미지를 인정하고, 선호하는 이미지로 돌아가는 것을 선택한다.

심상적 기법으로는 동영상을 정지 이미지로 바꾸기, 컬러를 흑백으로 바꾸기, 이미지의 축소와 거리두기가 있는데, 9장 '거리두기' 기술로 설명되어 있으니 참고하길 바란다.

과도한 각성항진 상태일 때

과도한 각성항진hyperarousal 상태에서는 심한 불안 혹은 초조, 기억이나 감정에 압도당한 상태, 혼란된 반응, 감정 폭발, 분노와 공격성, 자해 행동, 중독 행위, 폭식과 같은 충동성이 관찰된다. 이런 상태는 외상기억에 너무 과하게 접근over-engagement할 때 생기는데, 의도적으로 외상기억을 상기하거나 혹은 유발요인에 의해 침습 기억이 떠오를 때 생긴다. 흔히 치료 중에 각성항진 상태가 되면, 환자는 뭐가 뭔지 모르는 혼란된 표정을 지으며, 공포, 슬픔, 분노 등 감정에 압도된 상태, 과호흡, 공황에 이르기도 한다.

우선 치료자가 명심해야 할 것은, 일반적인 각성항진은 환자가 외상기억에 정상적으로 접근했다는 의미이며, 이는 정서 처리를 위해 필수적인 과정이다는 것이다. 그러나 과

86 B. Krakow and A. Zadra, "Clinical Management of Chronic Nightmares: Imagery Rehearsal Therapy", Behav Sleep Med 4, no. 1 (2006).

도한 각성항진은 오히려 정상적인 기억처리를 방해하며 환자의 안전을 위협하는 요소가 된다. 치료자는 기억처리 작업을 계속 진행할 것인지 임상적인 판단을 해야 하며, 우선적으로 앞에서 소개한 해리나 침습 이미지 대처법을 사용하여 환자를 안정화 시킨다. 그 이후 같은 회기에서 작업을 계속하거나 다음 회기에 시도할 때, 과도한 각성항진을 줄이는 방법을 소개한다.

우선적으로 중요한 것이 이중 인식dual awareness 혹은 이중 초점dual focus이라고 불리는 상태를 조성하는 것이다. 이는 몰입을 의도적으로 방해하기 위하여 외상기억과는 다른 외부 자극을 주는 것이다. 간단한 방법으로는 치료자를 통한 이중 인식 강화가 있다. 치료자가 같이 있다고 인식하도록 치료자를 바라보게 하고 말을 건네고, 상상하고 있는 중간에 치료자는 "좋습니다", "잘하고 있습니다", "괜찮아요", "기억일뿐이에요", "이제는 다 지난 일이에요"라는 식의 지지적인 말을 해준다(p. 166).[87] 이것은 마치 판소리에서 옆 동료가 칭찬 및 지지를 표현하는 추임새와도 비슷하다.

중간중간에 치료자가 "괜찮습니까?", "어디까지 상상했습니까?" 등 일부러 자주 질문하는 것도 좋다. 심상치료는 언어적 교환보다는 '경험'하는 치료지만, 각성항진 때는 오히려 환자와 좀 더 말을 하는 것이 필요할 수 있다. 이때 치료자는 기본적으로 온화한 눈맞춤과 함께, 지지적이고 진정시키는 톤의 목소리로 이야기 한다.

만약 여러분이 다른 이중 인식을 이용한 외상치료 경험이 있다면, 다음과 같은 치료기법을 응용할 수 있다. EMDR의 수평적 안구운동이나 양측성 촉각 자극을 사용하여 천천히 짧은 간격으로 자극을 제공하며 심상작업을 할 수 있고, 카운팅기법counting method이나 점진적 카운트progressive counting의 숫자세기, 정서자유기법emotional freedom technique의 두드리기를 동시에 제공하여 외상기억 몰입을 줄일 수도 있다.

심상적인 기법으로 보호막이 환자를 감싸고 있다고 상상하거나, 치유의 빛을 상상할 수도 있으며, 신뢰할 수 있는 지지인물이 옆에 같이 있다고 가정하고 진행할 수도 있다. 또한, 여러 가지 생각, 감정, 감각이 동시에 압도할 경우, 한 가지에만 집중시키는 방법도 있다.[87]

87 Francine Shapiro, *Eye Movement Desensitization and Reprocessing (Emdr) Therapy: Basic Principles, Protocols, and Procedures* (Guilford Publications, 2017).

각성저하 상태일 때

반대로 각성저하hypoarousal 상태에서는 회피, 분리된 느낌, 기억상실, 무정동, 정신마비, 생각할 수 없음, 반응저하, 신체동작 저하, 수치감, 우울, 무기력 등이 나타나는데, 환자는 이때 감정이나 감각을 느끼지 못하고, 이로부터 차단된 상태, 아무런 느낌이나 변화가 없다고 하며, 표정도 힘이 없고 졸려 보이고 하품을 하기도 한다. 외상기억에 접근을 못 하는 상태under-engagement라고 할 수 있으며, 실제 외상기억을 얘기해도 정동과 감각이 분리된 상태로 남의 얘기 하듯이 무미건조하게 시간 순서대로 사실 위주로 말한다. 혹은 기억이 안 난다고 하고, 상상하거나 생각하는 것을 피하려 한다.

각성저하는 외상치료의 가장 큰 방해물이다. 각성저하가 치료에 미치는 부정적 영향은 위에서 언급한 각성항진보다 위중한데, 그 이유는 외상치료의 핵심인 기억의 정서적 처리를 위해서는 정서적, 감각적 접근이 가능해야 하기 때문이다. 또한, 각성저하는 장기적으로 정서적 철수, 사회적 고립, 동기 저하, 해리 상태로 이어져 개인의 정신사회적 기능에 부정적 영향을 끼친다. 우선 이러한 경우에 처한 외상치료자는 이 문제가 숙련된 전문가라도 해결하기 어려운 문제라는 사실을 상기하자.

기본적으로 각성저하를 다루는 방법은 각성항진과는 반대로 감각적 요소를 찾아 기억에 접근을 꾀하는 것이다. 좀 더 생생하게 떠올릴 수 있도록 감각과 생각을 찾는다. 감각 경험에는 시각, 냄새, 청각, 감정, 감각이 포함될 수 있다. 예를 들어, 무엇이 보이나요, 혹시 어떤 냄새나 소리가 들리나요? 그 상황에서 느껴지는 감정이나 몸의 느낌은 어떻습니까? 그 상황에서 무슨 생각이 드나요? 하고 묻는 것이다. 또한, 어떻게 행동했는지, 무슨 일이 벌어지고 있는지 물어보는 것도 방법이 된다.

또 한 가지, 아무런 변화나 느낌이 없다고 하면 몸의 감각에 집중을 시킨다. 하고 싶은 말이나 취하고 싶은 동작이나 자세가 있는지 물어볼 수 있고, 만약 있다면 말하게 하거나, 동작을 취하게 한다. 그러고 나서 변화나 떠오르는 심상 혹은 생각이 있는지 물어본다. 교감신경을 활성화하기 위해 가볍게 팔을 움직여 본다. 어깨와 상체를 펴고 움직여 보도록 권고하기도 하고, 힘이 없고 붕 뜬 느낌이 있을 때는 일어나서 제자리 걷기를 하며 하체 근력을 느끼도록 유도할 수 있다.

의식적 혹은 무의식적 회피를 다루기 위해, 환자로 하여금 회피 반응을 정상화하고,

그 의미와 제한점을 교육할 수 있다. 그리고 혹시 외상기억을 다루는 데 걸림돌이 되는 심리적 배경이 있는지 탐색해야 한다. 여기에는 2차 이득, 변화나 통제력 상실에 대한 두려움, 감정표현에 대한 갈등, 이상화된 부모관련 문제 등이 있을 수 있다.[88]

외상치료 일반론에서 언급한 것처럼 모든 외상경험자는 내성의 창 안에서 각성항진과 각성저하를 조절하게 되는 것이 우선적인 치료목표이다. 이것이 되지 않는다면 기억에 노출하여 접근하는 모든 치료는 시기상조인 것이다.

부모에 대한 심상을 거절할 때

어떤 대상자들은 아동기 학대나 방임을 행한 부모에 대해 자기주장이나 교육, 물리적 조치 등을 상상하는 것에 저항하고 심지어 반대하는 경우가 있다. 서양 문헌에도 이러한 문제와 해결책이 보고되지만,[83] 충효 사상을 덕목으로 생각하는 우리나라 환자들에게 더 흔한 문제 상황이다. 환자들이 이렇게 이야기하는 배경에는 부모에 대해 부정적인 생각이나 태도를 가지면 벌을 받거나 버려질 것이라는 두려움과 학대하는 부모를 부정 혹은 이상화하여 심리적 생존에 필요한 최소한의 자존감과 온전성integrity을 유지하려는 전략이다. 그럼에도 불구하고 이러한 부적응적인 믿음은 수정되어야 할 주요 치료목표이며, 이를 통해 환자의 중요한 심리도식을 다룰 수 있는 좋은 기회이기도 하다. 치료자는 이러한 반응을 충분히 이해함을 전달하고 그럼에도 불구하고 심상작업을 계속하도록 격려하는 태도가 필요하다. 우선 이 문제를 환자와 토론하고 이러한 감정은 아이가 생존하는 데 필요한 것이었지만, 성인이 된 지금은 필요 없는 것이라는 점을 반복해서 설명한다.[83] 저자들의 경험을 통해 보면, 이러한 설득에도 불구하고 끝까지 거절하여 치료가 중단된 경우도 있으나, 상당수의 환자들은 치료 진행의 필요성에 동의하고 진행하여 치료목표를 달성하였다. 여기에 도움이 되는 팁은 이것이 실제 현재 부모에 대한 반역이 아니라, 환자의 기억 속에 있는 과거의 부모에 대해 작업을 하는 것이라고 설명하거나, 본인보다는 다

---

88 F. Shapiro and D. Laliotis, *Emdr Institute Basic Training Course: Weekend 1 of the Two Part Emdr Threapy Basic Training* (Watsonvillle, CA: EMDR Institute, 2017).

른 조력자가 부모를 다루게 하거나, 부모와 본인의 역할을 하는 배우들의 상황극이라고 상상하기, 혹은 부모를 닮은 밀랍인형에게 작업하기 등이다.

치료가 어려운 경우

모든 외상경험자들이 적절한 치료로 회복되면 좋겠으나, 일부 환자들은 좀처럼 좋아지지 않고 오히려 악화되는 경우도 있다. PTSD 연구를 고찰해 보면, PTSD 진단이 치료 후 사라지는 경우는 46~56%로 반 정도의 환자가 치료되지 않으며, 인지행동치료의 5~10%, 지속노출치료의 12.8~28.2%는 오히려 악화된다고 보고하였다.[89] 실제 임상환자는 연구에 참여하는 대상자보다 상태가 나쁜 경우가 많아서, 실제 치료에 반응하지 않거나 악화되는 비율은 더 높을 것으로 추측된다. 그렇다면 치료에 호전이 낮은 환자를 미리 예측할 수 있다면, 치료자가 치료선택이나 완급 조절에 많은 도움이 될 것이다. 기존 문헌에 보고된 바는, 자극될 때 초조가 심한 경우, 외상을 기억할 때 파괴적인 감정에 휘말리거나 완전한 정신붕괴가 오는 경우, 소외감이나 영구적인 위해감, 치료 중 조각나지 않고 응집력 있는 외상 이야기를 구사할 수 없는 경우에는 장기적인 1단계 치료가 필요하다고 추천되었다.[90] 비슷한 맥락에서 전문가 의견을 종합한 연구도 있는데, 42명의 외상치료 전문가들로부터 수합한 공통된 요인은 치료 동기 부족, 안정적인 일상생활 관계와 치료관계 부족, 내적 및 외적 자원 부족, 질환의 심각성, 성격장애 동반, 미약한 애착, 자기파괴적 행동 등이다.[91]

---

89 M. A. Schottenbauer et al., "Nonresponse and Dropout Rates in Outcome Studies on Ptsd: Review and Methodological Considerations", *Psychiatry* 71, no. 2 (2008).

90 L Reddemann and O Piedfort-Marin, "Stabilization in the Treatment of Complex Post-Traumatic Stress Disorders: Concepts and Principles", *European Journal of Trauma & Dissociation* 1, no. 1 (2017).

91 E. W. Baars et al., "Predicting Stabilizing Treatment Outcomes for Complex Posttraumatic Stress Disorder and Dissociative Identity Disorder: An Expertise-Based Prognostic Model", *J Trauma Dissociation* 12, no. 1 (2011).

결론

본 장에서는 「심상치료 난제」라는 제목으로 일곱 가지 상황에 대한 설명과 대처법을 정리해 보았다. 이는 심상치료에 국한된 문제라기보다는 모든 외상치료에 공통된 난제라고 볼 수 있으며, 그 대책은 한 가지 답이 있기보다는 여러 측면과 원인에 따라 다양한 방법들이 동원될 수 있다는 점을 강조하면서 이 장을 마치고자 한다.

참고문헌

Arntz, A., and A. Weertman. "Treatment of Childhood Memories: Theory and Practice." Behav Res Ther 37, no. 8 (Aug 1999): 715-40.

Baars, E. W., O. van der Hart, E. R. Nijenhuis, J. A. Chu, G. Glas, and N. Draijer. "Predicting Stabilizing Treatment Outcomes for Complex Posttraumatic Stress Disorder and Dissociative Identity Disorder: An Expertise-Based Prognostic Model." J Trauma Dissociation 12, no. 1 (2011): 67-87.

Krakow, B., and A. Zadra. "Clinical Management of Chronic Nightmares: Imagery Rehearsal Therapy." Behav Sleep Med 4, no. 1 (2006): 45-70.

Paulsen, Sandra. Looking through the Eyes of Trauma and Dissociation: An Illustrated Guide for Emdr Therapists and Clients. Booksurge Publishing, 2009.

Puk, Gerald. "Clinical Signs of Dissociative Disorders." EMDR Institute manual. Pacific Grove, CA: EMDR Institute (1999).

Reddemann, L, and O Piedfort-Marin. "Stabilization in the Treatment of Complex Post-Traumatic Stress Disorders: Concepts and Principles." European Journal of Trauma & Dissociation 1, no. 1 (2017): 11-17.

Schottenbauer, M. A., C. R. Glass, D. B. Arnkoff, V. Tendick, and S. H. Gray. "Nonresponse and Dropout Rates in Outcome Studies on Ptsd: Review and Methodological Considerations." Psychiatry 71, no. 2 (Summer 2008): 134-68.

Shapiro, F., and D. Laliotis. Emdr Institute Basic Training Course: Weekend 1 of the Two Part Emdr Threapy Basic Training. Watsonvillle, CA: EMDR Institute, 2017.

Shapiro, Francine. Eye Movement Desensitization and Reprocessing (Emdr) Therapy: Basic Principles, Protocols, and Procedures. Guilford Publications, 2017.

van der Hart, O, and B. Friedman. "A Reader's Guide to Pierre Janet: A Neglected Intellectual Heritage." Dissociation 2 (1989).

2부 실제 해보기

'어떻게 하는 것인지는 대충 알겠는데, 뭐라고 말하죠?' 외상치료를 가르치는 입장에서 가장 많이 듣는 질문이다. 초보 치료자가 새로운 정신심리치료를 배울 때 가장 어려워하는 점은 개념과 방법에 대한 전반적인 이해보다 실제 임상에서 환자에게 과정을 어떻게 전달하고, 질문하고 대답하는지이다. 따라서 이러한 요구를 반영하여 2부에 소개되는 기법은 구조화된 매뉴얼, 즉 구체적인 설명과 질문 등 치료자의 말을 그대로 정확히 제시하였다. 많은 경험이 축적되기 전까지 이 책에서 제시하는 치료자의 말은 그대로 사용하기를 추천한다. 두 번째 많이 듣는 질문은 '이럴 때는 어떻게 하죠'이다. 돌발상황에 대한 대처와 해결방법이다. 이는 6장 「심상치료 난제」와 11장 「질의응답」에 제시되었고, 2부 각 장에 그 기법과 관련된 것을 그때그때 추가하였다.

2부는 절충적이고 미시기법 중심의 외상치료가 대세인 세계적 경향을 반영하기 위해 각 기법을 독립적으로 소개하였고, 외상치료를 3단계로 정리하였다. 또한, 기법의 특성을 독자들이 쉽게 이해하고 활용하기 위해서, 각 기법당 적용 융통성(시간, 장소, 상황에 따른 다양한 적용성), 치료자 용이도(치료 기술 습득, 진행, 문제대처, 성공적 완수), 대상자 이해도(치료 내용 숙지와 협조), 안전성(치료 중 악화, 회기 후 불편감 등 부작용), 집단적용성(집단치료로 활용)을 별점으로 표기하였다.

보건복지부의 재난기반연구를 통해 개발된 기법들은 그 출처를 명시하였다. 외국에서 기원한 원본이 있는 경우는 같이 표기하였다.

7장 기본 안정화

본 장에서는 모든 외상치료에서 우선적으로 제공해야 할 기법을 「기본 안정화」라는 제목으로 제시한다. 심상과 관련된 기법은 아니지만, 기본적으로 모든 외상대상자에게 전달해야 할 정보를 모은 것으로, 심리교육, 유발요인 찾기, 착지연습으로 구성되어 있으며 우선적으로 제시하였다. 외상경험을 한 지 얼마 안 된 시기(한 달 이내)나 증상이 심하지 않은 경우는 이 세 가지 기법을 제공하고 추적해 보길 바란다. 저자들은 이 세 가지 기법으로 한 달 이내의 외상경험기에 집단치료를 제공하였다(부록 참고). 각 기법에서 강조하였으나 이 책에서 제공된 기법을 집단으로 진행할 때, 치료자(리더) 외에 10인당 최소 1인의 보조치료자가 필요하며, 이들이 대상자들에게 치료기법이 잘 전달되고 있는지 확인하고, 참가 중 악화되는 대상자를 관찰하고 개입하는 것이 중요하다. 「기본 안정화」에 소개된 세 가지 기법은 외국문헌에서도 기본적인 틀이 소개되었으나, 저자들이 내용을 추가하고 구체적인 질문을 작성하여 구조화된 프로토콜로 만들었고, 20~30분 정도의 길이로 제시하였다.

[기술 1] 심리교육

목표	외상 사건과 외상 반응에 대한 정보를 제공하여 정상화와 타당화를 돕고, 경과와 치료 안내를 통하여 회복의 희망을 갖게 한다.
시간	개인 20분, 집단 30분(증상설명을 간단히 진행한 경우)
준비물	작성한 증상 설문지나 면접 검사 자료를 활용한다.
평가	적용 융통성 ***** 치료자 용이도 **** 대상자 이해도 *** 안전성 ***** 집단적용성 *****
출처	기본 치료 프로토콜 매뉴얼(재난충격해결을 위한 한국형 재난 유형별 개입기술 및 기반연구)[92]에서 수정

1. 배경 및 설명

외상 사건을 경험하면 누구나 정신적 혹은 신체적 불편감이 다양하게 발생한다. 이러한 외상 증상은 자기 자신을 보호하려는 정상적인 반응이지만, 막상 당사자는 이런 반응이 왜 생기는지, 얼마나 계속될지에 대해 알지 못하기 때문에 불안하고 막막할 수 있다. 따라서 우리가 심리교육을 통하여 외상 및 반응, 경과 및 치료에 대한 올바른 정보를 제공해 줌으로써 대상자는 외상경험후 발생하는 여러 심리적, 신체적 불편감을 이해하고 회복을 위한 동기를 강화할 수 있다. 이러한 배경을 설명하기 위해 아래와 같이 표현할 수 있다.

> "이번 시간은 충격적인 사건을 경험하면, 누구에게나 생길 수 있는 불편한 점들에 대해 알려드리고, 불편함이 생기는 이유와 얼마나 오래가는지, 치료는 어떻게 하는가에 대해 설명해 드리려고 합니다. 올바른 정보를 얻는 것이 불편함을 해결하는 첫 단계입니다."

92 김대호, *기본 치료 프로토콜 매뉴얼*(서울: 정신건강기술개발사업단/한양대학교 산학협력단, 2019).

심리교육의 각 단계에서는 정보를 일방적으로 제공하기보다, 대상자가 잘 집중하고 있는지, 이해하기 어렵거나 궁금한 부분은 없는지에 대해 충분히 상호작용하면서 진행하는 것이 중요하다.

2. 외상의 정의

외상이 무엇인지 설명하고, 그 예를 들어주며 다양한 외상 사건 중의 하나로 대상자의 외상을 일반화하는 단계이다. 특히 외상경험에 대한 부정, 수치감과 자책감을 느끼는 분들에게는 외상은 누구나가 겪을 수 있는 일반적인 경험이며, 개인이 예방하거나 피하기 어려운 문제임을 넌지시 드러낸다. 외상 사건의 세부적인 내용을 확인하는 것이 이 단계의 목적은 아니며, 이러한 시도가 오히려 대상자에게 불편감을 유발할 수 있다. 따라서 치료자가 알고 있는 대상자의 외상을 확인하는 정도로 이해하면 되겠다.

> "외상 혹은 트라우마란 우리가 감당하기 어려운 사건을 겪은 것을 의미합니다. 여기서 말하는 외상 사건에는 재난, 사고, 전쟁, 성폭행, 폭력 등 충격적인 사건들이 있습니다."

3. 정상화와 타당화

심리교육에서 가장 핵심적이고 필수적인 개념이자 전반적인 주제이다. 대상자들은 외상 후 다양한 불편감을 개인 자신만의 특수한 경험으로 이해하는 경우가 많고, 이 과정에서 자책하거나, 자신감과 통제력을 잃고, 정신이 이상해지는 것이 아닌지 불안해하기도 한다. 따라서 이 단계에서는 외상 반응과 불편감이 누구에게나 나타날 수 있는 자연스럽고 정상적인 반응이지만, 경험자들에게는 매우 불편하고 이상하게 느껴질 것이라는 점을 인정하고 공감하는 태도를 보여야 한다. 나아가 개인적인 차이는 있지만, 이러한 불편감으로부터 회복 가능하며 회복을 앞당기는 여러 방법이 있음을 안내하면서, 대상자에게 희망적인 메시지를 전달하고 치료 동기를 높일 수 있다.

> "이런 일을 경험하면 누구나, 다양한 불편한 증상들, 즉 외상 반응을 보일 수 있습니다. 이

것은 정상적인 반응이며 이상하게 되거나 미쳐가는 것은 아닙니다. 사건이 발생한 후, 처음에는 대부분 이런 증상이 생기지만 시간이 지나면서 회복됩니다. 단일한 사고나 사건은 거의 100% 회복이 되는데, 다만 회복되는 시기가 사람마다 차이가 있고, 일부는 수년간 오래 지속되는 경우가 있습니다. 그래서 회복을 앞당기기 위해 치료가 필요한 것입니다."

4. 외상 반응의 의미

외상 반응의 의미에 대해 설명하는 단계이다. 외상 반응을 네 가지, 즉 침습, 과도한 각성, 차단, 부정적인 인지 및 정서로 나누어 설명하고, 각 반응들이 발생하는 이유에 대해 안내한다. 특히 외상후 반응은 다양한 불편감을 초래하지만, 동시에 이 반응들이 대상자를 보호하려는 목적과 기능도 가지고 있음을 전달하는 것이 중요하다. 정상화와 타당화에 이어 외상 반응을 이해하고 수용한다면 두려움을 감소시킬 수 있다. 이해하기 쉽게 비유를 활용하는 것도 좋은 방법이다.

"지금 불편한 것은 한마디로 요약하면, 놀란 기억이 몸과 마음에 남아 있어서 그렇습니다. 마치 상한 음식을 먹거나 지나친 과식을 하면 소화가 안되어 더부룩하고 신물이 넘어오는 것과 같습니다. 또 다른 비유는 뇌는 세탁기, 기억은 세탁물과 같다고 생각하시면 됩니다. 외상기억은 세탁기가 처리할 수 있는 세탁물이 한계를 초과한 것입니다. 그래서 세탁기인 뇌는 세탁은 해야 하기 때문에 기억을 떠올리지만, 세탁이 되지 않는 과정이 반복됩니다. 치료는 몸이 과식한 것을 잘 소화하도록, 뇌가 과도한 세탁물을 잘 세탁하도록 도와주는 것입니다."

"외상경험후 반응은 네 가지로 나누어 생각할 수 있습니다. 그런데 이 불편한 반응은 나름대로 다 이유가 있고 충분히 납득이 되는 것들입니다. 심지어는 나에게 도움을 주려는 좋은 의도가 숨겨져 있습니다. 외상경험자에게 나타나는 반응 네 가지를 하나씩 살펴 보겠습니다."

"첫째는 사건과 관련된 기억이 반복해서 떠오르는 것입니다. 내가 원치 않는데, 왜 이런 현상이 나타나는 것일까요? 이것은 앞으로 이런 일이 또 있을지도 모르니까 잊지 말자,

기억해야 한다는 뇌의 메시지입니다. 우리 자신을 위험으로부터 보호하기 위해, 잊지 말고 지내자는 좋은 의미입니다. 그러나 문제는 너무 자주, 너무 심하게 떠오르며, 이해하기 어렵게 부분적인 측면(순간적인 장면이나 느낌, 감각)만 기억나기 때문에 이상하게 느껴지는 것입니다. 어떤 경우는 그때의 상황이 영화처럼 내 앞에 펼쳐지기도 합니다. 단순히 이것은 나를 도와주려는 의도가 너무 과도한 것뿐입니다."

"둘째는 우리의 몸과 마음이 너무 과하게 대비해서 준비하는 것입니다. 준비는 혹시라도 미래에 안 좋은 일이 생기면 나 자신을 보호하기 위해 꼭 필요한 일이지요. 문제는 너무 과도하다는 것입니다. 비상 상황도 아닌데 수시로 경계경보가 울리고 항상 긴장시키기 때문에 쉽게 놀라고, 예민하고 잠도 안 오는 것입니다. 마치 도난경보기 센서가 너무 예민해져서 옆에 사람만 지나가도 울리는 상태라고 보시면 됩니다."

"셋째는 안 좋은 것을 과도하게 차단하는 것입니다. 불편한 감정을 못 느끼게 되고 사건 기억을 잊어버릴 수 있습니다. 그리고 사건을 연상시키는 것들을 피하게 됩니다. 심한 경우 비현실감을 느끼거나 자신이 자기가 아닌 것처럼 느끼기도 합니다. 이러한 반응은 당장은 불편함을 줄이는 데 어느 정도 효과가 있을 수도 있습니다. 그러나 즐거운 감정을 느끼기 어렵게 되고, 사건 후 불편한 상황들을 자꾸 피하게 되다 보니 세상과 단절되는 부작용이 생깁니다."

"넷째는 이렇게 예민한 상태가 계속되면 몸과 마음이 지치고 안 좋은 생각과 감정이 계속 들어 부정적으로 됩니다. 공포, 두려움, 우울감, 소외감, 죄책감, 무감각, 분노 같은 불편한 감정들이 계속되고, 자기 자신, 타인, 세상도 부정적으로 보게 됩니다."

5. 외상후스트레스장애 증상 설명

외상후스트레스장애의 대표적인 증상들을 설명하는 단계이다. 외상후스트레스장애는 외상 반응의 심각도(강도와 빈도)가 임상적인 수준이고, 이것이 1개월 넘게 지속될 경우 진단이 가능하지만 여기서는 진단이 아닌 대표적인 외상후 반응을 설명하는 것이 목적이다. 이전 단계들과 마찬가지로 외상 이후 지속되는 증상들을 보다 자세히 이해하고 정상화하는 과정이다. 따라서 외상후스트레스장애 진단기준에 초점을 맞추어 설명하기보다는, 대상자가 지니고 있는 외상후스트레스 증상 위주로 정보를 제공하는 것이 좋으며, 심리교육 전에 실시한 초기면담 기록지나 설문지가 있다면 이를 활용하도록 한다.

대표적인 네 가지 증상(침습, 회피, 인지와 기분 변화, 과각성)들을 구체적으로 설명하기에 앞서 아래와 같이 안내할 수 있다.

> "외상 사건 경험후 가장 대표적인 반응인 외상후스트레스장애에 대해 설명드리겠습니다. 크게 네 가지 증상이 있습니다."

1) 침습

침습 증상은 외상기억과 관련된 기억이나 기억의 일부가 떠오르는 것을 말하며, 거의 언제나 강한 정서적, 혹은 신체적 불편감이 이에 수반될 수 있다. 침습 증상에는 원치 않지만, 반복적이고 침투적으로 떠오르는 외상 관련 기억과 외상과 관련된 반복적인 악몽, 외상 사건이 다시 재생되는 것처럼 느끼고 행동하게 되는 해리성 반응(예: 플래시백)을 포함하며, 외상 사건을 생각나게 하는 단서에 의한 뚜렷한 심리적 및 생리적 반응도 이에 속한다.

> "침습은 사건과 관련된 기억이나 기억의 일부가 떠오르는 것입니다. 즉, 생각, 감각적 요소(장면, 소리, 냄새, 신체감각), 감정이 올라오게 됩니다. 어떤 경우는 악몽으로 나타나기도 하고 극단적인 경우 영화 장면처럼 선명히 떠오르기도 합니다. 이것을 플래시백이라고 하는데 그 상황에 있는 것처럼 생생하게 느끼고 행동하게 됩니다. 또한, 사건을 떠오르게 하는 것들 때문에 괴롭거나 신체반응이 오기도 합니다."

2) 회피

회피 증상은 외상 사건과 관련된 자극을 지속적으로 피하는 증상을 말한다. 외상 사건과 관련된 고통스러운 기억, 생각 또는 감정뿐 아니라, 이를 떠오르게 하는 특정한 사람이나, 장소, 상황을 회피하거나 회피하려고 노력하는 증상들이 이에 속한다.

"외상을 경험하고 불편한 감정들이 계속되면 우리의 마음은 이를 차단하거나 피해서 자신을 보호하려 합니다. 그런데 처음에는 자연스러운 반응이지만 이것이 계속되고 반복되면, 우리 활동에 제한이 생깁니다. 예를 들어, 사건을 떠오르게 하는 상황이나 사람을 피하게 되고, TV의 뉴스나 사고 장면이 나오는 영화를 보지 않기도 합니다."

3) 인지와 기분 변화

외상 사건 이후 시작되거나, 악화된 외상 관련 인지 및 감정의 부정적인 변화를 설명하는 순서이다. 이는 다양한 증상을 아우르는데, 외상 사건에 대한 해리적인 기억상실, 자신과 타인, 세계에 대한 지속적이고 과장된 부정적인 신념, 외상 사건에 대한 지속적이고 왜곡된 자책이나 타인에 대한 비난 등의 주로 인지적 측면과 관련된 증상들이다. 이외에도 부정적인 감정(공포, 분노, 두려움, 죄책감, 수치심 등)의 지속, 주요 활동에 대한 저하된 흥미 또는 참여, 타인으로부터 이탈되고 고립된 느낌, 긍정적인 감정을 느끼기 어려워하고 정서적으로 마비된 느낌 등 정서적 측면과 관련된 증상들도 포함한다.

"외상 사건을 경험한 다음 안 좋은 생각이나 나쁜 기분이 계속될 수 있습니다. 세상이나 사람들, 자신에 대해 부정적으로 생각하게 되고 두려움, 공포, 분노, 수치심, 죄책감 같은 안 좋은 감정들이 지속되기도 합니다. 평소 좋아하던 활동이 재미없어지고, 사람들로부터 소외감을 느낄 수도 있습니다. 감정이 메말라 긍정적인 감정을 느끼기 어렵기도 합니다."

4) 과각성

과각성 증상은 마치 우리의 신경계가 계속 적색경보를 울리고 있는 상황처럼, 몸과 마음이 지나친 경계상태에 있는 것을 의미한다. 여기에는 유달리 짜증이 나거나, 화가 나서 이를 언어 및 신체적 공격성으로 드러내는 행동, 무모하거나 자기파괴적인 행동, 위험하지 않은 상황에서도 계속 주변을 경계하고 위험한 것이 없는지 확인하는 행동, 과장된 놀람 반응, 주의 집중력의 저하, 수면 문제 등이 포함된다.

과각성 증상은 많은 외상경험자들이 호소하는 기억력 문제나 분노 조절 문제와 관련이 된다. 먼저 기억력 문제는 두부 손상이나 다른 의학적인 문제가 없다는 조건하에, 과각성 증상의 하나인 주의 집중력 저하와 무관하지 않다. 즉, 정보에 충분한 주의를 기울여야 이후 정보를 입력하고 저장하고 인출하는 기억 과정이 진행될 수 있는데, 주의 집중력 저하로 이 과정이 효율적으로 이루어지지 못하면서 일시적으로 기억력 문제를 초래하게 되는 것이다. 다음으로, 어떤 분들은 사소한 자극에도 곧잘 화를 내고 공격적인 언행을 보일 수 있다. 이 역시 과각성 증상과 관련이 있음에도 불구하고, 이것의 원인을 내부에서 찾으며 '성격이 나빠졌다'고 자책하는 경우가 많고, 주변 사람들 역시 이를 증상으로 이해하지 못한 채 종종 대상자를 비난하기도 한다. 따라서 이러한 과각성 증상에 대한 올바른 정보를 제공하여 증상에 대해 정상화하고 이에 대한 불필요한 오해와 비난을 줄이는 것이 중요하다.

> "과각성이란 우리의 몸과 마음이 지나치게 경계상태에 있는 것입니다. 예민해지기 때문에 주위 사람들에게 쉽게 화를 내기도 합니다. 지나치게 주위를 살피고, 소스라치게 놀라기도 합니다. 그러나 보니 긴장되고 피곤한 상태가 계속되기도 합니다. 신경이 곤두서니 잠도 안 오고 집중력이 떨어져 치매로 오인되기도 하지만, 치매가 아니고 건망증입니다. 때로는 술을 많이 마시거나 자해와 같이 자신에게 해로운 행동을 하기도 합니다."

6. 기타 외상 관련 문제 설명

이 단계에서는 외상후스트레스장애와 흔히 함께 나타날 수 있는 다양한 심리적 문제들을 안내한다. 해리, 통증 및 신체증상, 우울장애, 불안장애, 물질 및 행위 중독이 이에 포함되며, 대상자에게 해당 증상이 없다면 설명을 생략할 수 있다. 또한, 동반되는 심리적 문제들에 대해서도 정상화가 필요하고, 외상후스트레스 증상이 완화되면 이러한 문제들도 함께 좋아질 수 있음을 설명하는 것이 중요하다. 아래와 같은 지시로 시작할 수 있다.

> "외상후스트레스장애 외에 다음과 같은 증상이 있을 수 있습니다."

1) 해리

해리 증상은 자신의 몸이나 정신과정으로부터 분리되는 듯한 경험을 의미한다. 마치 유체이탈한 것처럼 자신의 일부가 외부로 빠져나가, 자신의 생각이나 느낌을 들여다보는 것 같은 느낌을 뜻하는 '이인화'와 다른 사람이나 세상에 대한 비현실감을 포함한다. 해리 증상은 외상경험자들에게서 자주 나타나지만, 증상의 특성상 높은 혼란과 당황을 초래하기 때문에 올바른 정보 제공과 정상화가 중요하다. 또한, 이후의 치료과정에서 해리 증상을 조절하는 다양한 대처 기술을 배울 수 있음을 안내하는 것도 좋다.

> "해리 증상은 자신의 몸이나 자신으로부터 분리가 되는 경험입니다. 내가 아닌 것 같이 느끼기도 하며, 내 주변 일들이 마치 다른 사람에게 일어나는 것처럼 느끼기도 합니다. 주변 환경에 대한 인식이 줄어들거나 낯설게 느껴지고 꿈꾸는 것 같기도 합니다. 몸이 마비되거나 일시적으로 시력이나 청력을 상실할 수도 있습니다. 어떤 경우는 사고 당시 상황이나 일상생활의 일부가 기억나지 않을 수도 있습니다. 해리는 너무 충격적인 경험과 반응을 뇌가 강력히 차단하기 때문에 생기는 것으로 이해하시면 됩니다."

2) 통증 및 신체증상

외상 이후 통증을 포함한 다양한 신체적 증상을 경험할 수 있다. 가장 중요한 점은 이러한 신체적 불편감이 꾀병이나 과장이 아니며, 신체적 증상들이 많은 경우, 외상 이후 지속되는 신체적 긴장 및 불안, 외상기억과 관련된 신체적 재경험으로부터 비롯됨을 안내하는 것이다.

> "사고 당시 다치지 않은 경우에도 몸에 통증이나 불편함이 있을 수 있습니다. 물론, 당시에 다치거나 통증이 있었다면 더욱더 그럴 수 있습니다. 이러한 신체증상은 일반적인 의학적 검사에 나타나지 않을 수도 있습니다. 그렇다고 이것이 꾀병이나 과장된 것은 아닙니다. 실제 몸이 불편하거나 아픈 증상입니다. 대부분은 긴장, 불안, 사고 당시의 신체에 남은 기억 때문에 그렇습니다. 많이 불편하시더라도 실제 큰 신체적 병이 생긴 것은 아니며, 시간 경과에 따라 호전되고 치료될 수 있다는 점을 기억하시기 바랍니다."

3) 우울장애

우울 증상에는 지속되는 우울한 기분, 일상 활동에 대한 흥미 및 즐거움의 저하, 식욕 및 수면 문제, 피로감과 활력 상실, 무가치감과 과도한 죄책감, 자살 사고 등이 포함된다. 외상경험 이후 우울 증상을 경험하는 경우는 흔하지만, 이러한 증상이 일정 기간(2주) 이상 지속되고, 큰 고통과 적응 문제를 초래할 경우에 우울장애에 대한 보다 적극적인 치료가 병행되어야 함을 안내한다.

> "종종 외상경험후에 슬픔이나 우울감이 계속되는 경우가 있습니다. 사는 것이 귀찮고 재미없어지기도 합니다. 이로 인해 희망 상실, 절망감, 잦은 울음 등을 경험할 수 있고, 때로는 자해나 자살에 대해 생각하기도 합니다. 그런데 이런 증상이 2주 이상 지속되면서 이로 인해 고통스럽고 일상생활에 지장이 올 수도 있는데, 이때는 우울장애가 생겼을 가능성이 있습니다. 우울장애는 외상후스트레스장애와 흔히 동반되는 질환이며, 외상후스트레스장애가 호전되면 회복됩니다."

4) 불안장애

외상 사건 이후 불안과 공포를 경험하는 것은 자연스러운 반응이지만, 이러한 증상이 지속되고 심화될 경우, 불안장애가 동반되기도 한다. 불안장애는 강한 공포와 불안 그리고 이에 따른 회피 행동을 초래하는데, 여기에는 특정 상황을 두려워하고 회피하는 특정 공포증, 사회적 관계 및 상황에 대한 불안을 포함하는 사회불안, 삶의 다양한 영역에서 지나친 불안과 걱정을 갖는 범불안장애, 공황장애 등이 포함된다. 불안장애가 동반되는 경우에도, 보다 적극적인 치료가 병행되어야 함을 안내한다.

> "외상경험후 불안이나 두려움의 증가는 당연한 결과이며, 특별한 상황이나 자극에 불안해지는 경우가 대부분이지만, 아무런 이유도 없는데 불안하기도 합니다. 공포증, 사회불안, 범불안장애, 공황장애가 동반할 수 있습니다. 중요한 것은 이로 인해 몸은 힘들지만 실제 몸에 이상이 생긴 것은 아니며, 이러한 불안증상은 치료로 호전된다는 점입니다."

5) 물질이나 행위 중독

외상경험 이후 특정 물질이나 건강하지 못한 행위에 중독되는 경우가 많다. 여기에는 술, 약물, 해로운 행동(과속운전, 반복적인 싸움, 게임 및 스마트폰 과몰입 등)이 포함될 수 있다. 이러한 중독은 일종의 자가-치료로 외상 이후 생긴 불편감을 줄이고 안정하기 위한 시도이나, 장기적으로는 도움이 되지 않음을 안내한다. 나아가 불안과 긴장을 줄이고 안정감을 느낄 수 있는 건강한 활동이나 취미를 독려하는 것도 중요하다. 대상자의 중독 증상 여부 및 증상의 내용을 묻고, 건강한 취미나 활동 거리를 함께 생각해 본다.

> "외상 사건을 겪으면 정신적으로 신체적으로 힘들기 때문에, 이를 나름대로 치료하고 줄여보려고 술이나 수면제, 혹은 음식, 게임, 스마트폰, 어떤 경우는 위험한 행동(예를 들어 과속운전이나 사람들과 싸움)을 반복하기도 합니다. 이는 모두 고통과 긴장, 불안을 줄여보려는 시도입니다."

> "기분을 전환하고 힘들 때 신경을 돌릴 수 있는 건강한 행위는 오히려 치료에 도움이 되므로, 좋은 취미나 활동 거리를 만드시는 것이 필요합니다. 어떤 활동을 습관화하면 좋을 것 같으신가요?"

7. 경과와 치료 안내

외상 증상의 경과와 증상을 완화시키기 위한 치료방법을 안내하는 단계로, 경과를 설명할 때 외상경험 시점과 증상의 지속 기간을 고려하여 설명하는 것이 좋다. 먼저 급성기의 상태, 다시 말해, 외상 사건을 경험하고 관련 증상이 지속된 기간이 1개월 미만인 경우에는 대부분의 증상은 일시적이고 자연적으로 회복될 수 있음을 강조한다. 또한, 외상이 발생한 지 1개월 이후에도 계속되는 경우에도 90% 이상의 외상후스트레스장애 환자들은 결국 증상으로부터 회복되지만, 시간이 오래 걸릴 수도 있기 때문에, 회복의 속도를 앞당기기 위해 치료가 도움이 될 수 있음을 안내한다.

치료방법을 설명하기에 앞서, 외상의 단계적 치료 원칙(안정화와 이후 기억처리)을 설명하고, 이후의 치료방법에 대해 간략하게 안내한다. 치료방법은 치료자가 사용할 기법 혹은 친숙한 기법이 무엇인지에 따라 달라질 수는 있지만, 외상 초점적이고, 근거 기반적인 치료 위주로 안내하는 것이 중요하다. 여기에서는 안정화 기법을 설명하고 심상을 활용한 기억바꾸기 치료에 대해 간략하게 설명한다.

> "지금 불편한 것들이 언제까지 계속될까 궁금하시지요? 좋은 소식은 시간이 경과하면서 호전된다는 점입니다. 심지어는 치료가 없어도 시간이 많이 지나면 좋아집니다. 그러나 그 시간이 매우 오래 걸리는 분들도 있고, 자연회복까지 기다리는 데 고통과 손실이 너무 클 수 있습니다. 따라서 치료를 통해 회복을 앞당길 수 있습니다."

> "그렇다면 현재 겪고 계신 고통을 완화시키는 방법, 즉 치료방법에 무엇이 있는지 말씀드리겠습니다. 우선적으로 모든 치료는 안정화 단계를 거쳐야 하고, 그 이후에 불편한 기억을 덜 불편하게 만드는 방법들을 함께 배워보겠습니다. 또한, 사건에 대한 기억이 덜 불편해지면 사건에 대한 의미를 되새기고, 다시 사회와 일상생활로 돌아가는 부분들을 도와드리게 됩니다."

1) 안정화

안정화 치료는 외상경험후 심리치료적 접근의 기본이자 1단계 치료이다. 한 마디로 외상 증상으로 인한 불편감을 줄이고 이를 조절하는 기술로서, 호흡훈련, 점진적 근육이완, 착지연습, 안전지대 만들기, 봉인연습 등 신체와 심상 등을 활용하는 다양한 치료기법들이 포함된다. 안정화가 충분히 이루어지지 않고서는 2단계 치료인 기억처리를 진행하지 않는 것이 안전하다. 안정화 치료는 아래와 같이 안내할 수 있다.

> "안정화 기법은 외상을 경험하고 난 후 생기는 불편함을 줄이고, 증상을 조절하는 기술입니다. 외상을 경험하면 고통스러운 기억, 여러 불편한 감정과 감각이 나타나는데, 이때 몸과 마음을 진정시키는 방법들을 말합니다. 이 방법을 배우고 스스로 조절할 수 있는 능력을 키우게 됩니다. 또한, 안전감과 긍정적인 감정을 높이는 방법들도 같이 연습하게 됩니다. 배운 방법들을 집에서 불편할 때 연습하여 익숙해진다면, 지금보다 많이 편안해지실 겁니다. 우선적으로 이 안정화 치료를 저와 함께 해보겠습니다."

2) 기억다루기

안정화 치료를 성공적으로 마치면, 2단계 기억을 처리하는 치료를 진행할 수 있다. 다만 안정화 치료를 마친 후에도 외상 증상이 충분히 조절되지 않고, 이에 따른 불편감이 쉽게 유발되는 경우에는 기억을 다루는 치료는 실시하지 않고, 다시 안정화 치료들을 복습하고 반복하는 것이 좋다. 본 프로토콜에서는 외상기억의 일부를 떠올리고 결과를 긍정적이고 덜 위협적으로 바꾸는 심상시연치료와 심상재각본치료를 실시하게 된다.

> "안정화 치료가 끝나면 기억에 대한 치료를 진행합니다. 아시다시피 외상 문제는 기억의 문제라고 할 수 있습니다. 기억을 지울 수는 없지만, 기억을 덜 불편하게 만드는 것은 가능합니다. 아까 말씀드린 소화되지 않은 음식을 소화시키는 것처럼, 기억을 덜 불편하게 만들고 그것을 소화하도록 바꾸는 치료를 진행할 것입니다. 이렇게 기억을 뇌가 소화한다면 그 영향으로 나타났던 생각, 기분, 감정의 문제도 따라서 좋아지기 마련입니다."

8. 피드백

7단계에 걸쳐 진행한 심리교육에 대한 대상자의 소감을 묻는 단계이다. 심리교육을 받으면서 궁금했던 점이나 추가하고 싶은 부분이 있는지 확인하고 답변한다. 이 단계에서도 증상에 대한 정상화와 타당화를 다시 한번 강조하는 것도 도움이 된다.

> "오늘 얘기한 내용 중 궁금한 점이나, 덧붙이고 싶은 점이 있으면 말씀해 주세요."

9. 활용법

1) 집단 진행

동일 혹은 유사한 외상을 경험한 집단을 대상으로 심리교육을 진행할 수 있다. 이 경우 심리교육의 순서와 내용은 개인을 대상으로 진행할 때와 동일하지만, 집단용 워크시트를 제공하여 자신의 증상들을 직접 적어 보고 확인할 수 있도록 한다. 또한, 집단의 특성상 개인의 개별적인 증상들을 묻고 확인하는 데는 한계가 있지만, 강의와 질의응답을 적절히 활용하여 집단이 공통적으로 흔히 경험하는 외상 증상들을 확인하고, 겪고 있는 불편감이 정상적이고 자연스러운 반응임을 공유하는지 확인하는 것이 중요하다.

심리교육은 대규모의 외상경험자나 관련자들에게 강의식으로 진행할 수도 있는데, 이런 상황에서도 심한 불안, 침습 혹은 과각성, 해리 증상을 경험하는 대상자들은 없는지 관찰하고 이에 적절히 대처할 필요가 있어, 대상자 10명 당 1인 정도의 보조치료자를 둘 것을 제안한다.

2) 외상 급성기

외상을 경험한 지 한 달 이내나 증상이 경미한 경우에는 외상후스트레스 증상이나 기타 외상 관련 문제에 대한 설명은 생략하거나 최소한으로 제공하고 넘어갈 수 있다. 본인에게 나타나지 않았고, 앞으로도 나타나지 않을 가능성이 적은 불편함에 대해 일일이 설명하는 것이 오히려 부담이나 걱정을 증폭할 수도 있다. 더욱이 외상 반응의 의미에서 이미 대표적인 증상을 간략히 언급했기 때문이다.

3) 회기의 길이

위에 제시한 프로토콜의 내용 모두를 진행할 때는 개인치료 30분, 집단치료 60분의 시간이 필요하지만, 외상후스트레스장애와 기타 증상의 설명을 줄이면 각 20분, 30분 정도에 진행할 수 있다. 앞에서 말한 것 같이 중간중간에 묻고 답하고, 질문의 기회를 가질 것을 권하며, 이렇게 진행하면 일반적인 개인상담으로 1회기(50분에서 60분 기준) 내에서 진행하는 것이 적절하다. 회기가 끝날 때, 심리교육 내용과 자기평가, 자조기술을 설명한 소책자를 주기도 한다.[93]

93 김대호 et al., *지나가는 길: 재난 투라우마 경험자를 위한 치유 안내서*(서울: 한양대학교 산학협력단, 2016).

4) 고령자와 인지능력 저하 대상자

고령자나 인지 기능이 저하된 대상자(지적 장애나 뇌손상 후유증 등)와 같이 이해력이 저하되어 있고, 기법 전달에 어려움이 예상되는 경우에는 심리교육을 보다 쉽고 간단하게 진행할 필요가 있다. 쉽고 자주 쓰는 단어들을 활용하여 외상 반응과 관련된 핵심적인 정보 위주로 짧게 하는 것이 중요하다.

[기술 2] 유발요인 찾기

목표	불편함이 야기되는 상황을 찾아 예측할 수 있게 도와주는 과정이다. 이를 통해 통제력, 문제해결력 및 자기효능감을 향상시킬 수 있다.
시간	개인 15분, 집단 20분
준비물	작성한 증상 설문지나 면접 검사 자료를 활용한다.
평가	적용 융통성 *** 치료자 용이도 **** 대상자 이해도 *** 안전성 **** 집단적용성 ****
출처	기본 치료 프로토콜 매뉴얼(재난충격해결을 위한 한국형 재난 유형별 개입기술 및 기반연구)에서 수정

1. 배경 및 설명

외상경험후 생기는 여러 불편함 중 특히 경험자들이 곤혹스러워하는 증상이 침습 증상(외상을 경험한 후 이와 관련된 불편한 기억이나, 생각, 감정, 감각이 원치 않게 불쑥불쑥 떠오르는 것)과 해리 증상(외상기억에 지나치게 몰입되어 멍해지거나, 비현실감 및 이인감을 느끼는 것)이다. 본인이 조절할 수 없는 이러한 증상은 아무 때나 생기는 것은 아니고, 거의 항상 내/외적 요인(어떤 자극이나 상황)으로 인해 나타난다. 따라서 이렇게 증상을 유발하는 요인을 알게 된다면, 예측하여 대비하고 불편함을 줄일 수 있다. 본 치료 기술에서는 고통을 유발하는 다양한 유발요인들을 탐색하고 숙지함으로써, 불편감이 발생하는 상황을 이해하게 한다. 이를 통해 부지불식 간에 외상과 관련된 기억들에 의해 불편해지거나 압도되는 것이 아니라, 유발요인을 알고 예측하고, 더 나아가 통제하기 위한 힘을 스스로 지닐 수 있음을 확인함으로써, 안정감과 효능감을 경험하도록 도울 수 있다. 이를 위해서는 유발요인에 의해 나타나는 다양한 외상후 반응이 정상적이고 자연스러운 반응임을 강조하고, 유발요인을 찾는 것이 중요한 이유와 대처를 통하여 이로 인한 불편감을 감소시킬 수 있음을 설명하는 것이 중요하다. 이러한 배경을 설명하기 위해 아래와 같이 표현할 수 있다.

여기에서는 치료자가 대상자와 함께 유발요인을 찾아보고, 다음 기술인 착지를 통해 조절하도록 유도한다.

> "외상 사건을 경험하면 흔히 원치 않는 기억이나 생각, 감정, 감각이 자꾸 떠오르거나 이것에 몰입될 수 있습니다. 또 멍해지거나 딴 세상에 가 있는 것 같거나 꿈꾸는 것 같고, 주위가 사실이 아닌 것처럼 느껴지기도 합니다. 이는 외상을 경험한 분들에게 흔히 있는 일입니다. 대부분의 경우, 이런 현상은 외상을 경험할 당시의 기억을 자극하는 어떤 단서가 있어 생기는데요, 그 당시의 상황, 신체감각, 기분, 생각과 유사한 내/외적 자극이 이런 증상을 유발하게 됩니다."

> "이번 시간은 내가 언제 불편해지는지, 그 자극요인 혹은 유발요인을 찾고, 이를 예측해서 불편해지기 전에 대처하는 방법을 알려드리려고 합니다. 특별한 이유 없이 불편해진다고 느끼실 수 있지만, 실제는 대부분 자극요인이 있어서 이로 인해 불편함이 유발되는 것입니다. 유비무환이라는 말이 있듯이 알고, 준비하고, 잘 대처할 수 있도록 만드는 시간입니다."

> "우선 유발요인이 무엇인지 알려드리고, 그 예를 들어드리겠습니다. 그런 다음에 저와 같이 지금 불편함을 일으키는 유발요인을 찾고, 이에 대한 대처방법을 상의해 드리겠습니다."

2. 유발요인의 정의

유발요인이란 외상 사건 이후 반복적으로 불편감과 다양한 정서적 및 신체적 고통, 회피를 일으키는 내적/외적 단서를 의미한다. 이 단계에서는 유발요인이 무엇인지 설명하고, 생존자의 대표적인 유발요인과 이로 인한 불편감을 함께 찾아보며, 답변 내용은 워크시트에 적어 두도록 한다. 유발요인을 찾기 어려워하는 경우, 과거력 조사나 심리교육을 통하여 이미 알고 있는 대상자의 유발요인을 예를 들어 설명할 수 있다. 아래와 같이 지시로 본 단계를 시작할 수 있다.

> "유발요인은 지금 반복적으로 불안, 공포, 분노, 슬픔, 무기력, 신체증상 등 불편함을 일으키는 단서 혹은 자극이라고 할 수 있습니다. 유발요인에 노출이 되면, 사건 당시의 생각이나 기억이 떠올라 불편할 수도 있고, 그 기억에 완전히 빠져서 이후에 무슨 일이 일어났는지 모르게 되는 경우도 생길 수 있습니다. 어떤 유발요인이 있을까요?"
> "그것에 노출되면 어떤 반응이 일어납니까?"

3. 유발요인 찾기

유발요인을 탐색하고 발견하는 단계로, 아래와 같은 다양한 요소들을 포함하는 유발요인을 확인한다.

- 오감 관련 요인들: 보이는 것/소리/냄새나 맛/촉각(신체감각) 혹은 통증
- 운동 요인: 움직임이나 자세
- 일시와 장소: 날짜, 계절, 하루 중 시간대/상황이나 장소
- 감정 요인: 화가 나거나 스트레스 받을 때/각성(예민해질 때), 강한 감정(슬픔, 불안)을 느낄 때
- 생각이나 행동

외상경험자가 가지고 있는 모든 유발요인을 찾는 것이 본 단계의 목적은 아니며, 이는 현실적으로 가능하지도 않다. 편차는 있지만 4~5가지 이상의 유발요인을 지니고 있는 것이 일반적이므로, 해당하지 않는 요소들은 넘어가면 된다. 또한, 유발요인을 찾는 과정 자체가 유발요인이 되어 불편감을 초래할 수 있으므로, 외상 사건이나 증상 반응에 대해 지나치게 자세하게 묻는 것은 피한다(예: 무엇을 보았을 때 당시 느낌이 올라오거나, 불편해집니

까? 어떤 감정을 느꼈을 때 당시 느낌이 올라오거나, 불편해집니까?).

> "지금 말씀하신 것 외에도 찾아보면 유발요인이 더 있을 수 있습니다. 대개 4~5가지 이상의 유발요인이 있습니다. 유발요인은 장소나 사람, 상황뿐 아니라 감각적, 감정적인 요소도 포함됩니다. 이런 것을 내적 요인이라고 하는데, 이것은 스스로 찾기가 어렵습니다. 자, 이제 저와 같이 여러 가지 유발요인들을 살펴보면서, 본인에게 해당되는 것을 한번 찾아보기로 하겠습니다."
> "어떤 상황에서 사건과 관련된 느낌이 올라오거나 불편해집니까?"

4. 주요 유발요인 찾기

발견된 유발요인 중에서는 불편함이 경미한 경우도 있어 굳이 이것을 다룰 필요가 없고, 유발요인이 너무 많은 경우도 있기 때문에, 가장 고통스럽고 일상생활에 장애가 되는 세 가지를 선택하는 과정이다. 주요 유발요인은 유발요인 중 외상경험자에게 가장 많은 문제를 초래하는 것들로, 노출되는 빈도가 가장 높거나, 영향력이 큰 요인들이 포함될 수 있다. 주요 유발요인을 이해하고 예측하는 것은 효율적인 대처에 도움이 될 수 있다.

> "지금 저와 함께 찾은 유발요인 중 가장 심하고 문제가 되는 세 가지를 말씀해 주시겠습니까?"

5. 대처방법 조사

주요 유발요인에 대처해 온 방법을 확인하는 단계이다. 이러한 방법들의 효율성이나 적절성을 판단하는 것이 목적은 아니며, 이것이 유발요인으로 인한 불편을 줄이고, 대상자를 보호하기 위한 나름의 대처 방식이었음을 이해시켜야 한다. 다만, 이러한 전략이 일상생활 적응을 방해하거나, 해로운 결과를 초래할 가능성이 있는 경우, 더 나은 방법을 함께 고민해 볼 수 있다. 예를 들어, 간단한 운동이나, 음악 감상, 심호흡, 좋아하는 사진이나 그림 보기 등이 이에 포함될 수 있는데, 중요한 점은 대상자가 일상에서 쉽게 자주 활용할 수 있어야 한다는 것이다.

> "위에 세 가지 유발요인에 대처하는 방법이 있으면 알려주세요. 마음을 진정시킨다든지 어떻게 하면 영향을 덜 받는지요."

6. 추가적인 대처방법 상의

추가적인 방법을 간단히 상의한다. 다음 시간에 보다 구체적인 방법들을 탐색할 예정이므로, 간단하게 질문하고 워크시트에 적어 두고 마무리한다.

> "혹시 더 좋은 방법이 있을지 한번 같이 생각해 봅시다. 간단하게 몸을 움직인다든지, 음악을 듣는다든지, 심호흡한다든지."

7. 종료

유발요인 찾기에 대한 소감을 묻는 단계이다. 궁금했던 점이나 추가하고 싶은 부분이 있는지 확인하고 답변한다. 또한, 이어서 교육하는 착지연습을 활용하여 유발요인으로 인한 침습 및 해리 증상이 생기기 전 단계에 적극적으로 대처함으로써 증상조절 능력과 통제감을 높일 수 있음을 안내한다. 아래와 같이 지시할 수 있다.

> "수고하셨습니다. 다음에는 보다 적극적으로 이러한 유발요인에 대처할 수 있는 방법을 가르쳐 드리겠습니다. 착지연습, 즉 불편함에 빠지지 말고 현실에 머무르는 방법입니다. 여러 가지 방법을 알려드리는데, 이 중에서 본인에게 효과가 있는 방법을 찾게 되면 불편해지기 전에 혹은 불편해지더라도 훨씬 덜 불편하도록 조절하실 수 있습니다."

8. 활용법

1) 집단 진행

동일하거나 혹은 유사한 외상를 경험한 집단을 대상으로 유발요인 찾기를 진행할 수 있고, 심리교육을 먼저 하고 유발요인과 착지연습을 함께 진행하는 것이 일반적이다. 진행 절차는 개인을 대상으로 진행할 때와 동일하지만, 대상자에게 집단용 워크시트를 제공하여 자신의 유발요인을 직접 적어 보고 확인할 수 있도록 한다. 집단의 특성상 개인의 유발요인들을 개별적으로 묻고 확인하기 어렵기 때문에, 질의응답과 예시를 적절히 활용하여 주요 유발요인들을 찾도록 돕고, 특히 내적 유발요인이 간과되지 않도록 주의를 기울이는 것이 중요하다. 이에 더해 유발요인을 찾은 과정이 유발요인이 되어 강한 불안이 유발되거나, 침습 및 해리 증상을 경험하는 생존자는 없는지 관찰하고 이에 적절히 대처할 필요가 있다. 이를 위하여 10명 당 최소 1명 이상의 보조치료자를 둘 것을 제안한다.

2) 회피가 아니다

외상경험자들은 유발요인을 어떤 방식으로든 회피한다고 보면 된다. 그 상황을 적극적으로 피하는 경우도 있고, 그것에 대한 얘기를 피하거나 생각하지 않으려고 하는 소극적인 회피도 있다. 유발요인을 찾는 이유는 불편감을 일으키는 장소나 상황을 피하기 위함이 아니며, 유발요인으로 야기되는 침습이나 플래시백, 불편함을 예상하여 여기에 압도되지 않고, 현재 시간과 장소에 집중할 수 있는 착지 기술을 활용하도록 유도하는 것이다. 불편함이 최고도에 다다르기 전에 적극적으로 대처하며 증상조절 능력과 통제감을 높이는 의미이다. 따라서 유발요인 찾기는 필연적으로 착지연습이 항상 같이 제공되어야 한다.

3) 치료자 자세

치료자가 각 유발요인의 상황별 예를 들어주거나, 미리 파악하고 있는 유발요인에 대해 언급해 주는 등의 적극적인 자세가 필요하다. 또한, 대상자가 경험한 외상 사건의 특성에 맞는 유발요인을 짐작하여 제시할 수 있다. 특히 대상자가 놓치기 쉬운 신체감각이나 정서 등의 경우에 그렇다. 초보 외상치료자라면 사건 당시에 경험했을 감각적 측면, 장소, 시간, 감정을 연상한다면 도움이 된다.

4) 유발요인 찾기가 어려운 경우

만약 대상자가 유발요인을 찾지 못하면 첫 번째, 침습 증상이 생기는 경우들을 물어보고 이들의 공통점을 찾아가는 방법이 있다. 예를 들어, 같은 증상이 반복되어 유발된 장소, 시간, 특징을 물어보면서 추론해 가는 것이다. 분명히 유발요인은 있음을 기억하자. 두 번째는 의식적으로 인지하지 못하는 내적 자극이다. 예를 들어, 신체감각, 움직임, 통증, 감정 등이다. 우선, 이런 가능성을 제기하고 같이 탐구하는 과정이 필요하겠다. 어떤 경우는 유발요인으로 인한 반응, 즉 침습 증상이 플래시백처럼 너무 강렬하거나 해리 증상으로 인해 유발요인을 인지하지 못하는 가능성도 있다.

5) 내적 유발요인

사람이나 장소, 상황처럼 쉽게 떠올릴 수 있는 유발요인 외에도 몸의 느낌이나 감정적 요소와 같이 분명하게 드러나거나, 의식되기 어려운 내적인 유발요인도 간과하지 말고 꼼꼼하게 질문해야 한다. 예는 아래와 같다.

- · 지진 이후 공사 장소 근처 진동 때문에 크게 불안해지는 것(몸의 느낌)
- · 자동차 사고로 벨트를 맨 채 차에 갇힌 이후, 가만히 의자에 앉아 있는 자세를 피하는 것(움직임 및 자세)
- · 사건 당시와 유사한, 혹은 유사하지 않더라도 그에 버금가는 강렬한 감정을 느낄 때 외상기억이 자극되는 것(감정)

6) 기념일 반응

기념일 반응은 외상을 경험하고 1년 이상 경과한 뒤에, 그 시기가 되면 특별한 이유 없이 외상 관련 증상이 악화되거나 재발하는 경우이다. 기념일 반응은 외상 반응으로부터 회복되던 외상경험자를 당황하게 하는데, 이 역시 유발요인에 해당한다. 이러한 반응은 흔히 불안감과 조절 실패에 대한 좌절감을 높이므로, 기념일 반응에 대해 정상화하고, 기념일 전후 일정 기간이 지나면 이로 인한 불편감이 필연적으로 줄며, 해가 지남에 따라 기념일 관련 외상후 반응의 빈도와 강도 역시 완화됨을 설명하는 것이 중요하다.

[기술 3] 착지연습

목표	시각, 청각, 인지, 신체감각 및 움직임을 이용하여, 현재 객관적으로 지각되는 외적 및 내적 감각에 집중하며, 기억의 침습이나 해리 증상을 예방하고 증상이 시작될 때 압도되지 않고 벗어나도록 돕는다.
시간	개인 30분, 집단 30분
준비물	유발요인 기록지
평가	적용 융통성 **** 치료자 용이도 ***** 대상자 이해도 **** 안전성 ***** 집단적용성 ****
출처	기본 치료 프로토콜 매뉴얼(재난충격해결을 위한 한국형 재난 유형별 개입기술 및 기반연구)에서 수정
외국문헌	감각적 착지[94]

94 Anna Baranowsky and J Eric Gentry, *Trauma Practice: Tools for Stabilization and Recovery*(Hogrefe Publishing, 2014). p. 44

1. 배경 및 설명

앞에서 지적했듯이 외상경험자들은 당시 경험했던 기억이나 그 반응이 재현되면서 고통과 불편감을 느낀다. 심한 경우에는 멍해지거나, 자신의 몸이나 주변 환경으로부터 이탈되는 해리 경험도 할 수 있다. 착지연습grounding exercise은 이러한 외상후 증상들을 조절하기 위해 개발된 자기조절 기법으로, 쉽고 간단하지만 효과적이다. 현재 외부 자극과 그에 반응해 느껴지는 자신의 시각, 청각, 신체감각과 같은 감각 요소와 움직임을 연결하고 이에 집중하게 함으로써, 과거 외상 당시가 아니라, 현재에 있음을 자각하게 하는 방법이다. 착지연습을 통하여 외상과 관련된 기억의 침습이나 해리 증상에 빠지지 않고, 이를 통제할 수 있다는 안도감과 조절감을 경험할 수 있다. 아래와 같은 설명으로 본 단계를 시작할 수 있다.

> "이제 저와 함께 배워 볼 치료는 착지연습이라는 안정화 기법입니다. 앞서 설명해 드린 대로 우리는 유발요인들로 인해 쉽게 외상을 경험했을 당시로 몰입되고 집중되기도 합니다. 감각을 통해 내 현재의 외부 상황과 연결하고, 외부 환경을 경험하는 감각, 즉 시각, 청각, 신체감각 및 움직임 등의 지각적 요소에 주의를 기울이면서 과거 외상경험의 기억으로 빠지지 않고 현재에 머무를 수 있게 도와주는 방법입니다. 우리는 착지연습을 통해 지금, 여기에 존재할 수 있고, 신체를 안전하게 통제할 수 있게 됩니다. 따라서 오늘 하는 연습으로 안 좋은 기억에 빠지거나, 멍해지거나 현실감이 없어지는 것을 예방하거나 줄일 수 있습니다. 이런 증상이 자주 있는 분들은 증상이 없을 때에도 수시로 연습하시면 좋습니다. 이 방법들은 졸릴 때 잠을 쫓는 방법과 유사합니다."

침습 및 해리 증상은 대부분 유발요인에 의해 발생하기 때문에, 앞서 찾아본 유발요인들과 연결시켜 착지연습을 사용하도록 안내한다. 치료자는 프로토콜에 제시된 모든 착지연습을 함께 진행하고, 그중 대상자에게 적합한 방법을 찾고, 이를 숙지하여 활용하도록 격려한다. 이 외에도 대상자가 사용할 수 있는 추가적인 방법들도 논의할 수 있다.

다음 단계부터 실시되는 각 요소별 착지연습은 편안한 자세로 의자에 앉아 진행한다. 또한, 시작 전에 현재 불편한 점이 있는지, 필요한 것은 없는지 확인한다.

2. 시각적 착지

시각적 착지는 현재의 시각적 요소들에 집중하여 현실에 머무르게 한다. 대상자에게 지금 치료실에서 보이는 다섯 가지를 말하게 하는데, 고개를 움직여 주위를 충분히 둘러보고 천천히 답변하도록 안내한다. 다음으로는 답변한 다섯 가지 요소들을 좀 더 자세히 표현하게 한다. 모양이나, 색깔, 재질을 면밀하게 살핌으로써, 현재에 좀 더 집중하고 착지할 수 있게 된다. 혹시 집중을 못 하거나 해리적인 상태가 의심되면 앞의 과정을 다시 반복하도록 하고, 필요에 따라 치료자를 시각적 요소로 활용하여 치료자를 쳐다보거나, 치료자와 눈을 맞추며 현실에 머무르도록 안내할 수도 있다.

> "우선 보이는 것에 집중하는 연습을 해보겠습니다. 지금 여기 상담실을 천천히 둘러보시고 보이는 다섯 가지를 얘기해 주세요."
> "잘하셨습니다. 다음에는 다섯 가지를 하나하나 자세히 보시고, 모양이나 색깔, 크기가 어떤지, 어떤 느낌이 들었는지 등 좀 더 자세하게 표현해 주세요."

3. 청각적 착지

청각적 착지는 현재 들리는 청각적 요소에 집중하여 현실에 머무르게 한다. 대상자에게 지금 치료실에 안에서 들리는 세 가지 소리를 충분히 탐색하고 말하게 한다. 들리는 소리가 없다면, 시간을 가지고 상담실 밖에 들리는 소리가 있는지 들어보도록 격려한다. 다음으로는 답변한 세 가지 요소들을 좀 더 자세히 표현하게 한다. 기본적으로는 눈을 감고 소리에 집중하게 하는 것이 도움이 되지만, 눈을 감는 것이 불편하거나, 불안정해지는 경우에는 눈을 뜨고 진행해도 무방하다. 상담실이 조용해서 들리는 소리가 없으면, 치료자가 일부러 마우스를 클릭하거나 자판 소리, 볼펜 소리 등을 내줄 수 있다.

> "다음은 들리는 소리에 집중하는 것입니다. 어떤 소리가 들리는지 천천히 눈을 감고 들어보세요. 그리고 지금 상담실에서 들리는 소리 세 가지를 천천히 얘기해 주세요."
> "잘하셨습니다. 다음에는 세 가지가 어떻게 들리는지 자세히 기술해 주세요."

4. 신체감각적 착지

신체감각적 착지는 현재 느껴지는 몸의 느낌에 집중하여 현재에 머무르도록 한다. 의자와 의자 손잡이, 바닥, 치료자가 건네는 물건(쿠션, 볼펜, 종이 등), 자신의 소지품(열쇠, 동전, 핸드폰 등) 등에 닿는 몸의 느낌에 집중하도록 한다. 가능하면 자세하게 표현하도록 한다.

> "다음은 무엇을 만지거나 접촉할 때 느껴지는 몸의 느낌에 집중하는 것입니다. 자, 우선 의자 팔걸이나 옆 부분을 만져 보세요. 손의 느낌을 말씀해 주세요"
> "이번에는 엉덩이와 등을 의자에 붙이고 의자의 느낌을 얘기해 주세요."
> "발바닥을 바닥에 붙이고 무게를 실어 보세요. 발바닥이 바닥에 닿는 느낌이 어떠신가요?"
> (물건을 건네며) "이걸 만져 보시고 느낌이 어떤지 얘기해 주세요."
> "주머니나 가방에서 한 가지 물건을 꺼내서 만져 보세요. 느낌이 어떠신가요?

5. 운동감각적 착지

간단한 동작을 반복하면서 현재에 머무르도록 하는 것이다. 먼저 치료자가 각 동작에 대한 시범을 보이고, 대상자가 이를 따라 하게 한다. 동작에는 박수치기, 양손을 번갈아 가며 주먹을 쥐었다 펴기, 어깨를 앞뒤로 크게 돌리기, 휴지를 뭉쳐 던지고 받기, 포복 동작 cross-crawl처럼 한쪽 팔꿈치를 다른 쪽 무릎에 대는 동작을 반복하기 등이 포함된다. 부상이나 통증으로 인해 동작의 제한이 있으면, 가능한 범위 내에서만 실시하도록 한다. 아래와 같은 지시로 진행한다.

> "이번에는 간단한 동작들을 저를 따라서 해보겠습니다."
> "박수치기 세 번을 해보겠습니다."
> "이제 다섯 번 박수를 쳐보겠습니다."
> "어렸을 때 했던 잼잼 동작을 왼쪽, 오른쪽 번갈아 하겠습니다."
> "어깨와 등을 한번 쭉 펴시고, 앞으로 세 번, 뒤로 세 번 돌려보겠습니다."
> "양 발가락을 꼼지락거리면서 움직여 보세요."
> "제가 먼저 화장지 한 장을 던지겠습니다. 받고 또 저한테 던져 주세요."
> "이번에는 저를 따라 한쪽 팔꿈치를 다른 쪽 무릎에 대는 동작을 반복해 보겠습니다."

6. 피드백 및 종료

마지막으로 각 기법들이 얼마나 도움이 될 것 같은지 각 기법별로 점수를 낸다. 0~10 사이에 평정한 후, 가장 도움이 될 것 같은 세 가지 정도의 기법을 위주로 연습하고 사용하도록 격려한다. 이 외에도 추가로 도움이 될 수 있는 다른 방법들이 있는지 탐구할 수 있는데, 아래와 같은 예를 들 수 있다.

· 좋아하는 대상과 관련된 사진 보기(시각적 착지)
· 손바닥을 다른 손가락으로 가볍게 꼬집어 자극하기(신체감각적 착지)
· 자신에게 의미 있는 상징물(십자가, 돌, 단단한 나뭇조각 등)을 만지기(신체감각적 착지)
· 얼굴에 미스트 뿌리기(신체감각적 착지)
· 좋아하는 향 맡기(후각적 착지)
· 자동차 창문을 열고 바람을 느끼거나, 핸들을 쥔 손, 자동차 시트에 닿는 등과 엉덩이의 느낌에 집중하기(신체감각적 착지)
· 좋아하는 음악에 집중하기(청각적 착지)

"오늘 해보신 기법들 중에서 어떤 것이 도움이 될지 두 가지만 골라보시겠습니까?"
"이 기법들을 어떤 상황에서 써보고 싶으십니까?"
"이 상황에서 도움이 될 것들이 추가로 있으신가요?"

위의 예들을 들어줄 수 있다.

"이 방법들을 사용해 보시고 다음에 어떠셨는지 말씀해 주세요. 잘 활용하시길 바랍니다."

7. 활용법

1) 집단 진행

개인을 대상으로 진행할 때와 동일하지만, 집단용 워크시트를 제공하여 대상자 스스로 각 감각 요소별 착지를 연습하고, 자신의 반응을 적도록 한다. 특히 운동감각적 착지는 그림 자료나 시각자료를 통하여 모두가 보고 따라 할 수 있게 돕도록 한다. 집단 구성원들이 착지연습에 충분한 주의를 기울여, 현재에 머무를 수 있도록 주치료자 및 보조치료자가 돌아다니며 살피는 것이 중요하고, 구성원 10명 당 1명의 보조치료자를 함께 둘 것을 추천한다.

2) 침습 증상이 없는 경우

일부 외상경험자들은 사건 당시 의식이 없거나, 또 증상이 심하지 않아서 사건과 관련된 불편한 기억이나 반응이 없다고 하는 경우가 있다. 이러한 경우에도 착지연습은 도움이 되는데, 그 이유는 첫째, 본인이 의식하지는 못하지만 불편한 내적 감각이나 생각으로 나타나는 침습 증상이 있을 수 있고, 둘째, 사고 당시는 아니더라도 이후에 직간접적으로 경험한 불편한 기억으로 인한 증상이 있을 수 있다. 또한, 불편함이 실제로 별로 없는 외상경험자에게도 일상생활에서 느끼는 스트레스에 대한 대처방법으로 이 기술은 도움이 된다.

3) 착지 자체가 유발요인이 되는 경우

불안정한 대상자는 착지연습의 감각적 특성이 오히려 유발요인이 되는 경우가 있다. 이는 불가피한 측면이 없지 않지만, 치료자는 사전 평가나 면담, 정보 청취를 통해 그리고 더 중요한 것은 유발요인 찾기에서, 착지연습의 내용이 대상자를 자극할 가능성을 미리 염두에 둘 필요가 있다. 이런 경우는 특정 기술 교육 내용을 생략하거나 미리 상의한 뒤, 당사자의 의견을 존중해서 조심스럽게 진행하도록 한다. 예를 들어, 신체감각과 관련된 침습 증상이나 통증이 심한 경우에는, 신체감각적 착지를 생략하거나 불편하지 않은 다른 신체 부위만을 이용하여 진행하며, 면담실에서 주위 공사 소음이나 큰 소리가 들리는 경우, 사고피해자와 같이 소음에 자극되거나 예민한 경우는 청각적 착지를 생략하거나 소음이 사라진 후 진행한다.

4) 부정적 연상이 나타나는 경우

시각적 착지연습 중 주변의 시각 자극들이 유발요인이 되는 경우도 드물지 않다. 비상구 표시등이나, 소화기 등은 불안을 쉽게 유발시키는 요인의 대표적인 예이다. 따라서 시각 단서에 의해 부정적인 연상이 개입되는 경우, 대상자에게 보다 중립적이고 안전하게 느껴지는 시각적 요인들을 찾고 이에 더욱 집중할 것을 제안할 수 있다. 혹은, 다른 감각 요소들로 주의를 전환하여, 시각적 유발요인들로 인한 외상적 기억에 몰입되지 않도록 도울 수도 있다.

참고문헌

Baranowsky, Anna, and J Eric Gentry. Trauma Practice: Tools for Stabilization and Recovery. Hogrefe Publishing, 2014.

김대호. 기본 치료 프로토콜 매뉴얼. 서울: 정신건강기술개발사업단/한양대학교 산학협력단, 2019.

김대호, 이현지, 김은경, 장효경, and 김슬기. 지나가는 길: 재난 트라우마 경험자를 위한 치유 안내서. 서울: 한양대학교 산학협력단, 2016.

8장 안정화

본 장에서는 외상치료의 1단계에 해당하는 안정화 즉, 안전감과 정동조절에 해당되는 심상기법들은 소개한다. 이들 대부분은 기존 외국에서 개발된 기법을 저자들이 국내 임상에서 적용해 오면서 수정한 내용이고, 원본의 간단한 기법을 30분 정도 진행할 수 있는 분량으로 확대한 것이다. 이 경우는 원본의 출처 및 재난연구 사사를 표기하였다.

[기술 1] 봉인연습

목표	침습 기억, 이미지, 불편한 신체반응 등 외상경험후 생긴 불편한 증상을 효과적으로 조절할 심상을 개발하여 외상경험자의 불편감을 줄이고, 통제감과 안정감을 높이도록 돕는다.
시간	개인 20분, 집단 30분
준비물	봉인 심상을 그릴 A4용지와 컬러 펜 혹은 크레용
평가	적용 융통성 ***** 치료자 용이도 **** 대상자 이해도 ***** 안전성 **** 집단적용성 ****
출처	기본 치료 프로토콜 매뉴얼(재난충격해결을 위한 한국형 재난 유형별 개입기술 및 기반연구)[95]
외국문헌	봉인기술(containment skill)[96]

1. 배경 및 설명

외상후 나타나는 여러 증상들은 반복적인 경우가 많고 통제가 불가능하다고 여겨지며, 환자를 압도하고 무기력하게 만들 수 있다. 봉인연습은 환자 스스로가 이러한 불편감을 상상 속의 용기container에 담아 넣고, 이를 봉인하고 처리하는 과정을 심상화하여, 증상에 대한 조절감을 향상시키고 이에 따른 안정감, 자신감을 느낄 수 있도록 돕는다.

> "현재 나를 불편하게 하는 생각이나 감정, 감각 등 모든 것을 한꺼번에 집어넣을 수 있는 이미지, 즉 단단한 상자나 금고를 만들어 보려 합니다. 이를 통해 나를 괴롭히는 것들로부터 안도감과 통제감을 느낄 수 있습니다."
> "단단하고 새지 않는 것이 좋습니다. 예를 들어, 금고나 철제 상자, 캐비닛, 단단한 박스일 수도 있습니다."

2. 이미지 만들기

현재 경험하는 불편감을 모두 담을 수 있는 용기의 이미지를 만든다. 단단하고 새지 않으며 지금 환자가 느끼는 모든 불편함을 담을 수 있어야 한다. 용기 이미지의 종류는 담고자 하는 주 문제와 경험자의 선호에 따라 다양할 수 있으나, 공통적인 조건은 안전하고 비밀이 보장되고, 잘 새지 않는 물체여야 한다는 점이다. 적절한 용기를 정한 뒤, 이를 가능한 한 자세히 기술하여 선명하게 떠올리도록 격려한다. 이를 위해 컬러 펜을 이용하여 용기를 그리도록 안내할 수 있다.

> "자신의 모든 불편한 것을 충분히 담을 수 있는 상자의 이미지를 떠올려 보십시오."
> "어떤 것인가요?"
> "무엇으로 만들어져 있나요?"
> "그 모양은 어떻습니까?"

---

95 김대호, *기본 치료 프로토콜 매뉴얼*(서울: 정신건강기술개발사업단/한양대학교 산학협력단, 2019).

96 Lori Haskell, *First Stage Trauma Treatment: A Guide for Mental Health Professionals Working with Women*(Centre for Addiction and Mental Health Toronto, ON, 2003). pp. 158-160

"크기와 색깔은 어떤가요?"

3. 봉인 방법 정하기

다음으로 만들어진 용기를 닫고 봉인하는 방법을 정한다. 중요한 점은 환자가 느끼기에 효과적이고 적절한 방식으로 닫고 봉인하는 것이므로 상상력을 동원하여 효과적인 봉인 방법을 결정하도록 격려한다. 치료자가 판단하기에 충분히 봉인되지 않을 가능성이 높은 경우에는, 이에 대해 공유하고 다른 방법을 생각해 보도록 권유할 수도 있다. 아래와 같이 지시하고, 답변 내용은 워크시트에 적는다. 지시 속 빈칸에는 용기의 종류를 넣으면 되는데, 환자가 기술한 단어 그대로 사용하여야 한다.

> "그 ___(용기)___을(를) 닫는 방법을 정해 봅시다. 뚜껑일 수도 있고, 마개나 여닫는 문일 수도 있습니다. 그리고 자물쇠, 열쇠, 쇠사슬, 강력 접착제, 테이프, 용접 등 상자를 봉인하는 방법도 정해 봅시다."

4. 봉인

외상 이후 생긴 불편감을 용기에 넣고 단단하게 봉인한다. 기억이나 생각, 감정 등 특정 대상을 담는 것이 아니라 사건 후 발생한 모든 불편한 것을 상징적으로 담는 것을 권고한다. 불편한 것들을 하나하나 개별적으로 처리하지 않고, 한꺼번에 넣도록 안내하는 것이 중요하다. 비유를 들어 설명할 수 있는데, 현재 불편한 모든 것들을 연기나 액체처럼 생각한다거나, 검정 비닐봉지에 넣은 쓰레기라고 상상하도록 안내하는 것이 그 예가 될 수 있다. 필요한 만큼 시간을 가지고 불편한 것들을 가능한 한 많이 넣을 수 있게 격려하고, 자연스럽게 호흡하며 이 과정을 진행하도록 안내한다.

> "봉인하고 싶은 불편한 모든 것을 담는다고 생각해 봅시다. 마치 안이 보이지 않는 검정 비닐봉지에 넣었다고 생각하세요. 그리고 그 ___(용기)___을(를) 마음속에 떠올리십시오. 불편한 모든 것들을 그 ___(용기)___ 안에 넣습니다. 필요한 만큼 천천히 하세요. 가능한 한 많이 넣어보세요. 충분히 다 들어갔다고 생각하면 뚜껑을 닫아 보겠습니다.

심호흡하시고 눈을 떠 보세요."

5. 평가

이 단계에서는 용기에 얼마나 들어갔는지 평가하고, 추가적인 봉인을 유도하는 단계이다. 0~100 사이 몇 퍼센트 정도 들어갔는지 수치화하여 봉인된 양을 명료하게 확인하는 것도 좋다. 불편한 것들이 다 들어갔거나, 대부분 들어간 경우에는 전 단계에서 정한 방법을 통해 용기를 단단히 봉인한다. 지시 속 ______(용기)______에 모든 불편함을 담고, ______ 방법으로 봉인한다. 대상자가 기술한 단어나 내용을 그대로 사용해야 한다.

불편한 것이 용기에 상당 부분 들어가지 않은 경우에는, 조금 더 넣을 수 있는 방법을 함께 상의한다. 예를 들어, 용기의 종류나 특성을 바꾸거나, 용기를 봉인한 후 처리하는 방식으로 바꿔볼 수 있고, 지지자원이나 지지인물을 동원할 수도 있다. 이러한 방법이 정해지면 다시 한번 봉인과 평가의 과정을 반복한다.

"어느 정도 들어갔습니까?"

다 들어간 경우나 대부분 들어간 경우

"그럼 이제 그 ____(용기)____을(를) ______로(으로) 봉인해 보겠습니다."

상당 부분 안 들어간 경우

"조금 더 넣을 수 있는 방법이 무엇일까요? 더 크거나 단단한 용기로 바꿀 수 있고, 아예 쓰레기 처리장에 용기를 처리해 버리는 것을 상상할 수 있습니다."

6. 강화

다음에는 봉인연습을 통하여 느끼는 긍정적인 감정이나 감각에 집중하고 이를 강화한다. 현재의 불편감이 충분히 봉인되었다고 판단되면, 이때 느껴지는 기분이나 몸의 느낌을 확인한다. 긍정적이거나, 적어도 중립적인 반응들이 보고되면, 자연스럽게 호흡하면서 몸과 마음의 느낌에 집중하도록 안내하고, 이 과정을 충분히 경험하게끔 여러 차례 반복한다.

"잘하셨습니다. 기분이나 신체감각은 어떠세요?"

긍정적인 느낌을 보고하는 경우

"그 ___(감각)___에 집중하고 천천히 숨을 쉬면서 좀 더 진행하겠습니다."

10초 정도 후

"어떻습니까?"

7. 종료

치료자는 봉인연습을 완수한 환자를 지지하고, 평소에도 봉인연습을 사용하도록 격려한다. 또한, 원한다면 봉인된 용기를 더 적극적으로 처리할 수 있음을 설명하고 처리 여부와 처리하는 방법을 함께 상의할 수 있다.

"어떤 분들은 불편함을 담아놓은 용기를 처리하는 상상을 하길 원합니다. 혹시 그 용기를 여기 상담실에 놓고 가거나, 땅에 파묻거나 소각하고 싶으십니까?"

만약 그렇다면, 처리하는 상상까지 진행한다.

"오늘 수고하셨습니다. 지내시면서 스트레스를 받거나 불편할 때, 이 기법을 사용해서 담고 처리하는 상상을 하시면 좋습니다."

8. 활용법

1) 집단 진행

집단으로 진행할 때는 집단용 워크시트를 사용하는데, 그림을 그리며 진행한다. 그 이유는 위에서 언급한 심상 효과뿐 아니라, 보조치료자들이 봉인 이미지의 타당성을 쉽게 파악할 수 있다는 장점이 있기 때문이다. 어떤 경우는 환자 2명 혹은 3명이 짝을 지어 서로 상의하며 작업할 수도 있기 때문이다. 이렇게 하면 서로 타당성을 체크해 주면서 지지를 주고 받을 수 있다. 어떤 경우든 간에 구성원 10명 당 1명의 보조치료자를 확보한다.

2) 주 문제에 적합한 용기

봉인 대상은 전체적인 불편함이지 특정한 문제가 아니라고 위에서 언급하였다. 그러나 주로 불편한 증상들의 특성에 따라서, 보다 적합한 용기가 있을 수 있다. 다음과 같은 경우이다.

· 고통스럽고 회피하고 싶은 증상들 혹은 불편함: 금고, 캐비닛, 철제 상자 등
· 사건 기억에 대한 전체적 맥락: 하드디스크(USB 드라이브), 비디오테이프나 CD, 서랍
· 애도와 같이 불편하지만 간직하고 싶은 기억: 유리병이나 호리병

3) 특정 문제나 일부만 봉인을 원하는 경우

간혹 전체적 불편함이 아니라, 외상과 관련된 일부 기억이나 특정 감정, 장면만을 봉인하고 싶어하는 환자가 있다. 특정 부분을 연상하게 되면 오히려 봉인이 어렵고, 기억에 접근하여 불안정해지는 경우도 있기 때문에, 가급적 이런 경우에는 설득하여 전체 불편함으로 모호하게 진행하는 것이 좋다. 예외적으로 이 환자가 특정 문제로만 불편하고, 또 이렇게 진행했을 때 압도되거나 불안정해질 가능성이 적다는 임상적 판단이 있을 경우는 문제를 지정하고 진행해도 무방하다. 어떤 환자는 일부는 남겨놓고 싶다고 한다. 치료자는

이에 대한 타당성을 고려하여 진행할 수 있다. 예를 들어, 10% 혹은 20% 미만의 슬픔이나 불안, 기억이 남는 것은 적응적일 수 있다.

4) 부적절한 이미지

현재의 불편감을 모두 담을 정도로 충분히 크고, 불편감이 새지 않을 정도로 단단한 용기의 이미지를 정하는 것이 중요하며, 이에 대해 환자가 납득할 수 있어야 한다. 하지만 그렇지 못할 경우, 이후 봉인 과정에서 잘 안 들어가거나 새어 나와서 진행에 어려움을 겪을 수 있다. 부적절한 용기의 예에는 소쿠리나 사과를 담는 나무 상자, 종이 박스 등이 속할 수 있다. 이 경우, 새로운 용기를 만들거나, 혹은 현재의 용기를 보수하여 단단하게 할 수 있는 방법(용기를 더 크게 만들기, 용기를 더 큰 철제 상자에 넣기, 시멘트로 용기를 코팅하듯 두르기 등)을 함께 상의하여 이미지를 다시 정하도록 한다.

5) 용기에 잘 안 들어가는 경우

이럴 때 가장 좋은 방법은 대상자에게 해결 방법을 묻고 그 방법을 시도해 보는 것이며, 예를 들어 지지인물(가족이나 친구, 지인, 영적 인물, 만화 캐릭터 등)이나 지지자원(심리적, 상징적)을 봉인 과정에 포함할 수 있다. 이 밖에도 불편한 것을 하나하나 찾아 넣는 과정에서 이러한 어려움이 생기는 경우도 많다. 그렇다면 불편한 것들을 세세하게 바라보지 말고, '무엇인지는 모르겠지만 일단 넣는다'라는 심정으로 이들을 뭉뚱그려 한꺼번에 집어넣도록 안내한다. 불편한 것들을 뿌연 연기나 검정비닐, 종량제봉투 등으로 비유해서 이를 대신 상상하며 담아보도록 격려할 수도 있다. 일부만 들어가고 일부가 남을 때도 같은 방법으로 할 수 있고, 간단하게 남은 것만 다시 용기에 넣는 상상을 할 수도 있다.

6) 악화나 부정적 연상

우선은 악화 요소를 제거하고 원래 작업에 집중하도록 유도가 필요하다. 그런 조치에도 문제가 계속되면, 부정적인 연상의 영향력을 줄일 수 있는 방법을 환자와 상의하고, 어떤 전략이든 효과적이라면 시도해 보는 것이다. 예를 들어, 좋아하는 영화 캐릭터나 영적 존재를 소환하거나, 자신 혹은 자신이 존경하는 대상이 지닌 좋은 자원(인내심, 용기 등)을 떠올려 부정적인 연상을 줄이거나, 없애는 것을 상상해 볼 수도 있다. 여러 시도에도 불구하고 부정적인 연상이 지속된다면, 이 기술 훈련을 중단하고 착지연습 등 다른 안정화 기법을 활용하여 부정적인 느낌을 줄이고 종료한다. 이때 중요한 점은 대상자가 봉인연습을 중단하는 것이 치료적 실패를 의미하는 것은 아니며, 자신에게 가장 효과적이고 잘 맞는 안정화 기술을 찾아가는 과정임을 이해하도록 돕는 것이다.

7) 추가 봉인법

봉인할 자료가 용기에 잘 안 들어가는 경우, 반대로 좀 더 구체화하는 방법이 있다.[97] 앞에서 얘기했듯이 특정 내용을 규정하지 않고 전반적인 자료를 봉인하는 것은, 부정적 연상이나 악화를 최소화하고, 짧은 시간 내에 기술을 완수하고 전달하기 위함이다. 그러나 주요 자료의 특성에 따라 구체화한 다음, 조치를 하고 봉인해 보는 것도 한 가지 방법이다. 각 영역마다 다음과 같은 방법으로 조치를 한 다음 용기에 넣어본다.

· 정동이나 신체감각: 형태를 만들고 축소하여 상자에 넣는다.
· 생각: 종이에 쓰고 봉투에 넣는다.
· 그림: 사진으로 만들어 크기와 선명도를 줄이고 편지봉투에 넣는다.
· 재현되는 기억: 비디오/동영상으로 생각하여 필요시 리모컨으로 소리나 색깔 조절. TV나 모니터를 끄고 비디오테이프 혹은 USB를 꺼낸다.
· 소리: 무음 처리하고 빨리 되감기 혹은 처음 재생 시작 위치로 되돌려서 저장매체(카세트테이프, CD나 USB)에 넣는다.
· 냄새: 병에 넣어 뚜껑을 닫는다.
· 맛: 형태와 색깔을 만들어 줄이고 유리병에 넣는다.

---

97 C. Steinert et al., "Resource Activation for Treating Post-Traumatic Stress Disorder, Co-Morbid Symptoms and Impaired Functioning: A Randomized Controlled Trial in Cambodia", *Psychol Med* 47, no. 3 (2017). pp. 564

[기술 2] 안전지대 연습

목표	긍정적 감각적 요소를 지닌 상상의 장소를 만들어, 불편한 정동이나 스트레스 상황을 마주할 때, 안전한 장소를 떠올리며 이를 조절할 수 있도록 돕는다.
시간	개인 20분, 집단 30분
준비물	A4용지와 컬러 펜 혹은 크레용(옵션)
평가	적용 융통성 *** 치료자 용이도 **** 대상자 이해도 **** 안전성 **** 집단적용성 ****
출처	기본 치료 프로토콜 매뉴얼(재난충격해결을 위한 한국형 재난 유형별 개입기술 및 기반연구)
외국문헌	안전지대(Safe Place)[98 99]

1. 배경 및 설명

외상경험은 강렬하고 충격적이기 때문에 기존에 지니고 있던 세상에 대한 신념 체계를 유지하기 어렵게 하면서, 부정적인 믿음으로 이를 변화시키거나 공고화하는 경우가 흔하다. 예를 들어, '다른 사람은 아무도 믿을 수가 없다', '세상은 어디든지 위험하다' 등의 믿음이 이에 속할 수 있다. 이로 인해 외상경험자는 어디에서도 몸과 마음을 편히 두고 안정할 수 없다고 여기며, 지속적인 불안과 위협감, 과도한 긴장과 경계 등의 고통스러운 반응들을 경험하게 된다. 따라서 안전지대 연습을 통해 환자가 안전하게 느낄 수 있는 장소를 찾고, 상기한 불편한 증상들을 조절하고 스스로 안정화할 수 있도록 돕는다. 구체적인 절차를 살펴보면, 안전지대를 정하고 그 장소와 관련된 시각, 청각, 후각, 신체감각적인 요소들을 확인하고 강화한다. 다음으로 안전지대의 이름을 지어, 환자가 불편한 정동이나

98 Emmett E Miller and Steven Halpern, *Letting Go of Stress* (Source Cassette Learning Systems, 1994).

99 F. Shapiro, Eye Movement Desensitization and Reprocessing (Emdr) Therapy: Basic Principles, Protocols, and Procedures (New York, NY: The Guilford Press, 1995). pp. 112-124

스트레스를 경험할 때 안전지대를 좀 더 쉽게 떠올리고, 긍정적인 감각에 접근할 수 있도록 하여 통제감과 안정감을 경험할 수 있도록 한다.

2. 장소 설정

안전지대를 정하는 단계로, 누구에게도 방해를 받지 않고, 편안하고 안전하게 느껴지는 현실, 혹은 가상의 장소를 찾아본다. 부정적인 연상이 개입될 가능성이 아주 적은 안전한 장소를 정하는 것이 중요하다.

> "아무한테도 방해를 받지 않고, 편안하고 안전하게 느껴질 장소를 떠올려 보십시오. 가보았던 장소도 좋고 상상의 장소도 좋습니다. 고요하고 안전하게 느껴지는 곳을 생각하세요. 바닷가나 계곡, 편안한 방일 수도 있습니다."

3. 감각적 요소 설정

이번에는 안전지대 속 다양한 감각 요소들을 정하는 단계로, 안전지대를 떠올릴 때 보이는 장면, 들리는 소리, 향기에 관해 질문한다, 안전한 장소를 떠올릴 때 '지금' 느껴지는 감정, 몸의 느낌도 이어서 질문한다. 안전지대를 생생하게 떠올리고 느끼도록 돕는 것이 본 단계의 목적이기 때문에, 최대한 구체적으로 표현하도록 격려하고, 가능한 경우 안전지대를 그리도록 안내한다. 아래의 지시로 이 단계를 시작할 수 있고. 답변 내용은 워크시트에 적는다. 빈칸에는 안전지대를 넣으면 되는데, 환자가 기술한 단어 그대로 사용하여야 한다.

> "당신의 안전한 장소인 ______________ 을(를) 떠올리면 …."
> "무엇이 보입니까?"
> "무엇이 들립니까?"
> "어떤 좋은 냄새가 납니까?"
> "어떤 감정이 느껴집니까?"
> "몸에는 어떤 감각이 느껴집니까?"

4. 강화

이 단계에서는 안전지대의 감각적 요소들에 집중하고, 이때 느껴지는 긍정적인 감정이나 감각을 강화한다. 처음에는 각각의 감각적 요소들을 하나하나 불러주며 이를 떠올리게 하고, 그다음에는 이들을 한꺼번에 불러주며 안전지대를 충분히, 생생하게 상상할 수 있도록 한다. 이때 느껴지는 기분이나 몸의 느낌을 확인한 후, 긍정적이거나 적어도 중립적인 반응들이 보고되면, 자연스럽게 호흡하고 몸과 마음의 느낌에 집중하도록 안내하고 이 과정을 반복한다.

> "안전지대의 풍경, 소리, 냄새 등 하나하나 제가 불러드릴 테니 집중해 보세요."
> "아까 얘기하신 ____________, 장면을 떠올리시고 집중해 보세요."
> "이번엔 ____________, 소리를 들어보세요."
> "____________의 향기를 직접 맡아 본다고 상상하세요."
> "그리고 ____________, 그 감정을 느껴보세요."
> "마지막으로 ____________, 몸의 감각을 느껴보세요."
> "상상하시는 동안 불편함은 없으셨습니까? 이번에는 연이어서 제가 불러드릴 테니, 그 장소의 감각들에 집중하고 천천히 심호흡을 해보세요."
> "지금 어떻습니까?"

긍정적이면 수차례 반복한다.

> "좀 더 해보겠습니다. 거기에 집중하십시오. 지금은 어떤 것이 느껴지시나요?"

5. 이름 짓기

안전지대의 이름을 짓는데, 이를 통해 환자가 안전지대를 더 잘 떠올릴 수 있게 하고, 이것이 특별하고 의미 있는 장소로 각인되게끔 돕는다. 대상자가 스스로 이름을 짓도록 격려하는 것이 중요하다.

> "당신의 안전지대를 부를 수 있는 이름이 있나요? 뭐라고 이름을 붙이면 잘 연상할 수 있을까요?"

6. 종료

다음은 안전지대 연습을 하는 동안 환자의 노력을 응원하고, 평소에도 안전지대와 이에 따르는 편안함을 상상하고 연습하도록 격려한다.

> "수고하셨습니다. 이제 불편감을 느끼거나 스트레스를 받을 때, 언제라도 가서 안전하게 쉴 수 있는 마음의 공간이 생겼습니다. 연습하여 잘 활용하시기 바랍니다."

7. 활용법

1) 집단 진행

안전지대도 봉인연습과 마찬가지로 집단으로 진행할 수 있다. 개인치료 시 안전지대를 그리는 것은 선택사항이나, 집단으로 진행할 때는 워크시트와 A4용지, 컬러 펜를 제공하여 안전지대의 이미지를 기술하고, 이를 그릴 수 있게 함으로써, 집단 구성원들이 각자의 안전지대를 구체적이고 생생하게 상상할 수 있도록 돕는다. 이후 안전지대를 떠올렸을 때 느껴지는 감정이나 몸의 느낌을 확인하고, 불편감이 있는 경우, 개입할 수 있도록 주치료자 및 보조치료자가 돌아다니며 살피는 것이 중요하다. 구성원 10명 당 1명의 보조치료자를 함께 둘 것을 추천한다.

2) 안전지대를 못 찾는 경우

우선 안전지대의 개념을 잘 이해하지 못하는 경우도 있어, 다시 한번 상상의 장소도 괜찮으니 찾아보자고 설명한다. 그러나 계속 그런 장소를 생각할 수 없다면, 다음과 같은 이유일 가능성이 높다. 첫째는 이 환자가 살아오면서 한 번도 안전하게 느껴 본 적이 없는 경우이다. 이 경우는 안전이라는 정서보다 기분이 괜찮은 장소, 혹은 조금 편한 장소로 바꾸어서 찾아보기를 바란다. 둘째는 어떤 곳도 안전하다고 느끼지 못할 수 있다. 이 경우 조금이라도 지금보다는 마음을 내려놓고 쉴 수 있는 공간을 찾아보도록 독려하는 것이 중요하고, 안전하지 않다고 생각하는 장소들을 보수하거나 수정하면 좀 더 편해질 수 있는지 확인한다. 셋째는 안전하면 안 된다고 느끼는 경우이다. 안전이 경계를 해제하고, 위험에 노출되는 것으로 믿는 경우인데, 이때에도 다소 편하거나 쉴 수 있는 장소 정도로 찾아볼 수 있다. 이러한 시도에도 불구하고 진행이 안 된다면, 중단하고 다른 안정화 기법을 적용하여 진행한다. 이때 중요한 점은 안전지대 연습을 중단하는 것이 치료적 실패를 의미하는 것은 아니며, 자신에게 가장 효과적이고 잘 맞는 안정화 기술을 찾는 과정에서 흔히 일어날 수 있음을 타당화해 주는 것이다.

3) 부적절한 안전지대

안전지대로부터 외상기억이 유발되는 경우가 있을 수 있다. 가령 가정폭력 생존자가 '어머니의 품속'을, 각성과 경계가 높아져 있는 외상경험자가 '깊은 밤 산길' 등을 안전지대로 정하는 경우가 그 예가 될 수 있다. 따라서 장소를 확정하기에 앞서 안전지대에 부정적인 연상이 개입될 가능성을 확인하는 것이 중요하다. 가능성이 높다면, 새로운 안전지대를 만들거나, 현재의 안전지대를 수정하여 더 안전하고 편안하게 느낄 수 있는 방법(어머니가 아니라 의지할 수 있는 가상의 혹은 영적 존재의 품속으로 변경하기, 어두운 산길에 조명을 추가하기 등)을 상의하여 최종 안전지대를 정하도록 한다.

4) 감각적 요소를 잘 떠올리지 못하는 경우

특정 감각적 요소를 찾기 어려워한다면, 치료자가 이를 적극적으로 제안하고 추가할 수 있다. 감각 요소는 반드시 긍정적일 필요는 없지만, 적어도 중립적인 느낌을 주는 것이어야 하며. 이를 통해 안전지대를 생생하게 떠올릴 수 있도록 돕는 것이 포인트다.

5) 강화 단계에서 부정적 연상

안전지대와 이에 대한 감각적 요소는 비교적 잘 정하였으나, 강화 단계 중 부정적인 연상이 개입되는 경우가 있다. 이 경우 가장 좋은 방법은 부정적인 연상의 영향력을 줄이는 방법을 경험자와 상의하고 시도해 보는 것이다. 안전지대 속 특정 단서에 의해 부정적인 연상이 시작된다면, 이를 제거하거나 변경할 수 있고, 안전지대를 더욱 안전하고 편안하게 느낄 수 있는 장치를 추가하거나 환경을 변화시켜 볼 수도 있다.

[기술 3] 자원강화

목표	과거의 긍정적인 경험이나 지지인물의 심상을 통해, 현재의 어려운 점이나 미래 상황에 대한 긍정적 시각을 가지고 자신감을 개발하여 외상후 발생한 여러 스트레스 대처에 도움이 되는 효율감을 증진한다.
시간	개인 30분, 집단 45분
준비물	A4용지와 컬러 펜 혹은 크레용(옵션)
평가	적용 융통성 *** 치료자 용이도 *** 대상자 이해도 *** 안전성 **** 집단적용성 ***
출처	기본 치료 프로토콜 매뉴얼(재난충격해결을 위한 한국형 재난 유형별 개입기술 및 기반연구)
외국문헌	자원개발 및 주입[100]

100 D. L. Korn and A. M. Leeds, "Preliminary Evidence of Efficacy for Emdr Resource Development and Installation in the Stabilization Phase of Treatment of Complex Posttraumatic Stress Disorder", *J Clin Psychol* 58, no. 12 (2002).

1. 배경 및 설명

외상경험은 종종 통제감을 무력하게 만들며, 문제해결 능력에 대한 자신감을 저하시킨다. 과거에는 충분히 해결할 수 있었던 일이었더라도, 외상경험후 생기는 여러 불편감과 이후의 지속적 스트레스 아래에서는 문제해결에 필요한 내적 심리자원들을 바로 연결하여 사용하기가 어렵다. 따라서 당면한 문제들을 능숙하게 해결할 수 있게 도움을 줄 수 있는 자원을 찾아 그 자원을 효과적으로 사용했던 개인적 경험들을 떠올린다. 그리고 해당 경험을 심상화하여 다시 내적으로 경험함으로써, 과거의 심리자원과 현재를 연결하여 지금의 당면한 문제를 해결할 수 있는 자원과 힘으로 활용한다. 아래와 같은 지시로 자원 증진에 관해 설명할 수 있다.

> "외상 사건을 경험하면 종종 예전에는 충분히 할 수 있었던 일도 어렵게 느껴질 수 있습니다. 재난 혹은 외상은 무력감을 느끼게 하고, 우리의 통제력을 잃게 하기 쉽기 때문입니다. 따라서 이번 시간에는 현재, 혹은 앞으로 있을 일들을 잘 대처하고 해결하기 위한 긍정적 자원을 키우는 치료를 해보겠습니다."

2. 문제 상황 탐색과 평가

이 단계에서는 현재의 당면 문제를 먼저 정하고, 여기에 적절한 자원을 찾을 수 있도록 한다. 예를 들어, 치료를 성공적으로 마치는 것, 현재의 어려움을 잘 극복하는 것, 직장이나 학교 복귀, 사람들과 잘 지내는 것 등이다.

> "앞으로 어떤 문제를 해결하고 싶습니까?"

당면한 문제 상황에 대한 어려움의 정도를 평가한다. 어려움의 정도를 평가하기가 익숙하지 않을 경우, 각 수치의 정도에 대한 설명을 덧붙인다. 0점은 전혀 어려움이 없는 정도, 5점은 어려움이 있지만 견딜 수 있는 정도, 10점은 문제 상황에 직면하게 될 때 상상할 수 있는 최악의 어려움을 느낄 때이다.

"지금 그 상황을 생각해 보면, 0점은 전혀 문제가 없다, 5점은 어려움이 있지만 견딜 수 있는 정도이다, 10점은 상상할 수 있는 최악이라면 그 상황은 어느 정도라고 생각하십니까?"

3. 자원 탐색

현재의 어려움을 해결할 수 있는 자원(능력, 장점, 강점) 세 가지를 탐색한다. 환자가 자신에게 필요한 자원을 쉽게 떠올릴 수 있도록 예시를 들어주는 것이 도움이 된다. 자신감, 강인함, 용기, 감정조절 능력, 희망, 여유, 확신, 자기주장, 유연성, 안정감 등을 자원의 예로 들어줄 수 있다.

"어떠한 자원, 즉 능력, 장점 혹은 강점이 이 문제를 해결하는 데 필요할까요?"

4. 자원과 감각 탐색

각각의 자원들을 떠올리며 그 자원과 능력을 느꼈던 과거 개인적 경험이 있는지 확인한다. 각각의 자원에 대해 아래와 같이 지시하고, 각각의 답변 내용은 워크시트에 적는다.

"첫 번째/두 번째/세 번째 자원인 __(예: 자신감)__을(를) 생각해 봅시다. 언제든지 이러한 능력(혹은 자원)을 느꼈던 상황이 있었나요? 혹은 내가 가장 __(예: 자신감 있게)__ 하게 느끼고 행동했던 적은 언제였나요?"

그 경험의 이미지와 동반되는 신체감각을 확인한다. 신체감각은 그 감각의 위치를 확인하는 것이 좋다.

"그때 상황의 이미지를 상상할 수 있나요? 그때를 생각하면 어떤 장면이 보이세요?"
"그때를 생각하면, 몸의 느낌이 어떻습니까?"
"__(몸의 느낌)__ 은(는) 몸 어디서 느낍니까?"

5. 강화하기

자원이나 능력을 경험했을 때를 떠올리면서 긍정적인 신체감각을 보고한다면, 눈을 감고 그 이미지와 신체감각에 집중하면서, 충분히 느껴볼 수 있도록 한다(5~10초). 이후 떠오르는 연상 내용을 확인하는데, 그 내용이 긍정적이거나 중립적이면, 위의 강화를 수차례 계속한다. 그러나 부정적인 연상이 나타나면, 긍정적인 연상으로 이어질 수 있도록 조치하거나 다음 자원으로 넘어간다. 눈을 감고 편안하게 호흡을 하면서 이미지와 신체감각을 충분히 느낄 수 있도록 유도하면 된다.

> "__(이미지)__, __(몸의 감각과 위치)__을(를) 느끼면서 집중해 봅니다." (5~10초)
> "무엇이 떠오릅니까?"

긍정적 연상 시

> "자, 거기에 계속 집중하고 좀 더 상상해 보겠습니다."

긍정적이면 변화가 없을 때까지 4~5번 정도 강화과정을 반복한다.

6. 자원 연결

현재와의 연결을 위해 과거 자원을 경험했던 자신이 현재의 어려움을 경험하고 있는 나에게 긍정적인 메시지를 전달하는 이미지를 유도할 수 있다. 이때 역시 긍정적인 메시지를 전달받을 때의 신체감각을 확인하고, 긍정적인 신체감각을 충분히 느낄 수 있도록 강화할 수 있다.

> "그 당시 자신이 지금 당신에게 이야기를 해준다면 뭐라고 할 것 같습니까?"

각각의 자원에 대해 위의 과정을 시행한다.

7. 자원 통합

세 가지 자원들에 대한 각각의 강화작업까지 다 마쳤다면, 세 가지 자원들을 함께 떠올리며 느껴지는 몸의 감각을 확인하고, 이를 강화하는 과정을 거친다. 세 가지 자원을 모두 찾지 못한 경우 즉, 강화작업까지 완료한 자원이 두 가지 이상이라면, 자원을 통합하는 단계를 시행한다. 반드시 성공적으로 강화된 자원만을 골라 통합시킨다.

> "세 가지 자원 ________, ________, ________을(를) 함께 생각하고, 몸의 느낌에 집중해 봅시다."
> "어떤 느낌이 몸의 어디에서 느껴지나요?" ____________________________
> "자, 그 느낌에 집중해 보겠습니다."

긍정적인 신체 느낌을 충분히 경험하여 편안함을 보고할 때까지 4~5번 정도 강화과정을 반복한다.

8. 재평가와 종료

당면한 문제 상황에 필요한 자원을 찾고 강화하는 과정을 거친 다음, 처음 떠올렸던 당면한 문제 상황에 대한 어려움의 정도를 재평가한다.

> "지금 찾은 자원들을 가지고 있다고 생각하고, 처음의 문제를 다시 떠올려 보겠습니다. 만일 지금 그 상황을 생각해 보면, 0점은 전혀 문제가 없다, 5점은 어려움이 있지만 견딜 수 있는 정도이다, 10점은 상상할 수 있는 최악이라면, 그 상황은 어느 정도라고 생각하십니까?"

자원 키우기를 하는 동안 환자의 노력을 응원하고, 스트레스를 받아 무력감이 느껴지거나 자신감이 떨어질 때, 오늘 찾은 자원과 이에 따르는 긍정적인 감각을 느낄 수 있도록 격려한다.

"잘하셨습니다. 오늘 하신 것처럼 내 안에 항상 있었던 힘과 능력들을 잊지 마시고, 현재의 어려움을 해결하는 데 활용해 보십시오. 오늘 다시 확인한 자원을 떠올리고 긍정적인 감각을 충분히 느낀다면 여러모로 도움이 될 것입니다."

9. 활용법

1) 집단 진행

집단으로 진행이 가능하다. 그러나 이전 단계들보다는 치료자의 개입이 더 필요하기 때문에 치료자 당 최대 8인 이하의 참가자 비율을 추천하며, 그림을 그리며 진행하는 것이 필요하다. 물론 개인치료로 진행하는 경우도 그림을 그리며 진행할 수 있다. 그림을 그릴 때 감각적 요소를 잘 표현해 주면 좋다.

2) 감각적 요소 활용

현재 제공된 프로토콜에서는 이미지, 신체감각 정도의 감각적 요소를 개발하는 것으로 제시되었으나, 시간이 충분하다면 앞의 안전지대처럼 감정이나 청각, 후각적 요소를 추가할 수 있다. 추천하는 중요도는 이미지 → 신체감각 → 감정 → 청각 → 후각 → 미각 순이다.

3) 자원의 경험을 잘 찾지 못할 때

개인 과거 경험에서 해당 자원과 능력을 발휘했을 때를 찾기 어려워한다면, 그 자원과 능력을 아주 잠시라도 경험했던 순간도 괜찮다고 격려한다. 아주 잠깐의 경험이지만 당시 상황의 이미지, 신체감각에 머물러 이를 강화하기 때문에 충분히 효과적일 수 있다. 가능한 구체적인 상황을 떠올릴 수 있게 한다. 예를 들면, '초등학교 때 축구 경기에서 내가 결승골을 넣어 팀이 승리했고, 친구들이 달려와 나를 안아줬을 때'와 같이 어떤 한 가지 이미지(심상)를 구체적으로 떠올리는 것이 효과적이다.

만일 개인적인 경험에서 자원과 능력을 느꼈던 상황을 전혀 찾을 수 없다면, 다른 인물이나 상징에서 찾을 수도 있다. 예를 들어, 그러한 자질을 가졌던 선생님, 친구, 가족, 연예인, 소설의 주인공, 신이 될 수 있고, 상징물로는 나무, 바위, 십자가 등이 될 수도 있다. 이러한 경우, 재난이나 외상을 경험하게 되면 흔히 긍정적인 과거 경험을 찾기 어려울 수 있다고 정상화하고 격려하여, 다른 자원들을 찾을 수 있도록 연결하는 것이 매우 중요하다.

4) 부정적 연상

과거 자원 경험의 이미지와 신체감각 요소는 비교적 잘 정하였으나, 강화 단계 중 부정적인 연상이 개입하는 경우가 있다. 이 경우 가장 좋은 방법은 부정적인 연상의 영향력을 줄일 수 있는 방법을 환자와 상의하고 시도해 보는 것이다. 부정적인 영향을 유발하는 자극을 멈추거나 그 영향으로부터 스스로를 보호할 수 있는 장치를 함께 찾아 적용할 수 있다. 그러나 이러한 개입이 도움이 되지 않을 경우, 다음 자원으로 넘어갈 수 있다.

[기술 4] 긍정적 치료목표

목표	성공적인 치료와 회복을 향한 내적 동기를 부여하고, 정서조절과 안정감을 증진할 미래 시점의 긍정적 심상을 개발하며, 이 심상을 자기 조절을 위한 대처 전략으로 활용하게 한다.
시간	개인 30분, 집단 45분
준비물	A4용지와 컬러 펜 혹은 크레용(옵션)
평가	적용 융통성 *** 치료자 용이도 *** 대상자 이해도 *** 안전성 **** 집단적용성 ***
출처	기본 치료 프로토콜 매뉴얼(재난충격해결을 위한 한국형 재난 유형별 개입기술 및 기반연구)
외국문헌	DeTUR[101]

1. 배경 및 설명

최근 외상치료에서 동기 강화의 중요성이 대두되고 있는데, 그 이유는 많은 외상경험자들이 적극적인 치료가 필요함에도 불구하고 회피, 수치감, 두려움, 의욕저하 때문에 치료를 제대로 받기 어렵고, 받아도 중단되는 사례가 많이 소개되고 있기 때문이다. 종종 외상경험은 앞으로의 삶이 중단된 것 같은 느낌, 미래가 없어진 듯한 착각을 초래한다. 따라서 회복 후의 모습을 심상화하는 것이 새로운 기대, 동기 유발을 촉진할 수 있다. 현재의 고통이나 스트레스 상황에서 영원히 머물러 있을 것이 아니라, 분명히 나아가야 할 목표가 있다는 것이 환자에게 강력한 긍정적 메시지가 될 수 있다. 아래와 같은 지시로 긍정적 치료목표에 대해 설명할 수 있다.

> "많은 분들이 외상경험 이후에 미래가 없는 듯한 느낌을 갖게 됩니다. 외상경험이 우리가 삶에 대해 가지고 있던 연속성, 안전성에 대한 믿음을 무너뜨리기 때문입니다. 그러나 분명히 지금보다 호전된 미래는 있을 것입니다."

2. 목표 설정

이 단계에서는 머지않은 미래에 달성 가능한 목표를 설정한다. 현실적이어야 하고, 공상이거나 실현 가능성이 부족한 목표가 되어서는 안 된다. 긍정적이고, 더 매력적이며, 도달 가능한 목표가 효과적이다. 만약 환자가 너무 먼 미래, 추상적인 목표를 이야기한다면, 가깝고 구체적인 목표를 정할 수 있도록 격려한다. 그리고 미래의 단절감, 무기력 등 미래의 목표를 생각해 내는 것을 어려워하는 경우, 외상 이전에는 즐겁게 할 수 있었던 일들이지만 지금은 하지 못하는 일상의 작은 목표를 탐색하여 목표로 삼을 수 있다.

> "앞으로 치료가 잘 돼서 회복이 되면 무엇을 하고 싶은지 알아봅시다. 이것을 일종의 치료목표로 삼으려 합니다. 지금 나를 힘들게 하는 것들이 다 해결되고, 건강한 상태가 된 이후에 무엇을 하고 있을까요?"

---

101 AJ Popky, "Detur, an Urge Reduction Protocol for Addictions and Dysfunctional Behaviors," *EMDR solutions: Pathways to healing* (2005).

목표는 환자에게 긍정적이고, 충분히 매력적이어서 동기 유발이 가능해야 한다. 그렇지 않다면 목표의 적절성을 재평가하고 내용을 수정하거나 다른 것으로 변경한다. 중요한 점은 그 목표 행동을 하고 있다면, 내가 지금보다 더 나아졌고 회복된 것이라고 스스로 수긍할 수 있는 경험이어야 한다.

"이 목표가 꽤 괜찮습니까? 이렇게 되고 싶습니까?"
"이것을 하고 있거나 이 상태라면, 지금보다 많이 좋아졌다고 생각할 수 있을까요?"

3. 목표의 감각적 요소 설정

그 목표 장면을 떠올렸을 때의 이미지, 소리, 냄새나 향기, 감정, 신체감각을 설정한다. 모든 요소들이 다 충족될 필요는 없지만, 가능한 많은 감각적 요소를 확보할수록 좋다.

이미지: "그 목표를 떠올리면 무엇이 보입니까?"
소리: "그 목표를 떠올리면 어떤 소리가 들립니까?"
냄새나 향기: "그 목표를 떠올리면 어떤 냄새 혹은 향기가 날까요?"
감정: "그 목표를 떠올리면 어떤 감정이 드나요?"
신체감각: "그 목표를 떠올리면 몸에서 어떤 느낌이 느껴지나요?"
신체감각의 위치: "그 느낌이 몸 어디에서 느껴지나요?"

4. 목표의 강화

대상자에게 눈을 감게 하고 치료자는 앞서 찾은 목표의 감각적 요소들을 순차적으로 언급하며 상상하게 한다. 한 가지 요소를 불러주고, 5~10초간 눈을 감고 그 감각을 충분히 느낄 수 있도록 격려한다. 이때 대상자의 언어 그대로 사용하는 것이 좋다. 이와 같은 절차를 나머지 감각적 요소마다 모두 시행한다. 마지막에는 불편함이 없었는지 확인을 하고, 성공적으로 목표 심상의 모든 감각적 요소들을 떠올리고 긍정적인 연상이 이어지면 어떤 느낌인지 충분히 경험할 수 있게 한다. 만약 부정적인 연상이 끼어들면 그 연상을 차단하거나 처리할 수 있는 방법을 대상자에게 물어보고(방해하는 그것이 더 이상 방해할 수 없게 하려면 무엇이 필요할까요?), 방법을 찾아 극복한다.

"말씀하신 목표의 이미지, 소리, 냄새 등을 하나하나 제가 불러드릴 테니 집중해 보세요."
"우선, 아까 이야기하신 ______ 장면을 떠올리시고 집중해 보세요." (5~10초)
"이번엔 ______ 소리를 들어보세요." (5~10초)
"______의 향기를 직접 맡아 본다고 상상해 보세요." (5~10초)
"그리고 ______ 그 감정을 느껴보세요." (5~10초)
"이번엔 마지막으로 ______의 ______ 감각을 느껴보세요." (5~10초)

5. 피드백과 추가 강화

"하시는 동안 불편함은 없으셨습니까? 이번에는 연이어 제가 불러드릴 테니 그 목표의 감각들을 집중하고 천천히 심호흡을 해보세요."

목표의 이미지, 소리, 향기, 감정, 몸의 감각을 천천히 연이어 불러준다. 이때 대상자는 눈을 감고 목표의 감각적 요소들을 충분히 경험할 수 있도록 한다.

"어떻습니까? 뭐가 생각나셨습니까?"

긍정적 연상이 이어지면 수차례 반복한다.

6. 긍정적 조정

목표에 대한 심상을 보다 더 풍성하고 매력적으로 만들기 위한 시각 및 청각적 조정을 할 수 있다. 이는 자신을 좀 더 크게 만들거나 사람들의 환호 소리를 첨가하는 등 긍정적 요소를 강화하는 과정이다. 시각적으로 조정한 목표를 떠올리고 5~10초 정도 강화한다. 긍정적인 연상이 떠오르면 수차례 계속 강화한다. 이때 굳이 현실적인 요소가 아니어도 된다. 환자가 자신의 목표 안에서 충분히 긍정적인 감각을 경험할 수 있는 것이 중요하다.

1) 시각적 조정

"자, 이번에는 시각적 요소를 조정해 보겠습니다. 그 장면을 더 멋있게, 더 긍정적으로 만들어 상상하는 것입니다. 본인의 모습을 더 크게, 선명하게 웃는 모습으로 만들 수도 있고, 주위를 더 멋있게 장식할 수도 있습니다. 좋아하는 사람들을 그 장면에 넣을 수도 있습니다. 어떻게 해볼까요?"

환자의 눈을 감게 하고 조정된 시각적 요소를 첨가하여 목표 장면을 떠올리게 한다(5~10초).

"어떻습니까? 뭐가 생각나셨습니까?"

긍정적 연상이 이어지면 수차례 반복한다.

2) 청각적 조정

"시각적 조정과 마찬가지로, 청각적 조정을 하려고 합니다. 그 목표 장면에 소리를 넣을 수 있고, 변경할 수도 있습니다. 예를 들어 본인의 목소리를 더 크고 당당하게 할 수도 있고, 주위 사람들의 웃음소리, 박수소리를 넣을 수도 있습니다. 사람들이 이야기하는 긍정적인 말도 좋습니다. 내가 좋아하는 음악이나 신나는 음악을 배경음악으로 깔 수도 있습니다."

대상자의 눈을 감게 하고 조정된 청각적 요소를 첨가하여 목표 장면을 떠올리게 한다(5~10초).

"어떻습니까? 뭐가 생각나셨습니까?"

긍정적 연상이 이어지면 수차례 반복한다.

7. 종료

치료목표를 잘 만들어 낸 대상자의 노력을 지지하고, 이를 잘 활용할 수 있도록 격려한다.

> "잘하셨습니다. 오늘 정한 긍정적 치료목표를 생각하면서 앞으로 치료과정에 임하시면 좋을 것 같습니다. 다음 시간에 계속하겠습니다."

8. 활용법

1) 집단 진행

자원강화와 같이 집단으로 진행이 가능하다. 마찬가지로 치료자 당 최대 8인 이하의 참가자 비율을 추천하며, 그림을 그리며 진행하는 것이 필요하다. 물론 개인치료로 진행하는 경우도 그림을 그리며 진행할 수 있다.

2) 부적절한 치료목표

달성 가능하기 어려운 목표는 우선적으로 배제할 것을 권고한다. 예를 들어, 사고로 인한 신체장애 때문에 보행이 불가능한 경우, 가족들과 등산을 간다는 것은 도달하기 어려운 목표이다. 단순히 소원 성취적인 목표도 부적절하다. 예를 들어, 계속되는 가족 갈등이 있는데, 가족들과 화목하게 외식을 하는 모습을 치료목표로 삼는 경우가 되겠다. 두 번째는 외상경험과 관련이 있는 목표들이다. 예를 들어, 자동차 사고로 인한 대상자가 친구들과 차로 여행하는 장면을 선택했다면, 외상후 반응이나 부정적인 정서를 유발할 가능성이 높다. 마지막으로 부정적인 반응이 연상될 수 있는 목표이다. 환자의 불편함이 자극될 수 있는 것으로, 예를 들어 큰 소리에 예민한 경험자가 가족들과 불꽃놀이 축제에 가서 즐기는 모습이라든지, 가해자나 불편한 인물이 포함될 수 있는 모임을 생각한다면, 치료자는 다른 목표를 권할 수도 있다.

3) 강화 중 부정적 반응이 있을 때

적절하다고 판단되었던 치료목표를 강화하는 중 부정적 반응이 나타나면, 일단 중단하고 무엇이 문제가 되는지 알아본다. 부정적인 연상이 되었다면 가능한 그 연상에서 주의를 현재로 돌리고, 원래 목표에 다시 집중하여 상상해 보도록 한다. 만약 그래도 계속 부정적 반응이 나타나면 이것을 방지할 수 있는 심상변화를 꾀한다. 예를 들어, 지지인물이나 보호자를 심상에 초대할 수 있으며, 물리적으로 안전하게 장소를 바꾸거나 보호시설을 만들 수도 있다. 이렇게 작업을 해도 계속 문제가 된다면 중지한다.

4) 목표가 없다고 할 때

어떤 분들, 특히 우울감이 심한 분들은 '목표가 없다'고 하고, '그렇게 될 것 같지 않다', '무슨 소용이 있느냐'는 반응을 보이기도 한다. 우선은 이러한 반응에 최대한 공감하고 일반화하며, 그래도 작은 목표라도 찾아보자는 식으로 유도하는 것이 필요하다. 예를 들어, 동네 뒷산에 올라가서 저녁노을 바라보기, 강아지와 아파트 주변 산책하기, 식당에 가서 점심 먹기 등 거창하지 않고 환자의 의욕 수준에 맞게 낮춘 목표 설정이 필요하다.

참고문헌

Haskell, Lori. First Stage Trauma Treatment: A Guide for Mental Health Professionals Working with Women. Centre for Addiction and Mental Health Toronto, ON, 2003.

Korn, D. L., and A. M. Leeds. "Preliminary Evidence of Efficacy for Emdr Resource Development and Installation in the Stabilization Phase of Treatment of Complex Posttraumatic Stress Disorder." J Clin Psychol 58, no. 12 (Dec 2002): 1465-87.

Miller, Emmett E, and Steven Halpern. Letting Go of Stress. Source Cassette Learning Systems, 1994.

Popky, AJ. "Detur, an Urge Reduction Protocol for Addictions and Dysfunctional Behaviors." EMDR solutions: Pathways to healing (2005): 167-88.

Shapiro, F. Eye Movement Desensitization and Reprocessing (Emdr) Therapy: Basic Principles, Protocols, and Procedures. New York, NY: The Guilford Press, 1995.

Steinert, C., P. J. Bumke, R. L. Hollekamp, A. Larisch, F. Leichsenring, H. Matthess, S. Sek, et al. "Resource Activation for Treating Post-Traumatic Stress Disorder, Co-Morbid Symptoms and Impaired Functioning: A Randomized Controlled Trial in Cambodia." Psychol Med 47, no. 3 (Feb 2017): 553-64.

김대호. 기본 치료 프로토콜 매뉴얼. 서울: 정신건강기술개발사업단/한양대학교 산학협력단, 2019.

9장 기억다루기

본 장에서는 외상치료의 2단계인 기억처리(기억의 수정, 애도) 과정에 해당하는 심상변화치료들을 소개하였다. 기억처리는 안정화 단계의 목표인 안전감, 정동조절 능력을 확보하고, 무력한 피해자가 아니라 생존자로서의 정체성을 지니게 되며, 극단적 회피나 해리 증상 없이 기억에 접근할 수 있는 준비가 된 상태에서 진행하게 된다. 만일 이 중에 하나라도 부족한 점이 있다면, 이 문제를 해결한 다음에 본 장의 기법들을 시행하기를 권고한다.

여기에 제시하는 기법들은 기법의 복잡한 정도에 따라, 소요 시간에 따라, 기억의 노출이 광범위하고 직접적인 정도에 따라 순서대로 정리하였다. 그렇기 때문에 처음에 소개하는 거리두기나 심상시연치료가 제대로 진행되지 않는다면, 이후의 기법을 사용하는 것을 추천하지 않는다. 또한, 환자의 상태를 고려하여 효과와 부작용 사이에서 적절한 선택을 하기 바란다. 즉, 노출의 정도가 높을수록 효과가 좋지만, 그만큼 기억에 압도되거나 정서적 처리를 하지 못할 가능성이 더 높다.

[기술 1] 거리두기

목표	불편감을 유발하는 기억 혹은 침습 증상과 현실 사이의 시공간적 거리를 심상을 통해 확보하여 플래시백, 침습 기억에 대처할 수 있도록 한다.
시간	개인 30분
준비물	종이와 펜(옵션)
평가	적용 융통성 ***** 치료자 용이도 *** 대상자 이해도 **** 안전성 *** 집단적용성 **
출처	기본 치료 프로토콜 매뉴얼(재난충격해결을 위한 한국형 재난 유형별 개입기술 및 기반연구)
외국문헌	없음

1. 배경 및 설명

외상 이후 외상경험에 대한 장면, 그때 느꼈던 기분이나 감각, 생각들이 파편처럼 부분적으로 떠오르거나 마치 영화처럼 펼쳐질 때가 있다. 문제는 이 증상 자체가 매우 고통스럽고 환자를 압도하여 통제력과 안전감을 위협한다는 점이다. 따라서 가장 먼저 호전되어야 할 부분으로, 이를 재경험 혹은 침습이라고 부른다. 거리두기는 이 침습 증상을 심상적으로 구체화하고, 수정하고 조절하여 환자로 하여금 고통 경감과 통제력 증진을 경험하도록 하는 기법이다. 다음과 같이 설명하고 시작한다.

> "외상을 경험한 사람들은 외상 상황이 끝났지만, 종종 그때의 장면이나 기억이 원하지 않는데도 수시로 떠오르기도 합니다. 오늘은 이러한 불편한 장면, 기억을 줄이는 방법을 연습해 보겠습니다."

2. 지시

다루게 될 침습 기억이나 이미지를 정하는 과정으로, 기억에 직접 노출하는 것은 아니지만, 외상기억에 부분적으로 접근하기 때문에 주의를 요한다. 환자가 침습 기억을 기술할 때, 혹시 기억에 압도되거나 매우 불편해하지 않는지 치료자는 잘 살피고, 필요시 안정화 기법을 고려해야 한다. 이 과정을 너무 힘들어한다면 충분히 안정화를 하고 세션의 중지를 고려한다. 치료자도 구체적으로 침습 증상을 표현하지 말고 '떠오르는 그 기억' 정도로만 표현한다.

> "반복되어 떠오르는 기억이 있으시지요? 이것을 덜 불편하게 만들려고 합니다. 그 기억을 구체적으로 떠올리거나 얘기하실 필요 없습니다."

3. 심상조절

우선 정지화면과 흑백으로 침습 이미지를 설정한 뒤에 크기와 경계를 정하여 줄인다. 최대한 줄인 후에 거리두기를 시행하고 마지막으로 평가한다.

> "우선 그 장면이 동영상입니까, 아니면 정지화면입니까? 동영상이면 한 장의 사진처럼 정지화면으로 바꾸세요. (3~5초 후) 되셨습니까?"
> "다음은 그 장면이 컬러인가요, 흑백인가요? 컬러라면 흑백으로 바꾸세요. (3~5초 후) 되셨습니까?"
> "그 장면의 크기가 어느 정도인가요?"
> "우선 사진에 경계가 있는 것처럼 장면에 모서리나 경계를 만들어 봅니다."
> "이제 (　　　　) 정도 크기로 장면을 줄입니다. 컴퓨터에서 그림의 크기를 축소시키는 것처럼 최대한 줄여보세요. (5~10초 후) 이제 어느 정도 크기로 줄었나요?"
> "이제 작아진 그 장면을 멀리서 본다고 생각하세요. 최대한 그 장면과 나 사이의 거리를 두세요. 길 건너에 있다고 생각해도 좋습니다. 그 사건과 현재 사이에 오랜 시간을 생각해도 좋습니다."
> "그 작아진 장면과의 거리가 얼마나 멀어졌나요?"
> "그 장면은 얼마나 작게 보이나요?"

4. 처리하기

남은 작은 부분이라도 완전히 처리하는 심상을 추가로 진행한다. 만약 없어졌다거나 보이지 않는다고 보고하면 이 단계는 생략할 수 있다.

> "작아진 장면을 마저 처리하는 것을 상상해 보겠습니다. 어떤 것이 좋을까요? 태우거나, 작게 자르거나, 묻거나, 강물이나 바람에 흘려보낼 수도 있고, 태평양 한가운데 던져버릴 수도 있습니다."
> "그렇게 처리하는 것을 상상해 보겠습니다."

5. 긍정적 감각 강화

거리두기와 처리를 하고 난 뒤, 이와 관련된 신체의 긍정적 느낌을 충분히 경험하고 강화하는 작업이다.

> "잘하셨습니다. 지금 느껴지는 기분이 어떻습니까?"

긍정적 감각, 생각, 기분을 보고하면

> "그 기분을 몸 어디서 느낍니까?"
> "(　　　　　)의 (　　　　　)한 느낌에 집중하고 호흡을 해보겠습니다."

6. 종료

> "수고하셨습니다. 불편한 기억이나 장면, 감정이 떠오를 때, 그것과 나 사이에 거리를 두고 멀리서 본다고 상상하고, 지금 하신 거리두기를 연습하시면 도움이 될 겁니다."

7. 활용법

1) 이미지 대체 방법

침습 증상을 떠올리기만 해도 압도되는 불안정한 경우라면, 장면이나 내용 등 가급적이면 구체적인 기술을 하게 하지 말고, '불편하게 떠오르는 기억' 정도로 표현하는 것이 좋다. 종이, TV 화면, 스크린 등으로 표현하여 진행할 수도 있다.

2) 도구의 활용

크기 줄이기를 효과적으로 설명하기 위해 망원경을 거꾸로 보는 은유를 사용할 수 있다. 실제 장난감 망원경을 거꾸로 보게 하거나, 졸보기를 비치해 놓고 보게 해서 크기를 줄이고 멀리 보는 체험을 제공하는 것도 도움이 된다. 비슷한 맥락에서 종이에 점이나 동그라미, 네모를 그리고 거리를 최대한 두어 바라보게 할 수 있다.

3) 상태가 나빠지는 경우

외상기억을 본격적으로 다루지는 않지만, 거리두기에서 다루는 침습 증상은 대부분 외상기억의 일부이므로, 증상을 떠올리는 이 단계에서 불안해지거나 압도되거나 해리 상태에 빠지는 경우가 있다. 어느 정도의 불안이나 불편함은 예상이 되지만 매우 불안해하거나, 공황증상이 나타나거나, 현실감이 없어지거나 해리 상태가 되면 이 기법은 중단되어야 한다. 그리고 안정화 기법(호흡, 착지연습, 이완)을 시행하여 불편감을 감소시킨다. 그다음 상태 호전을 관찰하고 다시 진행할지 판단한다. 중지해야 한다면 수고했음을 격려하고 안전하게 귀가할 수 있는지 확인한다. 추가로 봉인연습을 시도할 수 있으며, 필요시 치료자에게 연락하거나 응급처치, 그리고 그동안 배웠던 기술들을 사용하도록 권장하고 종료한다.

4) 변화가 안 된다고 하는 경우

정지화면으로 바꾸기 어렵다면 비디오를 떠올리고 잠시 멈춤 버튼을 누르라고 하는 개입을 할 수 있다. 컬러에서 흑백으로 바꾸는 것이 어렵다면 오래된 빛바랜 사진을 생각해 보라고 할 수 있다. 사진의 크기를 조정할 때 모서리나 경계를 설정하는 것이 어렵다면 액자를 만드는 비유를 할 수 있다. 이미지를 축소하는 것에 어려움이 있다면 망원경을 사용하여 치료실의 어떤 사물을 대상으로 렌즈의 양쪽을 이용하여 대상을 크게 보고 작게 보는 과정을 연습할 수 있다. 거리두기에 어려움이 있는 경우는 본인과 그 이미지 사이에 8차선 도로가 있다고 하는 등 구체적으로 거리감을 언급해 주는 것이 도움이 된다.

5) 이미지가 없는 경우

침습 증상이 시각적인 측면이 없고 생각이나 감정, 신체감각일 수 있다. 이런 경우는 이러한 비시각적인 대상을 시각화, 이미지화해서 진행할 수 있고, 아니면 그것 자체를 대상으로 거리두기를 시행할 수 있다. 예를 들어 불편한 감정이나 감각을 타오르는 불길이나, 검정색 덩어리 등으로 시각화할 수 있다.

[기술 2] 단축된 심상시연치료

목표	반복되는 악몽을 선택하여 그 내용을 수정, 변경하여 새로운 꿈을 만들고 이를 반복적으로 시연한다. 이를 통해 악몽의 빈도를 줄이고 수면을 호전시키며, 자기조절감과 효능감을 증진한다.
시간	개인 30분(악몽 1개 기준)
준비물	A4용지와 컬러 펜 혹은 크레용, 핸드폰(촬영 혹은 녹음)
평가	적용 융통성 **** 치료자 용이도 *** 대상자 이해도 *** 안전성 *** 집단적용성 **
출처	기본 치료 프로토콜 매뉴얼(재난충격해결을 위한 한국형 재난 유형별 개입기술 및 기반연구)
외국문헌	심상시연치료[102], 악몽 프로토콜[103]

1. 배경 및 설명

외상경험후 발생하는 악몽은 흔한 증상일 뿐 아니라, 가장 불편한 증상 중 하나이다. 악몽을 효과적으로 줄이면 이를 통한 수면 개선 효과와 함께 자기조절감, 효능감의 증진도 기대할 수 있다. 또한, 악몽은 외상기억의 중요한 부분을 포함하기에 외상을 다루는 것은 외상기억 처리의 첫 단계가 될 수 있다. 이 프로토콜은 잘 알려진 심상시연치료를 짧고 효율적이고 안전하게 수정한 단축 버전이다.

> "외상경험 이후 이와 관련한 악몽을 반복적으로 꾸는 경우가 많이 있습니다. 오늘은 그 꿈의 내용을 불편하지 않게 바꾸는 방법을 연습합니다."

---

102 B. Krakow et al., "Imagery Rehearsal Treatment for Chronic Nightmares", *Behav Res Ther* 33, no. 7 (1995).

103 Marsha Linehan, *Dbt Skills Training Manual* (Guilford Publications, 2014).

2. 악몽 고르기

우선 반복적으로 나타나며 가장 불편한 악몽이 1차 선택 대상이다. 너무 고통스럽고 압도당하는 악몽(대개 사건의 기억이 그대로 나타나는 경우)은 이 단계에서 다루지 않는 것이 좋다. 외상과 직접적으로 관련이 없는 악몽도 치료대상이 될 수 있다.

> "이 치료는 불편한 꿈을 불편하지 않은 내용으로 바꾸는 것인데요, 우선 반복적인 악몽이어야 합니다. 오늘 같이 바꿔 볼 악몽을 고르세요. 본인이 느끼기에 감당하기 힘든 악몽은 이 시점에서는 다루지 않겠습니다."

3. 악몽 보고와 그리기

이때 악몽을 너무 자세히 언급하거나 구체적으로 묘사하지 않도록 한다. 대충 어떤 내용인지 특징이 무엇인지 정도만 파악하고 곧바로 악몽을 그리게 한다. 그림도 자세한 묘사가 아니라 대충의 구도 정도만 표현하고, 완성된 악몽 그림은 뒤집어 환자가 볼 수 없도록 한다. 악몽을 그리면서 활성화되는 불편감은 없는지 확인하고 필요시 안정화 연습을 시행한다.

> "악몽이 어떤 내용인지, 그리고 관련된 불편한 생각, 감정, 상황 등을 간단히 알려주세요."
> "이제 악몽을 그려보세요. 자세하게 그릴 필요는 없습니다."

4. 악몽 바꾸기와 그리기

가장 손쉬운 시나리오는 악몽의 나쁜 결과로 이어지기 직전 상황의 내용을 변경하여 결과를 바꾸게 하는 것이다. 꿈이기 때문에 환상적, 비현실적인 요소를 가미하여도 좋다. 수차례에 걸쳐 악몽에 내용을 추가하고 변경하면서 최종 완성된 바뀐 악몽은 그림을 그리며 녹음을 할 수도 있다. 만약 내용을 변경하는 데 어려움이 있다면, "그 상황에서 필요한 것이 무엇일까요?"와 같은 질문을 하면서 피드백을 받아 내용을 바꾼다. 치료자는 중간중간에 제안을 할 수 있다. 최종 바뀐 꿈을 기술할 때는 감각적인 요소와 감정을 자세하게 기술하도록 한다.

> "다음은 악몽의 결과나 내용을 바꾸어 보겠습니다. 보통 악몽의 나쁜 결과와 다른 것이라면 어떤 것이라도 좋습니다. 변화가 극적이면 더 좋을 수 있습니다."

완성된 꿈 이야기는 그림으로 자세히 표현하도록 한다. 환자가 원하면 꿈의 내용을 녹음하여 연습할 때 활용하게 한다.

> "이제 바뀐 악몽을 그려보세요. 변경된 결과와 기타 변경 사항을 포함합니다. 이 그림은 자세할수록 좋습니다. 여러 생각이나 감정, 상황들을 긍정적인 것으로 바꾸어 그려보세요."

그림이 완성되면 핸드폰 카메라로 찍어서 연습 시 사용할 수 있게 한다.

5. 강화

바뀐 꿈의 그림을 보면서 심상화하고, 감정과 신체감각을 강화한다.

> "새로 바뀐 꿈의 그림을 바라보면서 천천히 호흡하겠습니다. 이 그림의 내용을 상상하고 느껴지는 기분이나 감각을 떠올려 보세요."
> "기분(신체감각)이 어떠십니까?"

긍정적인 보고가 나오면 이 과정을 2~3회 정도 반복한다.

6. 종료

그림을 주거나 아니면 핸드폰 카메라로 찍어서, 집에서 적어도 하루에 최소 2회 시연하도록 과제를 부여한다. 녹음한 경우도 마찬가지이다.

"매일 밤 자기 전에 호흡 등 이완을 하면서 변경된 꿈 전체를 상상하고, 영화를 보는 것 같이 시연하세요."
"추가로 낮에 최소 한 번 이상 새로운 꿈을 상상하고 시연하세요. 악몽이 바뀌려면 반복된 연습이 필요합니다. 연습한 만큼 효과도 비례합니다."

7. 활용법

1) 심상시연치료 원본과 차이점

단축된 심상시연치료와 기존의 악몽 프로토콜의 차이는 원래의 악몽에 대해 자세히 구술하거나 쓰지 않는다는 점이다. 악몽의 내용을 간단히 얘기하고, 그림도 시각적 구도만 알 정도로 아주 간단하게 검정 단색으로 아우트라인outline만 그리게 한다. 예를 들어, '교실 같은 장소에서 나는 무릎을 꿇고, 몇 명의 남학생이 나를 둘러싸고 욕하는 꿈' 정도이다. 이렇게 하는 이유는 두 가지이다. 첫째는 저자들의 임상경험상 기존 악몽에 대해 최소한의 노출을 해도 치료는 성공적으로 이루어졌고, 오히려 노출 시도 시 제반응이나 외상기억에 압도당하는 부작용이 적었다. 악몽도 일종의 침습 증상이라고 할 수 있고, 기억의 일부로 간주할 수 있다. 따라서 악몽을 구체적으로 진술하거나 자세하게 표현하고 그리는 것이 외상기억을 유발하고 이로 인한 불편감을 심화시킬 위험성이 있다. 둘째는 이 치료가 노출과 소멸의 치료기전을 따르지 않고, 기억의 재경화reconsolidation 기전을 따르기에, 반복적이고 철저한 노출이 필요하지 않다는 점이다. 따라서 악몽에 대해 가급적 간단하게 구술하거나 그림을 그리게 하고, 치료자는 이에 대해 새로운 꿈을 상의해서 만들 플랫폼 정도의 기본적 정보를 가지고 있으면 된다. 한 번 작성한 악몽의 구술이나 그림은 다시 듣거나 볼 필요가 없는 것이다.

2) 악몽의 선택

보통 단일한 외상의 경우 악몽의 수는 1~3개 정도이나, 어떤 경우는 더 많을 수도 있다. 이 경우 가장 불편하고 자주 나타나는 악몽을 2~3개 골라서 하거나, 아니면 비슷비슷한 내용과 맥락의 꿈들을 모아서 대표적인 것을 골라 진행할 수 있다.

3) 그림 그리기 vs. 녹음하기

사실 어떤 경우가 더 효과적인지는 알 수 없으나, 연구진의 경험으로 볼 때 그림이 감각적 요소에 접근하기 더 쉽고, 새로운 꿈을 만들 때도 용이한 것 같다는 인상이다. 또한, 요즘에는 핸드폰 카메라로 쉽게 촬영할 수 있어, 자기 전이나 낮에 그림을 보면서 새 꿈을 상상하거나 재연하는 것이 환자에게도 편할 수 있다.

4) 꿈이 외상기억인 경우

대개 악몽은 대개 적어도 맥락적으로 외상 사건을 반영한다. 그러나 많은 경우는 부분적이며 비슷한 상황이 반복되는데, 어떤 경우는 외상 사건의 기억이 처음부터 끝까지 꿈으로 나타나기도 한다. 후자의 경우라면 전체 외상기억을 다루는 심상재각본과 같은 상황이 되기 때문에, 가급적 다른 꿈을 고르거나 이 과정을 생략하고 넘어가는 것을 권고한다. 그러나 환자가 동의한다면 꿈의 일부분, 특별히 제일 불편한 부분만 바꾸는 작업을 시도해 볼 수 있다.

5) 과제를 안 하는 경우

세션에서 만들어진 새로운 꿈을 시연하는 것은 심상시연치료의 중요한 요인이지만, 이 프로토콜에 제시한 심상시연치료에서는 시연을 하지 않더라도 악몽이 없어지거나 불편하지 않은 꿈으로 바뀌는 사례가 있었다. 아마도 기존의 심상시연치료와는 다르게 세션 안에서 새로운 꿈을 강화시키는 절차의 영향일 수도 있고, 감각적인 요소의 변화를 중시하는 본 프로토콜의 특성이 반영된 것일 수도 있다. 다만, 치료효과를 높이고 이를 지속하기 위하여 세션이 끝나고 집에서 새로운 꿈을 시연하는 것이 치료의 중요한 부분임을 대상자에게 안내하고, 과제를 부여하고, 다음 회기에서 과제 수행을 확인하는 것이 좋다.

[기술 3] 수정된 심상시연치료

목표	반복되는 플래시백, 침습 기억의 심상을 대체하여 변경된 기억의 내용을 시연한다. 증상 경감을 꾀하고 조절감과 자기 효능감을 증진한다.
시간	개인 30분(증상 1개 기준)
준비물	A4용지와 컬러 펜 혹은 크레용, 핸드폰(촬영)
평가	적용 융통성 ***** 치료자 용이도 *** 대상자 이해도 *** 안전성 *** 집단적용성 *
출처	기본 치료 프로토콜 매뉴얼(재난충격해결을 위한 한국형 재난 유형별 개입기술 및 기반연구)
외국문헌	없음

1. 배경 및 설명

심상시연치료가 악몽을 다루는 것에 반해, 수정된 심상시연치료는 외상기억과 관련된 침습 증상을 다룬다. 플래시백으로 대표되는 침습 기억은 대부분 감각적인 요소를 동반한 부분적인 기억이다. 그렇기 때문에 이 기술에서는 원래 외상기억의 대표적인 감각적 요소(장면, 촉각, 냄새, 소리 등)에 초점을 두고 바꾼 새로운 대체 기억을 조성한다. 주의할 점은 이 치료에서 전체적인 기억을 처음부터 끝까지 다루는 것은 아니고, 현재 불편하게 떠오르는 기억의 일부를 불편하지 않게 수정한다는 것이다. 치료의 효율을 높이고, 대상자 스스로 쉽게 시연할 수 있도록 그림을 그려 진행하는 것을 권유한다.

> "오늘은 지난 시간과 마찬가지로 외상 사건 후 떠오르는 불편한 기억들을 덜 불편하게 바꾸는 치료를 해보려고 합니다."

2. 침습 기억 고르기

작업할 침습 기억을 정하는 단계이다. 불편함을 동반하는 반복적인 기억으로, 전체 기억이 아니라 부분적 요소이다. 처음으로 기억에 접근하는 단계이므로 혹시 환자가 기억에 지나치게 몰입하거나 심한 불안 같은 정동을 느끼고 있는 것은 아닌지 확인하면서 진행한다. 너무 힘들어한다면 중지하고 적절한 안정화 기법으로 진정시킨다.

> "반복적으로 떠오르는 불편한 기억에는 어떤 것이 있을까요? 기억의 장면, 냄새, 소리일 수도 있고, 그때 느꼈던 감정이나 신체감각일 수도 있습니다. 반복적으로 당신을 불편하게 하는 기억입니다. 만약 이것이 너무 감당하기 힘든 기억이라면 지금은 다루지 않도록 하겠습니다."

3. 기억의 요소 정하기

중요한 것은 침습 기억이 동영상인 경우, 계속 연상하게 두어서는 안 되기 때문에 반드시 정지된 화면으로 바꾸는 작업을 확실하게 해야 한다는 점이다. 장면으로 바꾸었는데도 계속 활성화된다면, 거리두기의 흑백으로 만들기, 크기 줄이기 등의 기술들을 활용할 수 있다. 각각의 요소들이 다 찾아지지는 않을 수 있겠다. 그러나 대체할 수 있는 단서가 될 만한 명확한 요소 두 가지 정도는 확보하는 것이 좋다[예: 이미지(시공간), 청각적 요소, 후각적 요소, 몸의 느낌, 몸의 움직임(행동), 생각, 감정].

> "자꾸 떠오르는 기억이 어떤 것인지 알아봅시다. 장면일 수도 있고, 냄새나 소리, 몸의 느낌일 수도 있습니다. 또는 생각일 수 있습니다. 이러한 것들이 대개는 함께 있는 경우가 많습니다. 어떤 것들인가요?"

4. 대체할 기억 요소 선택

대체 기억은 외상기억이 가지고 있는 요소를 동일하게 유지하되 다른 맥락에서 경험한 것이어야 한다. 가장 중요한 것은 침습 증상에서 제일 불편한 기억의 요소를 다른 맥락의 비슷한 기억의 요소와 연관시켜, 기억 자체를 대체할 수 있도록 만드는 것이다.

"다음은 그 기억의 요소를 바꾸어 보겠습니다. 사건과 관련이 없는 전혀 다른 맥락의 장면, 소리, 후각, 감각, 생각으로 바꾸어 보겠습니다. 불편한 기억과 유사하지만, 전혀 다른 의미의 것이면 좋고, 특히 본인이 직접 경험했던 긍정적인 기억과 관련되면 더 좋습니다."
"이제 바뀐 장면을 그려보세요. 변경된 결과와 기타 변경 사항을 포함합니다. 이 그림은 자세할수록 좋습니다. 여러 생각이나 감정, 상황들을 긍정적인 것으로 바꾸어 그려보세요."

5. 강화

감각적 부분을 중심으로 대체 기억을 강화하고, 이후 관련 긍정 신체감각을 추가로 강화하는 과정이다.

"새로 바뀐 기억의 그림을 바라보면서(혹은 감각을 떠올리면서) 천천히 호흡하겠습니다. 수정된 기억의 장면을 상상하고 느꼈던 기분이나 감각을 떠올리면서 그림을 바라보세요."
"기분(신체감각)이 어떠십니까?"

긍정적인 보고가 나오면 몇 번 더 반복한다.

6. 종료

심상시연치료와 마찬가지로 그림을 주거나 핸드폰 카메라로 찍은 사진을 보면서 시연하게 과제를 주고 종료한다.

"하루에 최소 두 번 이상 변경된 기억의 장면을 심호흡과 함께 상상하면서 시연을 하세요. 그림을 보면서 하면 더 좋습니다. 특히, 자기 전에는 꼭 하시길 바랍니다. 반복된 연습이 필요합니다. 연습한 만큼 효과도 비례합니다."

7. 활용법

1) 준비 단계에서 확인할 사항

침습 증상은 외상기억의 일부분이기 때문에, 침습 증상을 다루는 것은 외상기억을 다루는 첫 단계라고 할 수 있다. 따라서 환자가 침습 기억에 접근할 때, 과도한 과각성이나 반대로 아무것도 느끼지 못하는 저각성 상태가 아닌지 확인할 필요가 있다. 이런 상태라면 '내성의 창window of tolerance'에 있지 못한 것이기 때문에 기억을 다루는 치료를 진행하는데 적합하지 않다. 이런 경우 임상적인 판단하에 안정화 단계의 치료를 추가적으로 하면서 준비하는 시간이 필요하다.

2) 효과적인 대체 기억

대체할 기억 요소는 본인이 직접 경험했던 긍정적인 기억과 관련된 것일수록 효과가 크다. 비슷한 감각이지만 전혀 다른 맥락, 즉 중립적이거나 긍정적 감정과 관련된 것으로 바꾸는 것을 추천하는데, 예를 들어 쾅쾅거리는 지진 소리를 예전에 놀이동산에서 보았던 불꽃놀이 소리로 대체하여 대체 기억으로 활용할 수 있을 것이다. 자동차 사고에서 쿵 부딪히는 신체적 감각 경험은 범퍼카에서의 신체 경험 기억으로 대체하여 새로운 기억으로 연결할 수 있을 것이다.

3) 침습 기억이 긴 동영상일 때

대부분 침습 기억이 파편적이거나 매우 짧지만, 플래시백과 같은 증상이 있는 경우는 기억이 동영상처럼 지속되는 경우가 있다. 만약 이것이 전체 외상기억에 근접한다면, 이 기억을 나누거나 가장 특징적인 감각 요소만 바꾸는 식으로 진행할 수 있고, 거리두기 기술에서 사용했던 동영상을 정지화면으로 바꾸는 방법을 활용할 수 있다. 그러나 외상 내용이 너무 활성화가 된다면, 안정화를 바로 시도하고 노출 준비가 될 때까지 안정화 단계의 치료로 돌아가도록 한다.

4) 침습 기억에 압도되는 경우

일부 불안정한 환자는 침습 기억을 떠올릴 때, 그 기억에 압도되거나 해리 상태, 공황이나 심한 신체제반응을 보일 수 있다. 이 경우 일단 착지연습이나 호흡 이완법 등으로 즉각 안정화 기법을 시행하고, 현재 시간과 장소에 머물도록 유도한다. 이런 상태라면 아직 외상 기억을 다룰 준비가 되어있지 않은 것으로 판단하고, 더 많은 시간을 안정화나 비노출치료에 투여하고 추후 기억에 노출하는 치료의 적절성을 판단한다.

5) 대체 기억이나 감각을 생각하지 못할 때

여기서 치료자의 임상 경험과 적극적 대안 제시가 필요한 부분이다. 가장 쉬운 방법은 앞에서 진행한 심상기법, 특히 긍정적 치료목표나 자원강화에서 나타난 심상을 활용하는 것이다. 예를 들어, 외상기억 속 시끄러운 사람들의 소리를 긍정적 치료목표에서 심상화한 아이들의 목소리와 웃음소리로 대체하는 것을 제안하는 것이다. 또, 한 가지는 같은 감각을 어떨 때 느끼면 긍정적인지 함께 탐색하는 것이다. 넘어져서 쓰러지는 운동감각은 친구들과 장난치다가 넘어지는 것으로 대체할 수 있다.

[기술 4] 플래시기법

목표	외상기억의 불편감이 매우 높거나 회피가 심한 경우, 기억의 노출을 최대한 줄인 상태로 기억처리를 진행, 불편감과 통제감을 증진한다.
시간	개인 10~45분(1개 이상의 기억), 집단 50분(2개 외상기억)
준비물	A4용지와 펜(집단 진행시)
평가	적용 융통성 ***** 치료자 용이도 *** 대상자 이해도 *** 안전성 *** 집단적용성 ***
외국문헌	플래시기법[104], 집단플래시기법[105]

1. 배경 및 설명

플래시기법은 EMDR 준비단계에서 극단적으로 불편한 외상기억의 강도를 신속하고 안전하게 경감하는 방법으로 개발되었는데, 노출하는 시간을 매우 짧게 하여 기억에 대한 부분적인 정서 처리를 시도하는 방법이라고 할 수 있다. 특히, 이 방법은 대상자가 기억을 상기하는 것을 매우 두려워하고, 회피하는 경우, 압도당하거나 해리에 빠지는 경우 추천한다. 최근에는 집단으로 활용하는 보고가 있으며, 기억을 처리하는 치료 단계에서 안전과 효과를 동시에 기대할 수 있는 심상기법이다.

집단형태의 플래시기법도 제시되었는데, 이는 원치료와는 달리 안구운동과 같은 양측성 자극을 주지 않으며, 기억을 봉인한 상태로 진행하고, 안전지대를 떠올리며 느끼는 긍정적인 신체감각이나 동작에 집중하게 한다.

---

104 Philip Manfield et al., "Use of the Flash Technique in Emdr Therapy: Four Case Examples", *Journal of EMDR Practice and Research* 11, no. 4 (2017).

105 Sik-Lam Wong, "Flash Technique Group Protocol for Highly Dissociative Clients in a Homeless Shelter: A Clinical Report", ibid.13, no. 1 (2019).

> "오늘은 편안한 장소와 불편한 기억을 번갈아 떠올리면서 하는 치료를 진행할 텐데, 편안한 장소는 더 오래 떠올리고, 불편한 기억은 순식간에 떠올리는 식으로 진행하려 합니다."

2. 불편감 평가하기

먼저 외상기억의 SUDS를 조사한다.

> "불편한 기억의 불편점수는 몇 점입니까? 0에서 10까지 나타내며, 10이 가장 고통스러운 것이고 0이 불편감이 없는 상태입니다."

3. 자원 상태 정하기

중립 혹은 자원 상태는 환자에게 안정감이나 편안함을 주는 생각, 기억, 이미지를 통해서 얻는다. 안전지대 연습에서 선택한 장소를 사용해도 좋다. 자원 상태의 신체적 감각까지 파악한다.

> "먼저 편안하고 안정감을 주는 생각이나 기억, 장면이 있을까요?"
> "그 ______________와(과) 관련된 몸의 느낌은 어떤 것인가요? 그 느낌이 몸 어디에서 느껴지나요?"

4. 준비

준비가 되면 자원 상태를 떠올린 상태에서 치료자가 하나부터 넷까지 천천히 세고(숫자 당 2~3초), 다섯을 셀 순서에서 외상기억을 순식간에 떠올리고 다시 자원 상태로 돌아간다. 외상기억을 떠올릴 때, 치료자와 사전 약속으로 "찰칵", "번쩍" 혹은 "떠올리고"라는 말로 신호를 주며, 곧바로 자원 상태로 돌아오게 한다. 이때 "다시 …(자원 상태)로"라고 말해 주는 것이 좋다. 이때 다시 자원 상태로 돌아가는지를 확인해야 하는데, 환자가 수신호로 돌아왔음을 표현하게 하거나, 돌아왔는지 직접 물어볼 수 있다.

"그 __________ 장면과 편안함, 안정감, (몸의 느낌) 을(를) 떠올리고, 제가 하나, 둘, 셋, 넷까지 셀 동안 이것에 집중해 보세요. 그리고 제가 '찰칵'이라고 하면 순간적으로 기억을 떠올리고, 다시 '찰칵'이라고 하면 편안한 (편안한 기억/장면) 로(으로) 돌아옵니다."

"하나, 둘, 셋, 넷, 찰칵, 다시 (자원 상태) 로(으로) 왔습니까?" (환자의 동의 확인)

이 과정을 수차례 반복하여, 외상기억에 순간적으로 노출했다가 자원 상태로 다시 돌아오는 연습을 통해 다음 과정을 준비시킨다.

5. 노출

준비단계에서 환자가 어려움 없이 자원 상태로 돌아올 수 있으면, 세 번 플래시하는 것으로 한 세트를 구성하고, 이 세트를 연달아 3회 실시한다.

"그 __________ 장면과 (몸의 느낌) 을(를) 떠올리고, 하나(2~3초)… 둘(2~3초)… 셋(2~3초)… 넷(2~3초)… 찰칵(순식간), 그리고 자원 상태로 돌아옵니다."

"다시, 그 __________ 장면과 (몸의 느낌) 을(를) 떠올리고, 하나(2~3초)… 둘(2~3초)… 셋(2~3초)… 넷(2~3초)… 찰칵(순식간), 그리고 자원 상태로 돌아옵니다."

"다시, 그 __________ 장면과 (몸의 느낌) 을(를) 떠올리고, 하나(2~3초)… 둘(2~3초)… 셋(2~3초)… 넷(2~3초)… 찰칵(순식간), 그리고 자원 상태로 돌아옵니다."

"자, 심호흡해 보시고요. 괜찮으시죠? 그럼 다시 3회를 시작하겠습니다."

위와 동일하게 2세트를 추가로 진행한다.

"자 멈추시고요. 심호흡을 해보겠습니다."

6. 불편감 재평가하기

다루었던 외상기억의 불편감에 차이가 있는지 묻는다.

"외상기억을 떠올릴 때 불편감에 변화가 있으십니까?"

변화가 없거나 적으면 다시 3세트를 시도한다. 만약 불편감이 많이 줄거나, 쉽게 기억에 접근할 수 있다면, SUDS를 물을 수 있다.

> "자, 다시 한번 그 기억의 불편점수를 매겨 봅시다. 0에서 10까지로 나타내며, 10이 가장 고통스로운 것이고, 0은 불편감이 없는 상태입니다. 불편점수는 몇 점입니까?"

7. 이후 진행

SUDS 점수가 0이나 1처럼 매우 낮아진다면, 회기를 종료할 수 있다. 만약 2 이상이라면, 추가로 3세트를 진행할 수 있고, SUDS가 계속 낮아진다면 이에 따라 추가적인 플래시기법을 반복할 수 있다. 더 이상 감소하지 않으면 종료하거나 다른 기억다루기 기법을 시도할 수 있다.

8. 피드백과 종료

어려운 과제 수행에 대한 칭찬과 오늘 치료경험에 대한 피드백을 얻는다.

> "수고 많으셨습니다. 오늘 어려운 과제를 잘 진행하셨는데 전반적으로 어떠셨나요?"

기억의 완전한 처리를 위해 추가적인 다른 치료를 이어서 계획할 때는 다음과 같이 소개할 수 있다.

> "이제 덜 불편해진 기억을 더 완전하게 다루는 치료를 진행해 보겠습니다."

9. 활용법

1) 플래시기법 원본과의 차이점

위에 제시된 플래시기법은 내용과 구성이 원본과 동일하나, 사용되는 치료자의 말은 저자들이 임의로 구성하였다. 그리고 본 프로토콜에서는 생략하였지만, 원본에는 안구운동과 같은 양측성 자극을 노출과정에 포함하였다. EMDR 수련을 받아 양측성 자극사용에 익숙한 치료자라면 수평적 안구운동을 천천히(1회 왕복 시 2~3초) 하면서, 3~4회 후 순간 노출하도록 추천한다.[104] 또한, 본 프로토콜은 양측성 자극 대신 치료자가 하나, 둘, 셋, 넷 숫자를 세어주는 것으로 이중 인식 효과를 기대할 수 있다. 최근 제시된 집단프로토콜도 양측성 자극 대신 신체감각이나 움직임을 통해 이중인식을 꾀한다.[105]

2) 외상기억에서 자원 상태로 돌아오지 못할 때

외상기억에 순간적인 접근만 허용하는 플래시기법이지만, 이렇게 해도 자원 상태로 돌아오지 못하고 외상기억에 압도되는 경우가 있다. 이때는 우선적으로 지금보다 더 짧게 외상기억을 떠올리도록 하여 노출시간을 더 줄여볼 수 있다. 또, 자원 상태로 돌아오도록 치료자가 더 큰 소리로 적극적으로 말하고, 돌아왔는지 확인한다.

3) 집중이 안 될 때

일부 환자들은 시간이 너무 짧아서 외상기억을 제대로 생각할 수 없었다고 보고하기도 하고, 또 다른 환자들은 외상기억에 집중이 잘 안 된다고 한다. 그러나 노출시간이 순간적이고 매우 짧다는 것이 이 기법의 핵심이다. 그래야만 환자가 기억에 집중하기 어렵게 되고, 기억은 희미한 형태로 지각될 뿐이다. 이들 모두 플래시기법에 기대하는 효과이므로, 치료자는 그렇게 되는 게 이 치료의 목표라고 안심을 시켜주면 된다. 그럼에도 불구하고 치료효과는 나타나기 때문이다. 다만, 해리성 차단일 가능성은 확인할 필요가 있다. 이런 경우에는 시작부터 느낌이 없다고 하거나, 기억이 잘 나지 않는다고 하기도 하고, 외상기억의 SUDS를 상당히 낮게 평가하는 경향이 있으니 참고하기 바란다.

4) 플래시기법 후 SUDS에 따른 이후 조치

플래시기법은 완전한 기억처리보다는 기억에 압도당하거나 회피가 심하여, 다른 기억처리 단계의 치료를 진행하기 어려운 경우에 사용하기 위해 개발된 것임을 고려해야 한다. 물론 이 치료만으로 SUDS 점수가 0이나 1로 내려가 기억처리가 완전히 종결되는 경우가 없는 것은 아니지만, 일반적으로 치료전 점수에서 50% 이상 호전되는 경우가 가장 많다. 점수가 50% 이상 호전되고 더 이상 감소가 없을 때는 이후 다른 2단계 기법으로 넘어가서 기억처리를 시작하는데, 심상기법으로는 다음에 소개할 되감기기법이나 심상재각본을 할 수 있다.

만약 플래식기법으로 SUDS가 내려가지 않거나, 1~2점 정도만 감소한다면 이 이유를 탐색해 보고, 여기에 상응하는 조치를 취한다.

[기술 5] 외상기억 재경화

목표	기억의 심상으로부터 의도된 해리 상태를 조성하여 노출의 정도를 최소화하고, 상상노출을 진행시키는 독립된 치료기법이다.
시간	개인 60~90분
준비물	없음
평가	적용 융통성 *** 치료자 용이도 ** 대상자 이해도 *** 안전성 ***
출처	외상기억 재경화[106]
외국문헌	되감기기법[107], 시각-운동감각 해리[108]

106 Richard M Gray and Frank Bourke, "Remediation of Intrusive Symptoms of PTSD in Fewer Than Five Sessions: A 30-Person Pre-Pilot Study of the Rtm Protocol", *Journal of Military, Veteran and Family Health* 1, no. 2 (2015).

107 D. C. Muss, "A New Technique for Treating Post-Traumatic Stress Disorder", *Br J Clin Psychol* 30, no. 1 (1991).

108 A. Hossack and R. P. Bentall, "Elimination of Posttraumatic Symptomatology by Relaxation and Visual-Kinesthetic Dissociation", *J Trauma Stress* 9, no. 1 (1996).

외상기억 재경화(reconsolidation of traumatic memories, 이하 RTM)는 과거 시각-운동감각 해리 visual-kinesthetic dissociation, 되감기기법rewind technique이라고 불렸던 일종의 상상노출치료이며, 이들 버전보다 좀 더 확대되고 구조화된 프로토콜이다. 이 치료들의 기전은 우선 짧은 시간 동안 외상기억을 동원하고 기억의 해리를 모색하여, 기억을 수정하고 재경화하여 PTSD 증상 없이 기억되도록 하는 것이다.

이 치료들은 공통적으로 3단계의 치료적 해리를 구성하는데, 우선 외상기억을 스크린에 띄우고, 극장 좌석에 앉아 바라보고, 다시 해리하여 뒤쪽 영사실로 가서 보는 과정이다. 그리고 흑백으로, 이어서 빠른 되감기(끝에서 처음으로)로 외상기억을 시연한다.

기존 문헌에 따르면 RTM은 3~5회기의 단기치료로 추천되는데, 최근 다발성 외상의 PTSD 집단을 대상으로 한 임상 연구에서는 회기당 2시간씩 3회기를 진행하였다. 이는 이 치료가 상당히 짧은 시간 내에 효과를 낼 수 있음을 시사한다.[109]

RTM이 일반적인 상상노출과 차별화되는 점은, 이 치료가 의도적으로 외상이미지로부터 '해리'를 유도한다는 점이다. 여기에 외상기억의 재경화 이론에 따라서 최소한의 노출 후 정서 처리 및 재각본까지 본 치료요소에 포함하고 있기 때문에, 효과 측면에서 더욱 기대가 되는 치료이다.

1. 설명

이 치료는 외상기억을 다루지만, 전면적인 노출이 아니라 간접적이고 부분적인 노출을 진행함을 미리 알려준다.

> "오늘은 그 사건의 기억을 간접적으로 그리고 최대한 불편하지 않게 상상해서 치료하는 시간을 갖겠습니다."

---

109 Richard M Gray, Denise Budden-Potts, and Frank F Bourke, "The Reconsolidation of Traumatic Memories (Rtm) Protocol for Ptsd: A Case Study", *Journal of Experiential Psychotherapy/Revista de PSIHOterapie Experientiala* 20, no. 4 (2017).

2. 외상 사건 이야기와 SUDS 측정

우선적으로 외상기억을 간단히 얘기하도록 하는데, 기억에 접근하여 정동적, 신체적 반응이 시작되는 부분에서 멈추게 한다.

> "우선 그 사건을 처음 시작하는 부분부터 간단히 얘기해 주세요. 모두 얘기하는 것은 아니고, 제가 중간에 멈추시도록 안내할 겁니다."

환자가 사건을 얘기하면서 자율신경항진의 증후(안색의 변화, 심박수와 호흡수 증가, 떨림, 땀흘리기 등)가 시작되면, 이야기를 멈추고 현재로 돌아오게 하고 SUDS를 묻는다.

> "네, 거기서 멈추겠습니다. 괜찮습니까? 지금 불편점수는 몇 점입니까? 0에서 10까지로 나타내며, 10은 가장 고통스러운 것이고 0은 불편감이 없는 상태입니다."

3. 제목과 시작-끝 정하기

그 사건을 인식할 수 있는 이름을 붙여주고 사건의 시작과 끝을 정하는 단계이다. 우선 이름은 사건을 나타낼 수 있지만, 불편하지 않은 것이어야 한다.

> "자, 그 사건을 지칭하는 이름을 붙여 보겠습니다. 단, 불편한 연상이 되는 이름은 적당하지 않습니다."

다음에는 사건의 시작과 끝을 정하는데, 이때 시작은 상황이 벌어지기 직전이며, 끝은 상황이 종료되고 안전감을 느끼는 시점이다. 그 사건의 후유증까지 포함하는 것은 아니다. 이것은 마치 북엔드(양쪽 책 받침대)처럼 명확한 시작과 끝의 경계가 있는 것이다.

> "그 사건이 시작되기 직전은 어떤 상황입니까?"
> "그리고 사건이 끝나는 시점은 어떤 상황이죠?"

4. 3단계 해리

다음 단계가 이 기법의 핵심 부분이다. 3단계로 치료적 해리를 야기하여 기억에 접근한다.

> "이제 사건에 대해 떠올리는 작업을 하려고 합니다. 그런데 그 사건을 마치 극장에서 영화를 보는 것처럼 상상하려고 합니다. 우선 영화 극장 한가운데 혼자 앉아 있다고 생각해 보세요. 본인이 큰 극장을 혼자 대여한 거라서 가장 편한 좌석에 앉아 있습니다. 자, 이제 아까 정했던 사건의 시작 직전 당신의 모습이 흑백 정지화면으로 스크린에 보입니다. 그렇게 하셨습니까?"
>
> "이번에는 유체이탈을 해서 극장 뒤쪽에 있는 영사실로 갑니다. 좌석에 앉아서 스크린을 보고 있는 당신의 뒷모습과 스크린의 흑백 정지화면 속 사건 시작 직전 당신의 모습도 보입니다."

5. 흑백영화 상영

다음 단계는 흑백 정지화면부터 무성으로 영화를 끝까지 상영하는데, 계속 영사실에서 보는 상황이고 객석의 본인 뒷모습을 바라본다.

> "이제 흑백영화를 처음부터 끝까지 상영하는데, 영사실에서 객석에 있는 자신의 반응을 포함해서 관찰합니다. 무성 영화로 소리는 들리지 않습니다."

이후 불편감이 없어질 때까지 영화를 반복한다. 영상의 길이는 최대 2분을 넘기지 않아야 하고, 필요시 불편감을 감소시키기 위해 화면과의 거리, 화면의 크기, 선명도, 속도 등을 변경할 수 있다.

6. 되감기

흑백영화를 불편감 없이 상영할 수 있으면, 다음 단계는 환자가 객석으로 내려가고 이후 그 영화의 끝부분에 직접 들어가는 것인데, 이때는 영화를 컬러로 변경하고 2초 내 빠르게 되감기를 반복한다.

> "이번에는 영사실에서 객석으로 내려가고, 객석에서 스크린을 봅니다. 그리고 본인이 직접 영화에 들어갑니다. 영화의 끝부분이 시작되고 이때 영상은 컬러에 소리도 들리는 상황입니다. 2초 정도의 짧은 영상으로 끝부분부터 반대로 빨리 되감기를 합니다."

이 과정을 불편감이 없고 자율신경항진이 최소화될 때까지 반복한다. 특히, 감각적 · 정서적 불편감이 높은 부분들이 포함되어야 하고, 이 부분들과 관련된 SUDS를 물어보고 불편감이 계속되면 처음부터 다시 진행한다.

7. 불편감 재평가

> "자, 다시 한번 그 기억의 불편점수를 매겨 봅시다. 0에서 10까지로 나타내며, 10은 가장 고통스러운 것이고, 0은 불편감이 없는 상태입니다. 불편점수는 몇 점입니까?"

불편한 점이 없다고 보고하거나, 점수가 1이나 2가 되면, 다음 단계로 진행하고, 만약 3점 이상이면 이전 단계(되감기나 흑백영화 상영)로 돌아가 진행한다.

8. 사건의 재각본

이제 사건을 다른 버전으로 만들어 경험을 시킨다. 몇 가지 다른 대체 버전을 고안해서 경험하게 하고, 수차례 시연한다.

9. 최종평가

다시 원래 사건의 불편한 부분이 있는지 확인하고 SUDS를 체크한다. 큰 불편감 없이 사건을 얘기할 수 있으면 종료한다.

10. 활용법

1) RTM과 되감기기법의 차이

되감기기법이나 시각-운동감각 해리는 3단계 상상노출 부분만으로 구성되어 있다고 보면 된다. 영화의 시작과 끝을 정하는 부분, 사건의 명명, 재각본 등은 RTM에서 추가된 요소들이다. 또한, 아직까지 연구의 준거는 무작위대조연구가 진행된 RTM에 국한된다.

2) 3단계 해리를 잘 못할 때

많은 외상경험자들에게 외상기억으로부터 분리 혹은 해리하는 것이 일종의 생존전략, 대처방법이기 때문에 극장에서 보거나 영사실에서 보는 것과 같은 치료적 해리가 어렵지는 않다. 그러나 이 방법에 어려움을 표현하거나 이해가 안 된다고 하는 경우에는 중립적이거나 즐거운 기억을 가지고 연습을 해 볼 수 있다. 이때도 제목과 시작과 끝을 정하고, 동일한 방법으로 되돌리기까지 진행한다.

3) 자율신경항진이 심해질 때 대처

RTM 문헌에서는 치료 중 울거나, 떨거나, 근육긴장, 얼굴 붉어짐 등 자율신경항진이 심해지면 과정을 멈추고 현실로 돌아오게 하도록 권고한다. 방법은 현재 경험하는 다른 감각에 집중하거나, 다른 주제로 전환, 심호흡하기, 일어나서 면담실 내에서 걷기 등이다.[110] 앞서 계속 언급된 기억에 압도되거나 제반응이 심할 때 대처하는 방법과 동일하다. 비슷한 맥락에서 이 기법에서 강조하는 점이 치료자의 보정calibration 능력인데, 환자의 목소리, 태도, 생리지표로부터 과각성이나 저각성을 알아차리는 능력이다. 이를 통해 환자가 재외상화를 겪기 전에 이야기를 중단시키거나 개입할 수 있다.

---

110 Ibid.

4) 시간 조정

일반적으로 RTM의 한 회기는 60분이나 90분으로 구성하도록 추천하지만, 임상연구 문헌에서는 2시간 회기도 언급되어 있다. 각 회기 중에 흑백영화의 상영은 최대 2분 이내, 되감기는 최대 10초(가능한 2초 정도)를 넘지 말도록 권고한다.[111] 흑백영화나 되감기 시연 횟수는 전체적인 SUDS 점수 2점 이하, 특히 불편감이 높았던 부분을 어려움 없이 얘기할 수 있을 때까지 반복하면 된다.

[기술 6] 심상재각본

목표	외상기억에 접근하여 불편한 부분을 찾고 검토한 후, 이를 대체할 새로운 기억 시나리오를 협업을 통해 개발한다. 수정 과정을 통해 새로 작성된 기억을 회기 안에서 시연하고, 이를 반복적으로 상상하도록 과제로 부여한다.
시간	개인 60분(기억 1개 기준)
준비물	녹음기 혹은 녹음기능 휴대폰
평가	적용 융통성 ** 치료자 용이도 ** 대상자 이해도 *** 안전성 **
출처	기본 치료 프로토콜 매뉴얼(재난충격해결을 위한 한국형 재난 유형별 개입기술 및 기반연구)
외국문헌	IRRT[112], ImRs[113]

111 Laurence Astill Wright et al., "The Reconsolidation Using Rewind Study (Return): Trial Protocol", *European Journal of Psychotraumatology* (2020).

112 M. R. Smucker et al., "Imagery Rescripting: A New Treatment for Survivors of Childhood Sexual Abuse Suffering from Post-Traumatic Stress.", *Journal of Cognitive Psychotherapy* 9, no. 1 (1995).

113 A. Arntz and A. Weertman, "Treatment of Childhood Memories: Theory and Practice", *Behav Res Ther* 37, no. 8 (1999).

4장에서 소개한 심상재각본 즉, 기존의 IRRT와 ImRS는 아동기 학대에 맞추어 개발되고 여러 회기로 구성되어 있으나, 여기 제시하는 심상재각본은 재각본의 내용 중 극복이나 양육 심상은 명시하지 않고, 외상기억의 불편한 요소를 강조하여, 여기에 맞추어 시나리오를 구성하도록 제시하였다.

우선, 치료과정은 외상기억에 접근하여 환자가 이에 관해 이야기하도록 요청한 뒤, 불편한 부분의 SUDS를 확인하고 이를 중심으로 기억을 바꾸어 나간다. 새 기억을 검토하고 치료자와 환자의 적극적 상의를 통해 더 나은 버전으로 만들어 가면서, 완성된 기억을 회기 내에서 시연하고, 이 대체 기억이 장기 기억으로 저장되고 활용될 수 있도록 과제를 부여하여 연습하도록 지시한다.

1. 설명

심상재각본은 앞서 소개한 수정된 심상시연치료와는 달리, 전체적으로 기억을 수정, 편집하는 것이다. 마치 소설이나 이야기를 만드는 것과 유사하다. 환자들은 영화나 소설의 편집, 각색 등의 은유로 이 과정에 대한 예비교육을 시행하면 좋다.

> "오늘은 좀 더 기억을 구체적으로 바꾸는 치료를 해보려 합니다. 만약 외상기억이 영화라고 생각하면 우리가 영화의 처음과 끝을 정해서, 그 사이사이 내용을 바꾸는 것입니다. 마치 감독이 영화 장면이 마음에 안 들면 커트하고 다시 찍는 것과 비슷한 작업입니다."

먼저 원래의 기억을 이야기하고 이때 불편한 부분, 요소를 평가하면서 새로운 기억을 조성하는 과정을 설명한다.

> "우선 외상기억과 관련된 이미지, 생각, 감정, 신체감각을 마음속으로 생각하고, 이를 다시 이야기 해주시기를 요청할 것입니다. 다음으로 다시 그 외상기억에 대해 검토를 하되, 이번에는 그 기억을 보다 긍정적인 새로운 결과로 변화시켜 볼 것입니다. 이러한 작업은 스스로를 외상 사건에 수동적으로 반응하는 피해자가 아니라, 이를 스스로 극복하고 조절하는 적극적인 존재로 바라보는 데 도움이 될 것입니다. 물론 과거의 외상 사건이 일어난 것 자체를 바꿀 수는 없지만, 지속되고 있는 외상과 관련된 이미지, 생각, 느낌,

믿음은 보다 긍정적인 방향으로 변화시킬 수 있습니다. 이에 대해 질문이 있으십니까?"

2. 주관적 불편감 평가

다음에는 SUDS를 설명하는데, 이는 심상재각본과 그다음의 상상 위계노출에서도 중요한 평가 수단이다. 이는 환자가 느끼는 주관적 고통이나 불편감을 0~100 사이의 점수로 수치화하는 것으로, 주관적 불편점수subjective units of disturbance scale[SUDS]라고 불린다.

> "외상기억과 장면들을 다시 떠올릴 때, 불안감과 불편감을 경험할 수 있습니다. 그래서 치료과정 중에 가끔 '지금 얼마나 불편하신지'에 대해 질문할 것입니다. 상상할 수 있는 가장 큰 고통을 100, 고통이 없거나 괜찮은 것을 0, 중간 정도, 즉 불편하지만 아직은 참을 수 있음이 50이라고 볼 때, 몇 점에 해당하는지 떠오르는 즉시 말씀해 주시면 됩니다. 그 기억 전체에 대한 불편감이 지금 몇 점 정도입니까?"

3. 멈춤 설명과 구역 정하기

치료 진행 중 언제라도 대상자가 중지할 수 있음을 미리 공지하여 환자의 통제력을 증진하고 재안심시킨다. 이를 위해서는 환자가 원하는 정지 신호를 함께 정할 수도 있다. 또한, 환자의 기억 재현 중간에 치료자가 불편점수 및 질문으로 개입한다는 점을 사전에 설명한다.

> "앞으로 얘기하시다가 중지하고 싶으신 경우, 언제라도 저에게 얘기해 주시고 멈추실 수 있습니다. 중간중간에 제가 불편한 점수를 0~100 사이로 물어보기도 할 거고, 궁금한 것도 여쭤보겠습니다."

수정할 원래 기억이 추상적인 것이 아니라, 구체적으로 작업해야 할 자료로 인식할 수 있도록 도움으로써 통제감과 객관성을 높일 수 있다. 또한, 환자가 느끼기에 수정할 원래 기억이 어디서 시작되고 끝나는지를 아는 것은 기억다루기에서 중요한 부분이다.

"만약 그 사건이 한 편의 영화라면, 그 길이가 얼마나 될까요?"
"그 영화의 제목은요?"
"자, 우선 그 영화의 시작과 끝을 정합시다. 그 기억이 시작되고 끝나는 상황이 되겠지요."

4. 기술하기

1인칭 현재 시점으로 위에서 정한 기억의 처음부터 끝까지, 사건의 기억을 얘기하게 하는 과정이며, 이는 대상자가 원래의 기억을 보다 생생하게 떠올리고 이에 노출될 수 있도록 돕기 위함이다. 대상자가 얘기한 처음 시작 점을 기준으로, 1인칭 현재 시점으로 얘기하는 방법에 대해 예를 들어 전달한다. 그리고 가능한 오감, 즉 보이는 것, 들리는 것과 냄새, 신체감각, 생각, 정서 등을 사용해서 자세히 표현하도록 설명한다.

"이제부터 경험하신 사건에 관해 얘기를 듣겠습니다. 1인칭 현재 시점으로 얘기해 주세요. '그때 그 사람이 내게 뭐라고 말했어요'가 아니라 '지금 그 사람이 내게 뭐라고 얘기하고 있어요'라도 말씀하시면 됩니다."
"자, 준비되시면 처음 ____________ 상황부터 끝나는 ____________ 상황까지 쭉 얘기를 해 주세요. 무엇이 보이고 들리는지 감각 경험과, 뭘 생각하고 있는지, 몸과 마음에서 무엇이 느껴지는지에 대해 구체적으로 말씀해 주시면 됩니다. 아까 말씀드린 것처럼 그 사건이 지금 일어나고 있는 것처럼 현재, 나의 시점으로 말씀하시는 게 중요합니다."

두세 개 문장을 얘기하면, 치료자가 다시 요약해 주기도 하며, 중간에 SUDS를 물어본다.

"지금은 얼마나 불편하신가요? 0에서 100 사이의 숫자로 말씀해 주시면 됩니다."

5. 추가적인 힘든 부분 찾기

첫 이야기 중에 질문을 통해 확인한 불편한 부분 외에 추가로 불편한 기억의 부분을 확인한다. 어떤 경우 기억 중 가장 불편한 부분이 지나치게 압도적인 나머지, 억압되거나 간과

되어 짧고 간단하게 설명될 수 있기 때문에, 원래 기억을 구체적이고 생생하게 떠올리기 위해서는 아래와 같은 추가 질문이 도움이 된다.

"지금까지 얘기하신 것 중에서 추가로 불편하신 부분이 있었습니까?"

6. 1차 재각본

가장 불편한 부분을 중심으로 기억을 바꾼다. 치료자가 적극적으로 개입하여 의견을 제시할 수 있다. 바꾼 내용이 환자가 경험한 것이고, 긍정적이며 원래 기억과는 반대되는 속성(감정, 감각, 생각)을 지니고 있으면 더 좋다. 기억 자체가 길거나 의미가 다른 상황들로 구성되었다면, 나누어서 같은 회기에 순차적으로 혹은 다음 회기에 연이어 작업할 수 있다.

"이번에는 그 기억 중에서 힘든 부분을 찾아내어, 이 부분을 중심으로 바꿔보겠습니다. 정해진 답은 없습니다. 어떤 방식으로든 원하는 대로 자유롭게 변화시킬 수 있습니다. 이것은 현실적일 수도 있고, 비현실적일 수도 있습니다. 중요한 점은 결과를 덜 위협적이고 덜 무서운 방향으로 바꿔야 한다는 점입니다."

"단순히 그 일이 안 일어났다고 생각하는 것보다, 잘 대처하고 덜 해로운 결과가 나타났다고 생각하면 좋습니다."

7. 2차 재각본

처음 만들어진 각본은 비교적 짧고, 감각적인 요소나 디테일한 부분도 부족할 것이다. 또한, 이야기처럼 매끄럽게 진행되지 않을 것이다. 치료자는 환자와 더 나은 버전의 각본을 위하여 적극적으로 아이디어를 제공하고 상호작용하여 2차 각본을 완성한다.

"작성한 기억에 아직 불편한 부분이나 석연치 않은 부분이 있나요? 좀 더 바꾸어 봅시다."

"지금 만드신 기억에 좀 더 긍정적인 요소나 좋은 감각적인 요소를 추가하여 강화시킬 수 있습니다."

"새롭게 변경한 내용을 말씀해 주세요. 처음부터 끝까지 가능한 세세하게 이야기해 주세요. 기억과 관련된 생생한 이미지, 느낌, 신체감각 등을 포함하면 좋습니다."

8. 3차 재각본

2차 각본은 1차 각본보다 길이도 더 길고 내용도 풍부해졌을 것이다. 그러나 더 개선되어야 할 부분이 있다. 치료자는 원래 사건의 불편한 기억 부분을 좀 더 잘 반영하는 대체 기억을 구성하기 위해 적극적으로 제안하고 환자와 토의한다. 변경된 각본은 단순히 반대적이거나 불편함이 적은 것보다는 환자의 경험이 담긴 이야기 자체로 구성이 되고, 불편한 원래 기억의 감각적 요소가 다른 의미의 감각으로 대체된 것이 이상적이다.

"잘하셨습니다. 추가로 변경할 부분이 있을까요? 그런대로 괜찮지만 탐탁지 않거나, 별로 와닿지 않는 부분, 조금 불편한 부분이 있으면 추가로 바꿀 수 있습니다. 더 긍정적으로 바꿀 수도 있습니다."

"새롭게 변경한 내용을 말씀해 주세요. 처음부터 끝까지 가능한 세세하게 이야기해 주세요. 기억과 관련된 생생한 이미지, 느낌, 신체감각 등을 포함하면 좋습니다."

9. 최종 재각본 완성

최종 각본을 처음부터 끝까지 자세히 말하고 이를 녹음하는 과정이다. 환자나 치료자의 핸드폰 녹음기능을 사용하거나, 혹시 없다면 녹음기로 녹음하여 파일을 전달한다.

"이번에는 이 완성된 각본을 처음부터 끝까지 얘기하시고, 이것을 녹음하겠습니다. 녹음하는 목적은 새로운 기억을 자꾸 들어, 머릿속 과거 기억을 덜 불편하게 만드는 것입니다."

치료자의 녹음 장비, 환자의 휴대폰 등을 활용하여 치료자와 환자 모두 녹음 파일을 저장할 수 있도록 한다.

10. 종료

대상자가 어려운 과정임에도 불구하고 작업을 성공적으로 마친 것에 대해 인정하고 피드백을 받는다. 또한, 외상기억에 노출하였기 때문에 혹시라도 불편감이나 혼란감 등이 남아 있는지 확인하고, 필요한 경우 이전에 배운 안정화 기법 등을 이용하여 개입할 수 있다.

> "지금까지 외상기억에 대해 떠올리고, 새로운 결론으로 대체하는 작업을 해보았습니다. 오늘 함께한 치료작업이 어떠셨습니까? 지금 기분은 어떠십니까?"

작성된 새 기억 이야기를 다음 세션까지 매일 2회 이상 들으면서 재현한다. 이때 중요한 것은 새 기억의 감각적인 요소나 내용을 생생히 떠올리며 상상하는 것이다. 아래와 같은 지시로 환자에게 숙제를 안내하고 격려할 수 있다.

> "마치기 전에 과제를 드리도록 하겠습니다. 오늘 함께한 치료작업 못지않게 과제를 열심히 수행하는 것이 중요합니다. 과제는 하루에 두 번 이상 새로 만든 기억을 생생히 떠올리고 상상하는 것입니다. 잊지 말고 연습하세요. 연습한 만큼 효과도 비례합니다."

11. 활용법

1) 노출에 대한 설득

외상기억에 노출하는 것은 당연히 두렵고 회피하고 싶은 일이다. 이전 단계의 치료들에 비해 심상재각본은 먼저, 전체 외상기억에 완전히 노출하는 과정이 필수적이기 때문에, 치료 전에 대상자에게 노출을 해야 하는 이유와 또 불편함이 있을 것이지만 일시적임을 설명할 필요가 있다. 그럼에도 불구하고 노출을 거부한다면 아직 2단계의 치료에 준비가 안되었다고 판단하여, 대상자의 의사를 존중해 비노출적인 치료나 안정화 단계의 치료로 계속 진행하면 된다.

2) 효과적인 재각본 만들기

심상시연치료에서도 언급하였지만 만들어지는 새 기억은 본인의 경험에서 나온 긍정적인 맥락의 내용이며, 외상기억의 불편한 감각적인 부분을 잘 대치하는 것이 이상적이다. 다른 방법으로는 같은 사건이지만 덜 고통스럽고 보다 잘 대처하는 것으로 각본을 만드는 것도 좋은 방법이다. 필요하면 조력자를 투입하여 도움을 받을 수도 있다.

3) 노출하는 단계에서 심한 불안

기억을 얘기하기 전이나 재연하기 시작할 때, 불안정해지고 심한 불안, 해리 증상을 보이는 환자가 있을 수 있다. 이런 상태라면 우선 현실에 머물러 있으면서 기억에 접근할 수 있는 정동 내성이 있는지 판단해야 한다. 만일 치료를 더 진행할 수 있다고 판단되면, 1인칭 현재 시점이 아니라 3인칭 과거 시점으로 표현하도록 할 수 있고, 덜 자세하고 감각적 요소를 덜 표현하도록 유도할 수 있다. 기억과 대상자 사이에 거리두기나 방탄벽을 심상화하고 진행할 수도 있다.

4) 재각본에 대한 회의 표현

일부 대상자는 기억을 바꾸는 것에 대해 매우 회의적인 태도를 보인다. 그래서 어떻다는 얘기냐, 기억을 바꾸면 그 일이 안 일어난 게 되느냐와 같은 지적을 하는 것이다. 이 경우는 심상재각본의 목적이 외상 사건 자체를 없었던 것으로 치부하는 것이 아니라, 그 기억의 고통으로부터 조금이라도 호전되는 것이며, 기억이 바뀌는 것이 아니라 기억이 날 때, 좀 덜 불편해지도록 돕는 치료기법임을 설명하고 설득하는 것이 필요할 것이다.

참고문헌

Arntz, A., and A. Weertman. "Treatment of Childhood Memories: Theory and Practice." Behav Res Ther 37, no. 8 (Aug 1999): 715-40.

Astill Wright, Laurence, Kali Barawi, Natalie Simon, Catrin Lewis, David Muss, Neil P Roberts, Neil J Kitchiner, and Jonathan I Bisson. "The Reconsolidation Using Rewind Study (Return): Trial Protocol." European Journal of Psychotraumatology (2020).

Gray, Richard M, and Frank Bourke. "Remediation of Intrusive Symptoms of Ptsd in Fewer Than Five Sessions: A 30-Person Pre-Pilot Study of the Rtm Protocol." Journal of Military, Veteran and Family Health 1, no. 2 (2015): 13-20.

Gray, Richard M, Denise Budden-Potts, and Frank F Bourke. "The Reconsolidation of Traumatic Memories (Rtm) Protocol for Ptsd: A Case Study." Journal of Experiential Psychotherapy/Revista de PSIHOterapie Experientiala 20, no. 4 (2017).

Hossack, A., and R. P. Bentall. "Elimination of Posttraumatic Symptomatology by Relaxation and Visual-Kinesthetic Dissociation." J Trauma Stress 9, no. 1 (Jan 1996): 99-110.

Krakow, B., R. Kellner, D. Pathak, and L. Lambert. "Imagery Rehearsal Treatment for Chronic Nightmares." Behav Res Ther 33, no. 7 (Sep 1995): 837-43.

Linehan, Marsha. Dbt Skills Training Manual. Guilford Publications, 2014.

Manfield, Philip, Joan Lovett, Lewis Engel, and David Manfield. "Use of the Flash Technique in Emdr Therapy: Four Case Examples." Journal of EMDR Practice and Research 11, no. 4 (2017): 195-205.

Muss, D. C. "A New Technique for Treating Post-Traumatic Stress Disorder." Br J Clin Psychol 30, no. 1 (Feb 1991): 91-2.

Smucker, M. R., C. Dancu, E. B. Foa, and J. Niederee. "Imagery Rescripting: A New Treatment for Survivors of Childhood Sexual Abuse Suffering from Post-Traumatic Stress." Journal of Cognitive Psychotherapy 9, no. 1 (1995): 3-17.

Wong, Sik-Lam. "Flash Technique Group Protocol for Highly Dissociative Clients in a Homeless Shelter: A Clinical Report." Journal of EMDR Practice and Research 13, no. 1 (2019): 20-31.

김대호. 기본 치료 프로토콜 매뉴얼. 서울: 정신건강기술개발사업단/한양대학교 산학협력단, 2019.

10장 통합

외상치료의 마지막 단계인 통합-재연결은 외상생존자로 하여금 사회적, 문화적 연결고리를 재확립하고, 기억의 통합을 통해 얻은 이득을 확대하여 개인적, 대인관계 기능을 향상시키는 과정이다. 또한, 외상경험후 오랜 기간 생존모드로 적응해 오면서 자동화된 부적응적 반응과 2차로 발생한 공포증적 회피를 다루면서 적응능력을 증진할 필요가 있다. 아동기 학대와 같은 초기 외상은 발달과정에 영향을 주어, 여러 측면의 인지적, 사회적, 감정적 기술과 문제해결 등 다방면의 지원이 장기간 필요하겠으나, 이 책에서는 주로 성인기 외상으로 문제가 되는 회피 등 조건화된 반응의 조절과 함께 긍정심리와 자존감 회복, 일상생활 스트레스 대처에 초점을 둔 치료기법을 제시하였다.

[기술 1] 상상단서노출

목표	불편감과 회피를 야기하는 유발 상황을 정하여, 각 상황에 대한 상상 노출과정을 통해 상황에 불편 없이 대처할 수 있도록 하는 심상치료이다. 이를 통해 대상자는 실제 생활에 부정적 영향을 주는 회피를 극복하고 통제감과 긍정적 활동의 영역을 넓힐 수 있다.
시간	개인 60분(최소 2회기)
준비물	없음
평가	적용 융통성 ** 치료자 용이도 ** 대상자 이해도 *** 안전성 **
출처	기본 치료 프로토콜 매뉴얼(재난충격해결을 위한 한국형 재난 유형별 개입기술 및 기반연구)[114]
외국문헌	없음

기억다루기 과정에서 외상기억이 효과적으로 처리되어도 조건화 반응 때문에 여러 상황에서 유발되는 불편감이 남아있을 수 있으며, 이는 주관적 고통과 생활에 지장을 초래하기도 한다. 이 치료는 외상경험후 발생한 불편함과 회피, 혹은 부적응적 행동을 야기하는 상황들을 찾아, 상상을 통해 이에 노출시켜 덜 민감하게 만드는 일종의 상상노출치료이다. 보통 SUDS 점수가 20점이 넘는 상황들이 적어도 4~5개 정도는 있다. 이러한 상황들을 대상자와 함께 파악하여 낮은 불편감 점수부터 순서대로 다루어 나간다. 각 상황을 처리하여 종결하는 데 보통 최소 2회기 정도의 시간이 필요하다.

상상단서노출imaginal cue exposure에서는 고통과 회피를 유발하는 상황을 탐색하여 상황별 불편감을 측정한다. 7장 '유발요인 찾기'를 참고하면 좋다. 이렇게 회피 상황의 위계 리스트를 설정하고, 점수를 비교하여 노출할 상황을 선정한다. 보통 SUDS 점수가 가장 낮지만, 30점 이상은 되는 상황부터 시작하는 것이 좋다. 각 상황을 영화 돌리듯 상상하

114 김대호, *기본 치료 프로토콜 매뉴얼*(서울: 정신건강기술개발사업단/한양대학교 산학협력단, 2019).

며, 중간에 불편한 부분들을 심상적, 혹은 인지치료적 접근으로 수정한다. 해당 상황의 불편점수가 20점 이하로 감소하면, 치료목표가 달성된 것으로 간주하고 다음 상황으로 넘어간다. 모든 상황이 20점 이하가 되면 종료한다.

1. 설명

왜 노출이 필요한지, 회피의 문제는 무엇인지 교육하면서 앞으로 진행될 상상노출을 해야 하는 이유를 설명하고 동기 유발한다.

> "지금부터 노출치료를 위해 피하게 되는 상황을 함께 찾아보고, 그중에 치료에 적용할 상황을 골라보도록 하겠습니다. 사람들은 힘든 기억과 그와 연관된 상황, 이야기로부터 도망치고 싶어 합니다. 고통스러운 경험을 회피하는 것은 단기적으로는 효과가 있겠지만 장기적으로도 그럴까요? 말씀드렸던 바와 같이 회피는 회복을 오히려 더디게 합니다. 회피를 반복하게 되면 이러한 습관은 더욱 강해지기 마련입니다. 노출치료를 하면서 회피하고 있는 상황을 조심스럽게 직면하기 시작하면, 회피하는 습관을 극복할 수 있게 됩니다. 많은 분들이 회피하는 이유는 그 상황이 위험하다고 생각하기 때문입니다. 피하고 싶은 상황에 반복적으로 직면하게 되면, 그 상황이 실제로는 생각보다 안전하고 문제가 없다는 것을 알게 됩니다. 회피를 계속한다면, 상황이 위험하다는 인식을 바꿀 기회가 없어 계속 피할 수밖에 없겠지요. 노출은 이렇게 실제로 위험할 수 있는 상황과 안전한 상황을 구분할 수 있게 도와, 외상경험 이후에 마주하기 어려웠던 활동을 가능하게 합니다. 그러면서 자신이 해결할 수 없고 무능하다고 느꼈던 상황에서 자신감을 회복할 수 있게 됩니다."

2. SUDS 소개

SUDS를 앞의 치료에서 설명해 주었다면, 언급하지 않고 넘어갈 수 있다.

> "어떤 상황에서 고통, 불편감이 어느 정도인지 평가하기 위해, 우리는 앞으로 0부터 100까지 주관적 불편감 척도, SUDS를 사용할 것입니다. 가장 큰 고통을 100, 고통이 없거나 괜찮은 것을 0, 중간 정도, 즉 불편하지만 아직은 참을 수 있을 정도가 50입니다. 지

금 불편점수는 얼마일까요?"

3. 회피 상황 파악

불편감을 야기하여 회피를 유발하는 상황, 즉 대화, 장소, 행동 등을 찾아본다. 이때, 기본 안정화에서 찾아낸 유발요인들을 참조한다. 회피하는 행동에 대해 스스로 인지하지 못하는 경우도 흔하기 때문에 예를 들어서 설명해 주는 것이 좋다.

"외상경험 이후에 피하는 상황이나 사람, 장소, 이야기 등을 함께 찾아봅시다. 어떤 것이 있을까요?"
"자기도 모르게 회피하여 무엇을 회피하는지 떠올리기 어려울 수도 있습니다. 일반적으로 외상을 경험한 분들이 회피하는 상황을 몇 가지 말씀드리도록 하겠습니다."

회피 상황의 예

· 외상 사건과 유사한 상황(장소, 환경, 냄새나 소리)
· 사람이 많은 곳(마트나 영화관)
· 운전하거나 차에 타는 것
· 비좁은 공간(엘리베이터, 방)
· 뉴스나 신문기사(유사한 사건 기사)
· 무서운 영화나 드라마
· 외상 사건에 관한 얘기하기
· 대중교통(지하철, 버스)
· 외상 사건이 일어난 장소 근처에 가는 것
· 시끄러운 장소에 있는 것

대표적인 6~8개의 회피 상황과 이것의 SUDS 점수까지 정하여 리스트를 작성한다.

"말씀하신 상황에 지금 처했다고 생각하면, 0~100 사이 0은 아무런 불편감이 없는 수준이고, 100은 불편함이 가장 큰 수준일 때, 지금 얼마나 불안하십니까?"

4. 노출치료에 적용할 상황 선정

이 중에서 상상노출에 적용할 4~6개 상황을 고르는데, 가장 낮은 점수부터 점차 높은 점수의 상황으로 진행한다. 보통 SUDS 점수가 40이나 50점 정도(적어도 30점 이상)되는 상황부터 치료대상으로 삼고, 비슷한 점수라면 기능적으로 환자의 일상생활에 더 큰 영향을 미치는 상황을 선택하도록 한다.

5. 상황별 상상노출

1) 시작과 끝 정하기

상황별 낮은 SUDS부터 노출을 진행한다. 우선 진행할 회피 상황에 직면하는 상상을 하기 전에 시작과 종료를 정한다.

> "________________________ 상황에 대면하는 본인의 모습을 상상해 봅시다. 처음 시작 부분과 끝나는 부분은 어디인가요?"

2) 예상되는 불편 요소 찾기

시작하기 전에 예상되는 불편함이나 성공적 대처의 방해 요인이 무엇인지 알아본다.

> "그 상황에 대처하는 장면을 상상한다면 불편한 부분, 예상되는 어려움이 어떤 것일까요? 성공적인 대처를 방해하는 것이 있을까요?"

3) 대처방법 확인

예상되는 불편 요소를 보고하면 환자와 상의하여, 보다 성공적으로 대처하는 데 도움이 되는 방법들을 상의하며, 필요시 치료자는 정보나 아이디어를 제공한다. 이 과정은 상상노출 시에 경험할 수 있는 불안을 줄이고, 이에 스스로 대처할 수 있다는 효능감과 통제감을 높일 수 있다.

"어떻게 하면, 이 불편감 혹은 걱정되는 부분을 해소해서 잘 대처할 수 있을까요?"

4) 상상노출

이제 상상노출을 시도한다. 영화를 보는 것처럼 상상한다. 치료자는 이미지, 생각, 감정, 신체감각 등을 물어보거나 얘기해 달라고 할 수 있다. 보통 20~30초 정도 상상하면 중간에 끊어서 어디까지 상상했는지 물어보고, 불편한 부분이 있다면 대처방안을 상의한다. 이때 SUDS를 확인하여 고통의 추이를 확인하고, 필요에 따라 개입할 수 있다. 불편감이 높지 않고 잘 진행되면 계속 상상하도록 격려한다.

"영화를 시청하는 것처럼 그 과정을 상상하세요. 중간중간에 제가 끊고, 어디까지 진행되었는지, 어떤지 물어보겠습니다."
"이미지, 생각과 느낌, 감정, 신체감각 등을 포함해서 말씀해 주세요."

상황별 상상노출을 시행하여 SUDS가 20점 이하로 내려갈 때까지 진행한다.

6. 활용법

1) 상상단서노출이 불필요한 경우와 꼭 필요한 경우

일반적으로 그리고 이상적으로는 외상기억의 해결만으로 충분히 현재의 유발요인이 해결될 수 있다. 그렇기 때문에 외상기억의 작업이 끝난 후 치료자는, 초기면담이나 유발요인 찾기에서 나타난 유발요인들이 아직도 불편함을 야기하는지 확인할 필요가 있다. 만약 더 이상 이러한 자극들이 유효하지 않다면 이 기법은 필요치 않다. 그러나 외상경험후 조건화 반응에 의해 공포증적 반응과 회피가 반복된 경우는 외상기억의 처리만으로 부족한 경우가 종종 있다. 마치 파블로프의 개처럼 특정 자극에 무의식적 조건화 반응을 보이는 경우다. 저자들의 경험으로는 특히 공황이나 공포증적 반응, 회피가 동반된 경우는 상상단서노출 작업이 꼭 필요하며, 어떤 경우는 공황이나 공포증적 반응의 경험에 대한 추가적인 기억작업이 필요할 수 있다.

2) 회피 상황의 선택

일반적으로 최소 30점 이상 보통 40~50점 이상 되는 상황들에 노출하는 것이 권고된다. 그러나 SUDS로 파악하는 고통이나 회피의 정도뿐 아니라 추가적으로 고려할 것이 일상생활의 방해이다. 예를 들어, SUDS는 낮지만 일상생활 유지에 꼭 필요한 것들이라면 우선적으로 다루어야 하고, 점수는 높지만 거의 직면하는 일이 없고 다루지 않아도 일상생활에 지장이 없는 것이라면 굳이 다루지 않아도 된다.

3) SUDS가 잘 안 내려갈 때

가장 좋은 방법은 좀 덜 불편하게 상상할 수 있는 방법이 무엇인지 환자에게 물어보고 의견을 구하는 것이다. 또한, 앞의 안정화 기법에서 사용했던 거리두기, 자원강화의 조력자 투입 등을 제안할 수 있다. 상상노출 중에 안전지대나 봉인연습을 시도하는 것은 추천하지 않는데, 그 이유는 계속 진행을 해야 한다면, 이러한 안정화 기법은 기억을 다루는 트랙에서 현실로 나오게 하는 역할을 하기 때문이다. 따라서 이런 기법은 충분히 안정되지 못한 상태로 세션을 종료할 때 사용한다.

4) SUDS가 너무 낮을 때

이 경우 왜 그런지 몇 가지 가능성을 고려해야 한다. 우선은 불편함과 회피 증상이 실제로 적은 경우이다. 이는 외상 사건 경험후 발생하는 반응 중 다른 증상에 비해 회피가 적은 특성일 수도 있고, 전 단계의 치료, 특히 심상재각본 같이 기억을 직접 다루고 난 뒤에 회피 상황들에 이 치료효과가 일반화되어 불편감이 해결되었을 가능성도 있다. 이런 경우는 이 과정을 생략하거나 아니면 불편한 회피 대상보다는 미래에 적응적인 삶을 위해 도전해 볼 상황들에 상상노출을 해 볼 수가 있다. 두 번째는 회피와 해리, 정서적 억제에 의해 낮게 평가되는 경우인데, 이때는 치료자가 회피 상황의 감각적 요소나 특징을 오히려 더 불안하게 만들어서 점수를 올릴 수 있다. 예를 들어, 장소를 더 어둡게 만들거나 불편한 소리를 들리게 하거나, 좀 더 신체감각을 과도하게 느끼게 개입하는 것이다.

5) SUDS가 너무 높을 때

불편점수가 어느 정도 높은 것은 상상노출에 필요한 것이지만, 일부 내담자들은 많은 상황에 대해 너무 높은 점수로 평가하는 경우가 있다. 이런 경우는 오히려 점수를 낮추는 방향으로 위에서 언급한 방법의 반대로, 좀 더 감각이나 자극되는 것을 줄이거나, 거리두기 기법으로 점수를 낮추어 진행한다. 만약 실제로 각 회피 상황을 상상하는 것 자체가 심한 불안을 야기한다면, 안정화 기법을 좀 더 추가로 시행한 뒤에 상상노출을 할 것인지 결정하는 것이 좋겠다.

[기술 2] 미래상상시연

목표	외상경험자는 기억처리를 성공적으로 마친 뒤, 미래의 여러 도전적 상황에 대해 잘 대처하기 위한 준비가 필요하다. 이를 상상기법으로 이미지 트레이닝을 하여 부족한 점을 보완하고 성공적 대처를 꾀하도록 한다.
시간	30분
준비물	없음
평가	적용 융통성 *** 치료자 용이도 *** 대상자 이해도 *** 안전성 ****
외국문헌	미래템플릿(Future template)[115]

미래상상시연future imaginal rehearsal은 기억다루기 과정에서 습득한 새로운 정보를 활용하여 미래의 여러 상황에서 성공적으로 대처할 수 있도록 도와주는 기법이다. EMDR에서는 미래템플릿future template이라는 기법이 있는데, 이것은 마치 파워포인트나 워드 작업을 할 때 템플릿(일종의 형식, 틀)이 있으면 이를 활용해 쉽게 문서를 작성하는 것처럼, 외상경험자들이 여러 대인관계, 사회적 상황에서 잘 대처하는 긍정적 결과를 미리 경험하는 것이다. 스포츠 선수들이 시합 전에 경기를 처음부터 끝까지 상상하면서 조율하는 이미지 트레이닝과도 유사하다. EMDR의 문헌에서는 가해자와의 조우, 불편함을 야기했던 상황에 도전, 직업적 상황에서 도전, 성폭력 피해자의 연애나 신체 접촉의 문제, 가족 및 대인관계 문제를 예를 들고 있다.[115]

115 Francine Shapiro, *Eye Movement Desensitization and Reprocessing (Emdr) Therapy: Basic Principles, Protocols, and Procedures* (Guilford Publications, 2017).

1. 설명

치료자는 환자에게 미래 상황에 잘 대처하도록 미리 준비하는 과정임을 설명하고, 이미지 트레이닝의 비유를 통해 쉽게 이해시킬 수 있다.

> "오늘은 앞으로 직면할 수 있는 어려운 상황을 미리 준비하고 자신감을 가지도록 상상하는 치료를 해보려고 합니다. 마치 운동선수들이 시합을 처음부터 끝까지 잘 치르도록 시합에 앞서 전 과정을 미리 상상해 보는 것과 유사합니다. 운동선수는 이미지트레이닝을 하면서, 특히 어려운 부분에 조금 더 시간을 들여 필요한 기술이나 방법들을 계획하고 준비하는데요. 저희도 치료 후반에 이런 방법들을 함께 시도해 보겠습니다."

2. 미래 상황 정하기

치료에서 다룰 미래 상황을 정한다. 앞으로 머지않은 미래에 있을 상황이며, 앞선 치료작업에서 다룬 기억과 관련된 문제일 수도 있다.

> "앞으로 있을 수 있는 도전 상황을 생각해 봅시다. 집이나 학교, 회사에서 있는 일일 수도 있고, 누군가를 만나는 상황일 수도 있습니다. 또 그동안 하기 어려웠던 활동일 수도 있습니다."

그 상황의 처음과 끝을 정한다.

> "그 상황을 처음부터 끝까지 상상한다면, 시작 부분과 끝부분은 어떤 것일까요?"

3. 상상시연

시작부터 끝까지 어려움 없이 상상할 수 있으면 된다.

> "자, 이제 그 상황을 시작부터 끝까지 쭉 상상해 보세요. 마치 영화를 상영하는 것처럼 진

행합니다. 중간에 불편한 것이나 잘 안되는 게 있으면 제게 알려주세요."

보통 30초~1분 정도 상상 후 잠깐 멈추고 진행 상황을 확인한다.

"어디까지 상상하셨습니까? 계속해서 끝까지 상상하세요."

끝났으면 중간에 어려운 부분이 있었는지 확인한다.

"수고하셨습니다. 혹시 중간에 불편하거나 자신이 없거나 불안한 상황이 있으셨나요?"

불편한 점이 있었으면 대처방법을 상의하고 다시 상상시킨다.

"이처럼 불편한 상황에서 어떻게 하면 불편감이나 불안함을 줄여볼 수 있을까요?"
"네, 그렇게 대처하는 자신을 상상하며 다시 한번 상황을 처음부터 끝까지 영화를 돌리듯 상상해 보겠습니다. 잘하고 계십니다."

불편감 없이 상상하게 될 때 다음 과정으로 넘어간다.

4. 더 어려운 상황 도전하기

처음에 정했던 상황보다 더 어려운 상황, 즉 기대하지 않았거나 대처능력이 더 필요한 시나리오를 몇 가지 만들어 적절한 대응을 상상한다.

"이전에 예상했던 상황보다 더 어려운 상황을 만들어서 연습을 해보겠습니다."

어려운 상황을 정하고 동일한 상상시연을 진행한다. 이때 시작과 끝을 정하지 않고, 그 상황과 대처를 상의하고 곧바로 진행한다. 보통 1~2개 정도 상황을 추가한다.

5. 재시연

어려운 상황도 불편감 없이 상상할 수 있으면 다음으로 어려운 상황을 넣어서 시연하는데, 이때는 빠른 속도로 상상한다.

> "다시 맨 처음 정했던 어려운 상황을 처음부터 끝까지 상상해 보겠습니다. 단, 이번에는 원래 속도보다 빠르게(4~8배속 정도) 돌려보겠습니다."

어려움 없이 시작부터 끝까지 상상했으면, 반대로 끝에서 시작까지 역방향으로 빠르게 상상시킨다.

> "이번엔 테이프를 뒤 감듯 끝에서 시작까지 어려운 부분을 포함해서 원래 속도보다 빠르게 거꾸로 돌려보겠습니다."

불편함 없이 상상하면 이 단계를 끝낸다.

6. 종료

작업에 대한 칭찬과 피드백을 받고 종료한다.

> "오늘 수고하셨습니다. 하시면서 느낀 점이 있으셨나요?"

7. 활용법

1) EMDR의 미래템플릿과의 차이점

첫째, 미래템플릿은 사전 평가에서 정해진 외상기억과 관련된 미래도전상황을 다루지만, 미래상상시연은 꼭 작업한 기억과 관련된 미래 상황일 필요가 없다. 둘째, 이 기법은 예상되는 미래 상황에 시연을 처음부터 끝까지 상상으로 진행하며, 인지나 감정을 탐색하고 이를 염두에 두고 상황에 대한 연상을 진행하지 않는다. 셋째, 미래 상황에 대한 영화 시연에 처음과 끝을 정하고, 속도와 역방향 시연을 하는 것은 미래템플릿에 없다. 물론 EMDR의 양측성 자극도 동반하지 않는다.

2) 잘 안되는 경우

우선 어려운 이유를 탐색해야 한다. 가능한 이유로는 첫째, 성공적인 대처에 필요한 정보와 기술이 부족한 경우이다. 이는 대인관계 및 사회적 기술, 자기주장, 문제해결 방법, 적극적 대처, 지식과 정보의 부족 등 다양한 영역의 교육이나 기술훈련이 필요한 부분이다. 만일 현재 작업하고 있는 미래 상황에 간단하게 적용될 수 있다면, 곧바로 세션 안에서 교육하고 다시 도전할 수 있다. 둘째는 한 번도 해본 적이 없는 미래 상황이기 때문에 확신할 수 없다는 태도이다. 이런 경우에는 다시 한번 이미지 트레이닝이 필요하다는 점, 뇌는 실제와 상상을 구별하지 않는다는 정보를 제공하고, 또 한편으로는 자신감을 느낄 수 있도록 옆에 가족이나 친구가 있다는 상상을 한다든지, 상황이나 환경을 조정하여 보다 자신감을 가지고 진행할 수 있도록 한다. 마지막으로, 해결되지 않은 또 다른 과거의 기억과 관련된 문제일 수 있다. 이런 경우에는 다시 그 기억에 대한 처리가 추가로 필요한지 임상적 판단을 해보고, 만약 그렇다면 환자의 동의하에 기억을 다루는 작업을 추가로 진행한다.

[기술 3] 지시적 마음챙김 수용

목표	일상생활의 여러 스트레스 요인은 외상경험자로 하여금 불편한 감정이나 감각을 불러일으킨다. 이러한 불편함에 동요하지 않고, 스스로 조절하는 방법을 심상적으로 연습하고 숙지시킨다.
시간	개인 15분(집단 가능)
준비물	종이와 펜(선택)
평가	적용 융통성 ** 치료자 용이도 *** 대상자 이해도 *** 안전성 ***
외국문헌	마음챙김 수용 유도(guided mindful acceptance)[116]

이 기법은 McKay와 West(2016)가 개발한 정서효율치료emotion efficacy therapy라는 통합치료 구성요소의 일부로, 정서효율치료는 정서조절을 위한 횡진단적 정신심리치료로 여기서 소개하는 지시적 마음챙김 수용guided mindful acceptance은 DBT나 수용전념치료의 마음챙김 기술훈련과 비슷한 것으로 보면 된다.

1. 배경과 설명

이 치료의 내용과 목적, 그리고 활용방법을 간단히 설명해 주고 시작한다.

> "이번 시간에는 불편한 감정이나 감각을 있는 그대로 관찰하고 받아들이는 연습을 하려고 합니다. 이러한 연습을 통해서 감정을 잘 조절하고, 일상생활 속 스트레스나 불편한 감정에 휘둘리지 않고 이에 잘 대처할 수 있는 힘을 키울 수 있습니다."

---

116 Matthew McKay and Aprilia West, *Emotion Efficacy Therapy: A Brief, Exposure-Based Treatment for Emotion Regulation Integrating Act and Dbt* (New Harbinger Publications, 2016).

2. 신체검색

우선 편안한 자세에서 눈을 감거나 혹은 눈을 뜨고, 한 물건을 바라보면서 진행을 한다. 물론 대상자가 선택하는 것이다. 방법을 정한 후에는 신체검색을 통해, 현재 느껴지는 감각을 찾는다. 집중하는 시간은 1분 이내로 진행하도록 한다.

> "먼저 최대한 편한 자세를 취한 상태에서 시작해 보겠습니다. 눈을 감으셔도 되고, 눈을 뜨고 편안하게 한 가지 물건을 바라보고 진행해도 좋습니다."
> "이제 잠시 동안 몸에서 느껴지는 감각에 집중해 보겠습니다. 마치 스캔을 하듯이 우리 몸을 머리끝에서 발끝까지 쭉 살펴보면서, 뭔가 느껴지는 감각이 있다면 그 감각에 주의 집중을 해보세요."

감각을 찾았으면 좀 더 바라보게 하고 표현하게 한다.

> "그냥 있는 그대로 그 감각을 편하게 바라보시고 어떤 것인지 느껴보세요."
> "이제 그 감각의 크기와 모양, 색깔을 바라보세요. 그 감각이 움직이는지 가만히 있는지, 온도나 표면이 어떤지 살펴보겠습니다."
> "크기/모양/색깔/움직임/온도/표면은 어떤가요?"

3. 감정의 수용

감각의 요소들을 묻고 대답을 하면, 다음 단계는 감각을 덜 불편하게 하거나, 이를 적극적으로 수용할 수 있는지 묻는다.

> "이제 그 감각을 약간 부드럽게 할 수 있는지 혹은 그냥 받아들일 수 있는지 한번 보세요."

만약 받아들이기 힘들거나 불편해하면 그것도 있는 그대로 바라보게끔 한다.

> "이제 감각이 표현하는 감정의 이름을 붙입니다. 이름만 붙이시고 판단하거나 그것에 반응하지 마세요."

4. 생각의 마음챙김

"다음으로, 우리의 생각을 주목하고 바라보는 것을 해보겠습니다. 머릿속에는 항상 여러 생각들이 있습니다. 중요한 것은 그것에 상관하지 않는 것입니다. 대신, 생각이 떠오르면 단순히 '생각이 드네'하고 그 생각이 지나가도록 놔두는 것입니다. 하늘에 떠가는 구름을 바라보듯이 그 생각이 지나가는 것을 관찰해 보세요."

"지금 드는 생각이 있으십니까?"

"좋습니다. 그 생각을 있는 그대로 그냥 바라보고 지나가도록 놔두세요. 다음 몇 분 동안, 제가 멈추라고 할 때까지 그 생각을 바라보세요."

"이제 멈추세요. 지금은 어떠신가요? 아까 그 생각은 어떻게 되었습니까?"

생각이 지나가거나 더 이상 불편하지 않으면 중단한다.

5. 연습

최근 있었던 사소한 일상생활의 스트레스나 불편한 감정을 가지고 연습한다. 가급적 작은 스트레스(SUDS 점수가 10점 만점에 3점 이하)로 연습한다.

"최근 스트레스를 받았던 상황을 간단히 얘기해 주세요."

"그 사건을 떠올리고 지금 느껴지는 몸의 감각을 얘기해 주세요."

그 감각의 모양을 정하고 위와 같이 바라보고, 감각을 통해 명명된 감정을 수용하게끔 한다. 떠오르는 생각이 있으면 같은 방법으로 진행한다. 끝나면 처음에 느꼈던 감정과 지금 바라보는 느낌의 차이가 어떤지 피드백을 얻는다.

6. 종료

"수고하셨습니다. 앞으로 일상생활에서 불편한 감정이 생겼을 때, 이것에 영향을 덜 받는 방법을 연습해 보았습니다. 잘 활용하시길 바랍니다."

7. 활용법

1) 원본과의 차이점

여기에서 제시한 버전에는 원본에서 감정과 생각에 추가적으로 제시한 갈망에 대한 마음챙김/수용 부분이 빠져 있고, 연습하는 부분을 추가했다. 갈망에 대한 작업을 포함하지 않은 이유는 외상경험자에게 공통적으로 필요한 것이 아니라는 판단 때문이었고, 연습 부분은 이 기법이 일상생활에서 경험하는 스트레스원으로 인한 불편함을 줄이는 것에 초점을 두었기 때문에 추가하였다. 그리고 수 분의 시간을 집중하는 데 보내라고 지시하였지만, 그 시간은 1분 이내로 제한하였다. 그 이유는 원래 이 기법이 외상경험자만을 대상으로 하는 것은 아니어서 안전의 측면을 고려하였고, 특히 눈을 감을 때 부정적 연상이 자극되는 경향도 반영하였다.

2) 1단계에서 사용

일상생활의 스트레스 대처와 관련된 이 기법은 사실 1단계 안정화 단계에서도 정동조절을 목적으로 사용될 수 있으나, 저자들의 경험으로는 강렬한 침습 증상과 심한 정동조절 장애 상태에 사용하기에는 그 효과가 작거나 악화 가능성이 있다고 판단하여, 기억의 처리가 끝난 단계 기법으로 소개하였다. 그러나 사례에 따라서, 즉 외상 반응이 심하지 않은 경험자들에게 이 방법이 1단계에서 도움이 될 수 있을 것이다.

3) 그림 사용

감각의 모양, 크기, 색깔 등은 그림을 통해 표현될 수 있고, 이 시각적 표상은 감정의 인식과 마음챙김/수용에 도움이 될 수 있다. 특히 인체 그림이나 사람 모양에 컬러 펜이나 색연필로 감각을 시각화하여 표현하는 것은 감정 인식과 이후 과정에 촉진제 역할을 한다. 일부 감정이나 감각을 잘 인지하지 못하는 환자들에게도 시도해 볼 만하다.

[기술 4] 메멘토 심상

목표	외상기억의 처리가 끝나고 그 경험의 의미를 조성하고 삶의 여러 기억 중의 하나로 자리매김을 하고, 받아들이는 심상작업이다.
시간	30분
준비물	종이와 펜(선택)
평가	적용 융통성 **** 치료자 용이도 **** 대상자 이해도 **** 안전성 ****
외국문헌	없음

메멘토memento는 기억의 증표, 기념물로 번역될 수 있는데, 애도치료에서 망자 또는 사건을 기억할 수 있는 물건이나 기념물을 말한다. 외상기억의 처리가 끝나고 그 사건을 인생의 한 부분으로 받아들이는 것은 외상치료의 성공적인 마무리를 위한 중요 과정이라고 할 수 있다. 메멘토는 애도작업의 의식ritual과도 비슷하다. 의식은 세 가지 범주, 즉 추도honoring, 보내기letting go, 자기변화self-transformation로 나누는데, 이중 보내기가 여기서 소개하는 메멘토 심상의 활용에 가장 가깝다.[117] 그러나 추도나 자기변화 요소가 강조될 수도 있고 동시에 관여할 수도 있다. 메멘토 심상의 예는 기념비, 건물, 공원, 조각, 벽, 나무나 식물이 될 수도 있고, 작게는 조약돌, 편지, 사진, 비디오테이프, USB 드라이브가 될 수 있다.

1. 설명

> "오늘은 그동안 우리가 다루었던 사건의 기억, 그 경험을 마무리하고 정리하는 치료를 해 보려고 합니다. 외상경험, 그 사건에 대한 기념물을 만든다면 어떤 것이 될까요?"

117 C. Sas and A. Coman, "Designing Personal Grief Rituals: An Analysis of Symbolic Objects and Actions", *Death Stud* 40, no. 9 (2016).

만일 적절한 것을 생각하지 못한다면 치료자가 예를 들어줄 수 있다.

"예를 들어, 기념할 수 있는 물건이나 타임캡슐에 들어갈 물건이 될 수도 있고, 나무나 조각물이 될 수도 있습니다."

2. 메멘토 만들기

그림을 그려 더 구체적이고 생생하게 상상할 수 있다.

"그 모양과 크기, 색깔, 재질은 어떨까요?"
"우선 어느 곳에 (혹은 어떻게) 그 기념물을 놔두고 싶습니까?"
"기념물이나 옆에 추가할 사항이 있을까요? 예를 들어, 나무를 심는다든지 꽃다발을 놓는다든지. 주위를 꾸밀 수도 있습니다."

3. 강화

"그 기념물을 마음속에 떠올리고 상상을 해보겠습니다. 지금 어떤 것이 떠오르시나요?"

긍정적인 연상이 계속되면 수차례 계속한다. 이후 신체감각을 묻는다.

"지금의 신체감각은 어떻습니까?"
"그 감각에 집중하면서 자연스럽게 호흡하겠습니다. 지금은 어떻습니까?"

긍정적인 감각이면, 다시 그 신체감각에 집중하고 1~2차례 강화한다.

4. 이름 붙이기(푯말 세우기)

"그 기념물에 이름을 붙인다면 어떤 이름일까요? 기념물 옆에 푯말을 세운다면 거기에 어떤 말을 남기고 싶나요?"

"이름과 말을 생각하면서 다시 기념물을 떠올려 보겠습니다. 지금 어떤 것이 떠오르시나요?"

긍정적인 연상이 계속되면 수차례 계속한다. 이후 신체감각을 묻는다.

"지금의 신체감각은 어떻습니까?"
"그 감각에 집중하면서 자연스럽게 호흡하겠습니다. 지금은 어떻습니까?"

긍정적인 감각이면 다시 그 신체감각에 집중하고 1~2차례 강화한다.

5. 종료

격려해 주고 피드백을 받는다.

"수고하셨습니다, 오늘 기념물을 만들면서 어떠셨습니까?"

6. 활용법

1) 애도외상 외에서 활용

사실 메멘토의 활용은 애도치료에서 시작되었으나 저자들의 경험으로 보면, 애도치료가 아니라도 외상경험의 의미창출과 완전한 소화에 이 기법은 유용하다. 저자들의 경험에는 이러한 메멘토가 외상기억의 성공적 처리 후 자발적인 연상 혹은 환자의 아이디어로 메멘토를 활용한 심상작업을 하게 되는 경우도 있었다.

2) 1단계에서 사용

메멘토나 의식은 개인적으로나 혹은 집단-사회적으로 애도치료에 사용된다. 그러나 기억처리가 되지 않은 상황에서 이 기법을 사용하는 것은 외상의 단계적 치료 관점에서 추천하지 않는다. 오히려 외상 반응의 자극요인이 될 위험성도 있으며, 제대로 사건의 의미를 만들기가 어려울 것이다. 애도치료에서도 기억처리, 즉 애도작업이 끝난 후반부에 메멘토나 의식을 진행한다.[118]

3) 실제 메멘토

실제 물건이나 상징물을 가져올 수 있고, 물건을 만들거나 정원에 꾸미는 경우도 있을 수 있다. 이미 2단계 작업이 끝난 상태라면, 이러한 것들이 특별히 자극되지는 않을 것이다.

4) 특별히 도움이 되는 경우

실제로 기억을 버리는 것이 아니라, 의미를 부여한 상태로 간직하는 과정 때문에 오히려 애도나 상실의 경우, 기억에서 벗어나는 것, 즉 망자를 잊는 것에 대해 죄책감과 과도한 슬픔을 가지는 경우에 도움이 된다. 또한, 외상경험후 고통스러운 시간에 대한 의미 부여로, 그 시간과의 이별 및 잃어버린 시간에 대한 추모의 의미가 필요할 때도 도움이 된다.

---

118 G. E. Smid et al., "Brief Eclectic Psychotherapy for Traumatic Grief (Bep-Tg): Toward Integrated Treatment of Symptoms Related to Traumatic Loss", *Eur J Psychotraumatol* 6 (2015).

참고문헌

McKay, Matthew, and Aprilia West. Emotion Efficacy Therapy: A Brief, Exposure-Based Treatment for Emotion Regulation Integrating Act and Dbt. New Harbinger Publications, 2016.

Sas, C., and A. Coman. "Designing Personal Grief Rituals: An Analysis of Symbolic Objects and Actions." Death Stud 40, no. 9 (Oct 2016): 558-69.

Shapiro, Francine. Eye Movement Desensitization and Reprocessing (Emdr) Therapy: Basic Principles, Protocols, and Procedures. Guilford Publications, 2017.

Smid, G. E., R. J. Kleber, S. M. de la Rie, J. B. Bos, B. P. Gersons, and P. A. Boelen. "Brief Eclectic Psychotherapy for Traumatic Grief (Bep-Tg): Toward Integrated Treatment of Symptoms Related to Traumatic Loss." Eur J Psychotraumatol 6 (2015): 27324.

김대호. 기본 치료 프로토콜 매뉴얼. 서울: 정신건강기술개발사업단/한양대학교 산학협력단, 2019.

11장 질의응답

본 장에서는 심상치료 진행 중 생길 수 있는 궁금한 점에 대해 문답식으로 정리하였다. 이는 저자들의 임상 경험과 토의, 전문가들의 피드백 및 워크숍을 통해 심상치료를 배우는 치료자들의 질문에 답변하는 과정에서 축적된 것이다. 절차적 측면, 기억 선택, 심상변화 내용, 심상치료 중의 문제, 기타로 나누어 정리하였다.

일반 사항

1. 심상치료를 하지 말아야 할 경우

심상치료를 시행하는 데 절대적인 금기증은 없지만, 심상치료 문헌은 현실검증력의 손상이 있는 정신병, 심리적 경계 확립 부족, 해리 과정을 언급하며, 조현스펙트럼장애, 경계성 성격장애, 해리장애를 가진 외상경험자에게 심상치료를 하는 데 있어 주의가 필요하다고 보았다.[119]

그러나 최근 연구결과들은 오히려 이러한 질환에 심상치료가 시도되고 있고,[120] 이

---

119 Raymond A Fidaleo, Tara Proano, and Robert D Friedberg, "Using Imagery Techniques to Treat Ptsd Symptoms in Bereaved Individuals", *Journal of Contemporary Psychotherapy* 29, no. 2 (1999).

120 Arnoud Arntz, "Imagery Rescripting as a Therapeutic Technique: Review of Clinical Trials, Basic Studies, and Research Agenda", *Journal of Experimental Psychopathology* 3, no. 2 (2012).

에 특화된 치료 프로토콜 개발 및 임상연구가 되고 있는 실정이다. 이들 장애는 어떤 치료를 해도 치료가 어렵기 때문에, 심상치료의 금기증이기보다는 질환의 심각도에 따라 임상가가 선택할 문제라고 판단된다.

사례

> 가족 갈등으로 인해 아동기 외상경험과 관련된 플래시백이 발생하여 입원한 경계성 성격장애 환자에게, 이 경험과 관련된 심상변화치료를 시도하였다. 3회에 걸친 아동자아와 성인자아 간의 양육과 지지를 통해 침습 증상은 사라졌다. 물론 다양한 성격장애 문제가 해결된 것은 아니었으나, 입원 사유였던 가장 불편한 증상이 해결되어 일상으로 돌아갈 수 있었다.

2. 대상자가 눈감기를 거절합니다

꼭 눈을 감을 필요는 없으나, 눈을 감는 것이 심상에 집중되는 것은 자명하다. 먼저, 왜 눈을 감지 않으려고 하는지 그 이유 파악이 필요하다. 대부분은 기억에 압도되는 것이 두렵기 때문이다. 이런 경우에는 심상재각본 등 기억을 다루는 치료를 진행할 때, 외상 사건이 일어나기 전 기억 시점부터 여유를 가지고 시작하도록 안심시킬 수 있고, 익숙해질 때까지 눈을 뜨고 하도록 허락할 수 있다.[121] 안전지대나 봉인연습 등 안정화 단계의 치료에서 눈을 감고 긍정적인 느낌을 강화했던 경험을 함께 상기하며 외상경험자를 격려할 수도 있다. 어떤 경우는 치료자에 대한 신뢰 부족이나 치료자 시선에 대한 불안감 때문일 수 있는데, 이런 경우라면 치료자와 앉는 위치를 변경하여 최대한 편하게 눈을 감을 수 있는 환경을 마련해 줄 수 있다.[122]

---

121 A. Arntz and A. Weertman, "Treatment of Childhood Memories: Theory and Practice", *Behav Res Ther* 37, no. 8 (1999).

122 환자의 얼굴을 아예 볼 수 없는 위치는 적절하지 못한데, 그 이유는 치료자는 항상 환자의 안색이나 표정, 근육긴장도, 자세 등을 관찰하여 그 변화를 주시해야 하기 때문이다. 이처럼 언어로 표현되지 않은 민감한 단서나 해리, 심한 불안을 경험하고 있는지 확인할 필요가 있다.

사례

성폭력을 포함한 복합외상을 경험한 한 환자는 눈을 감고 상상할 때, 외상기억이 떠오르고 남성치료자의 시선을 불편해했다. 치료자는 환자와 상의하여 눈을 뜨고 치료를 진행하게 하였고, 환자를 마주 보지 않고 90도로 조정하여 환자의 옆모습만 보이게 했다. 매 회기 이런 세팅으로 무리 없이 치료가 이어졌고, 나중에는 환자 스스로 눈을 감고 치료자와 마주 보는 자세로 진행할 수 있었다.

3. 심상을 떠올렸더니 해리에 빠집니다

곧바로 눈을 뜨게 하고 현실로 돌아오게 한다(착지연습, 치료실 내를 천천히 걷기 등). 회기 중 해리의 증후는 반응이 없다든지, 기계처럼 반응하기, 멍해짐, 심상에 집중을 못 한다고 보고하기, 쓰러질 것 같다고 보고하기 등이다. 해리의 기초는 두려움이다. 그렇기 때문에 다음에는 덜 불편한 기억을 작업하는 것이 좋다. 안전하게 심상을 떠올릴 수 있도록 미리 조치하고 진행한다.

사례

아동기 외상을 경험한 여자 환자가 외상기억을 떠올리자, 얼마 안 되어 안색이 굳어지고 멍하게 먼 산을 바라보는 듯한 표정을 보였다. 치료자는 환자의 이름을 불렀으나 반응이 없었고, 재차 여기가 어디냐고 묻는 질문에 겨우, 모르겠다고 짧게 얘기했다. 치료자의 적극적인 대화와 간단한 착지연습으로 환자는 해리에서 벗어났으며, 다음 시간에 덜 불편한 기억을 다루자고 권유하였으나, 환자는 용기를 내어 다시 기억에 도전하겠다고 결심했다. 이번에는 외상 심상을 TV를 통해 보는 것이라고 조치하였고, 옆에 남편이 같이 있다고 상상하고 진행하여 성공적으로 외상기억을 처리하였다.

4. 재각본을 치료자가 리드해도 되나요?

당연히 환자가 재각본을 주도해야 하고, 치료자는 보조적이고 안내자로서 역할을 하는 것이 맞지만, 심한 아동기 외상과 애착 문제를 지닌 환자는 보다 적극적인 치료자의 개입과 제안이 필요하다. 그러나 이런 경우에도 최종 시나리오 선택과 확인은 환자가 결정해야 함은 명백하다. 또한, 어떻게 해야 하는지 혼란스러워하거나 아이디어가 고갈된 상태일 때, 경험에서 우러나오는 가능한 시나리오들을 제안할 수 있다.

사례

사고로 인해 다수의 사망자가 발생한 사건을 목격한 환자는 이것을 어떻게 바꿀 수 있는지 전혀 감을 못 잡고 난감해하는 상태가 이어졌다. 치료자는 환자가 좀 더 잘 대처할 수 있도록 조금은 경미한 사고가 발생했다는 예를 들었다. 여기에 착안한 환자는 사고를 미리 안 자신이 피해자들을 피신시켜 최소한의 부상만 발생시키고, 가해자의 난폭운전에 주의를 주는 시나리오로 재각본을 시행하였다.

5. 기억바꾸기에 대해 회의를 표합니다

심상변화 자체에 대해 비현실적이라며 회의를 표하는 경우가 있다. 기억을 바꾸면 그 일이 안 일어난 일이 되나요? 그래서 뭐가 나아지죠? 이런 식으로 방법 자체에 대한 의구심을 갖거나 평가절하를 하는 경우이다. 이런 반응은 가장 문제가 되는 저항의 하나로 알려졌으며, 일단 시도해 보자고 설득하거나 무엇 때문에 회피하는지 탐색할 필요가 있다.[119] 또한, 이러한 경우에는 심상치료가 실제로 사건이 없다고 치부하는 것이 아니라 기억의 고통으로부터 조금이라도 호전되는 것이며, 기억이 바뀌는 것이 아니라 기억이 날 때 덜 불편해지는 것이 목적임을 환기시켜야 하겠다.[123]

사례

직장에서 사고로 인해 신체 일부를 잃게 된 환자가 심상변화치료에 대한 설명을 듣고, 없어진 신체가 다시 생기냐는 회의적인 태도를 보였다. 치료자는 그런 생각이 들 수 있다고 인정하고, 이 치료는 이미 일어난 일을 없다고 치부하는 것이 아니라, 그 기억으로 인해 생기는 불편감을 줄이는 것이 목표라고 차분히 설명하였다. 환자는 재각본을

---

123 김대호, *기본 치료 프로토콜 매뉴얼*(서울: 정신건강기술개발사업단/한양대학교 산학협력단, 2019).

통해 사고로 신체를 잃은 것은 동일하나, 그 과정에서 핵심 부분들을 덜 고통스럽게 교체하였고, 상실된 신체에 관련 심상을 통한 애도 작업을 진행하였다.

기억 선택과 관련된 측면

1. 선택한 기억이 부적절합니다

우선 환자의 선택은 항상 존중되어야 한다는 점이 중요하다. 그러나 보다 적극적인 치료자는 선택한 기억이 불러일으킬 문제점을 미리 예상하고 환자와 상의하여 바꾸기도 하는데, 이런 문제 발생의 가능성을 환자가 인지하고도 계속 진행할지 선택하게 하는 것이 좋다. 또 한 가지는 환자가 선택한 기억을 다루고 문제가 발생하면, 그다음에 다른 기억을 선택할 수도 있다. 후자의 경우에는 환자가 실패의 경험을 갖게 되어 오히려 이후 치료에 동기와 자신감을 잃어버릴 수도 있지만, 환자의 선택권을 존중해 주는 장점이 있다. 치료자의 임상적 판단하에 결정해야겠지만, 어떤 경우든지 외상경험자의 통제력 향상은 외상치료의 중요 목표라는 점을 잊지 말아야겠다. 도저히 치료자가 동의하기 어려운 경우를 제외하곤 말이다. 이렇게 예외적인 경우는 첫째, 실제 기억이 아니라 공상의 산물이나 가짜 기억false memory이다. 외상치료의 2단계인 기억처리는 기억, 즉 경험적 요소를 다루는 것인데 실제 경험한 것이 아니라면 기본 전제에 맞지 않는다. 단, 침습 증상이나 플래시백, 악몽의 내용을 대상으로 하는 경우가 있는데, 이는 이 증상들이 기억을 반영하기 때문이다. 둘째, 구체적인 기억이 아닌 경우가 있다. 이는 아동기 외상, 정서학대, 방임, 가정폭력, 또래괴롭힘처럼 오랜 기간 자주 반복된 경험일 때, 특정한 사건의 기억이 아닐 수 있다. 이런 경우에도 가장 대표적인 기억, 예를 들어 최초의 사건, 최악 혹은 가장 대표적인 사건의 기억을 다루어야 한다.

사례

고교시절, 교사의 무시하는 말로 인해 상처를 입어서 이후 삶이 피폐해졌다고 보고하는 환자에게 치료자는, 그 기억의 배경에 있을 수 있는 이전, 특히 아동기 경험이 있을 수 있음을 설명하고, 치료과정에서 이런 경험을 다룰 필요가 있음을 사전 고지하고 진행하였다. 치료 중 아동기 시절 아버지와의 외상기억에 연결되고 이를 다루고 나서 최근 기억이 해결되었다.

사례

모친의 아동기 정서학대와 방임의 기억을 다루는 과정에서, 한 환자는 너무 많아서 특정한 기억이 없다고 말했다. 치료자는 그중에서 첫 기억과 최악의 기억, 그리고 특정 감정(슬픔, 화)이나 인지(사랑받을 자격이 없는 나)와 관련된 기억을 정동스캔을 통해서 탐색하였다.

2. 기억이 부분적입니다

이런 경우는 몇 가지 상황을 생각할 수 있다. 첫째, 해리성 기억상실이나 사건 당시 외상전후 해리peritraumatic dissociation로 인해 기억이 없는 경우이다. 둘째, 두부외상, 기절, 만취 같은 물질 중독상태에 따른 의식상실로 인한 것이며, 마지막으로 해리장애(해리성 주체성 장애나 기타 분류되지 않는 해리장애)로 인해 기억에 접근하지 못하는 경우다. 이 세 가지 모두 무리하게 기억을 회복시키려 하거나 치료자가 좌절할 필요가 없다. 해리성 기억상실은 개체를 보호하기 위한 필요에 의해 생긴 것이며, 외상경험 시 두부외상으로 인해 기억을 못 하는 경우 오히려 외상후 반응이 적다는 연구도 있다.[124]

해리장애인 경우는 이 질환의 치료가 먼저 필요하고, 현재 기억을 다루는 것은 적절하지 않다. 나머지 두 경우, 즉 해리 증상이나 의식상실로 인한 경우는 일부 기억을 토대로 전후 상황을 추정해 보거나 주위 사람들로부터 들은 얘기를 통해서, 원래의 외상기억의 처음과 끝을 조성하고 이를 재각본한다. 기억이 아예 없는 경우는 극복mastery과 양육nurturing 핵심내용을 대화 심상이나 조력자 투입 등으로 심상각본을 진행한다.

---

124 E. Klein, Y. Caspi, and S. Gil, "The Relation between Memory of the Traumatic Event and Ptsd: Evidence from Studies of Traumatic Brain Injury", *Can J Psychiatry* 48, no. 1 (2003).

사례

사고로 인한 두부외상으로 사고 기억이 없는 환자는, 사고 직전과 병원 중환자실에서의 부분적인 기억, 그리고 일반병실로 전실 이후의 기억이 있었다. 치료자는 사고 당시 정황과 사고 후 환자가 아내에게 들은 얘기, 부분적인 신체기억 등으로 사고상황과 이후 병원에서 퇴원할 때까지의 기억을 재구성하였고, 이를 재각본하였다.

사례

성폭행 당시 취중상태로 기억이 없는 환자는, 나중에 본 일부 CCTV 장면과 정황을 추측하여 치료자와 기억의 처음과 끝을 정했으며, 이를 재각본하였다.

심상변화 내용

1. 가해자에 대한 복수가 괜찮을까요?

아직까지 심상치료에서 가해자에 대한 복수를 포함한 심상이 도움이 되는지, 금기해야 할 것인지, 특정 집단에서는 위험한 것인지에 대한 연구가 충분하지 않다. 일반인을 대상으로 한 연구에 따르면, 폭력 영상을 시청한 뒤 폭력적인 복수 심상재각본, 복수 내용이 없는 심상재각본, 안전지대 심상작업을 하였는데, 복수 심상의 유무와 공격심의 감소는 관련이 없었고, 안전지대 심상에 따른 공격심 감소가 가장 컸다. 적어도 이 연구는 복수 심상이 공격심에 미치는 효과는 미미하더라도 부정적인 영향을 끼치지는 않는다는 점을 시사했다.[125] 이에 비해 임상군 연구에서는 실제 복수 심상이 분노 감소에 도움이 될 수 있다는 간접적 소견이 있는데, 복수 심상을 포함한 ImRs가 상상노출군에 비해 분노와 분노조절에 긍정적인 영향을 주었다.[126]

---

125 L. Seebauer et al., "Is It Dangerous to Fantasize Revenge in Imagery Exercises? An Experimental Study", *J Behav Ther Exp Psychiatry* 45, no. 1 (2014).

126 A. Arntz, M. Tiesema, and M. Kindt, "Treatment of Ptsd: A Comparison of Imaginal Exposure with and without Imagery Rescripting", ibid.38, no. 4 (2007).

대인관계 폭력과 관련된 극복 심상은 대부분의 경우, 가해자에 대해 적극적인 대처를 취하는 것이 바람직하다. 이는 외상 사건과 관련된 통제력 상실, 무력감과 취약함, 수치감과 자기 비난 등 자신과 타인, 세계에 대한 부정적 정서와 생각을 교정하는 데 도움이 된다. 따라서 환자가 분노 감정에 압도되지 않고, 내성의 창 내에서 복수 심상을 진행할 수 있다고 평가되고 본인이 원한다면, 복수 심상은 좋은 치료적 선택이 될 수 있다. 그러나 일부 취약한 환자들은 다음과 같이 복수 심상 과정에서 문제가 생길 수 있다. 예를 들어 막상 심상과정에서 성인자아가 가해자에게 말이나 행동을 못 취하는 경우, 가해자가 역으로 공격하는 경우, 도덕적 윤리적인 문제로 더 이상 못 하겠다고 하는 경우 등이다.

일부 치료자들은 복수 심상, 특히 잔인한 복수 심상에 대해 개인적으로 불편해하기도 하면서, 한편으로는 분노발작으로 악화되지 않을까 하는 걱정을 한다. 저자들의 경험으로는 하드코어 공포영화 수준의 잔인한 경우는 일부 성격장애 환자 외에는 거의 드물고, 오히려 치료자에게 "선생님 잘 처리되었어요"라고 안심을 주고 자세한 내용을 얘기하지 않는 경우가 더 흔한 경우였다. 그리고 기억처리 단계를 들어간 것은 어느 정도의 정동조절 능력이 갖추어졌다는 전제이기 때문에, 이런 경우에 심상과정에서 분노 관련 제반응에 빠지는 일은 드물다.

사례

학교폭력과 또래 따돌림 경험에 대한 심상작업 중 가해자들에게 말로 항의하는 심상과정에서, 환자는 말로 하는 것은 부족하다며 무기를 사용하여 공격하는 심상을 하겠다고 했다. 치료자는 적절하다고 판단하여 그렇게 하라고 했으며, 수십 초의 상상 과정에서 환자는 분노 감정이 해소되고 평안한 표정으로 "이제 다 끝냈어요"라고 보고하였다.

2. 적극적인 극복 심상이 좋을까요?

극복 심상mastery imagery이란 현재의 성인 자기나 조력자(지지인물)가 과거의 외상 사건으로 가서 당시의 자기를 보호하고, 가해자나 위험 상황을 잘 대처해서 극복하게 하는 상상을 말한다. 본인의 성인 자기가 투입되는 것을 적극적, 다른 인물이 가서 대처하는 것을 소극적 극복 심상이라고 한다. 아직까지 임상연구가 된 것은 없으나, 일반인을 대상으로 폭력적인 영화를 시청 후 이 영화 내용을 대상으로 ImRs를 한 연구가 있는데, 적극적 심상과 소극적 심상 사이에 침습 기억, 긍정 및 부정 정서, 긍정성, 자기효능감 차이는 없었다. 그러나 간접적 심상이 적극적인 심상의 경우보다 고통감이 적었다.[127] 이 연구의 외상 영상은 성폭력 및 신체폭력에 대한 단편영화였는데, 연구참가자가 직접 혹은 다른 사람을 개입하는 심상은 실제 외상의 피해자로서의 경험과는 다르다고 생각된다. 다만 이 연구의 교훈은 직접 심상이 더 고통스러울 수 있으므로, 불안정하고 취약한 환자의 경우 소극적 극복 심상이 더 안전한 선택이 될 수 있다는 점이다.

사례

아동기 성학대를 경험한 환자가 가해자에게 극복 심상을 시도하는 과정에서, 성인인 본인도 가해자 앞에서 두려워서 어떻게 하지 못하겠다고 토로하였다. 따라서 성인자아와 함께 가해자를 직면할 적당한 조력자를 치료자와 찾는 과정에서 과거 조폭이었던 자기 친척을 생각하였고, 이 분과 같이 가해자를 만나는 심상을 조성하여 재각본을 완성하였다.

3. 치료자가 심상에 들어가도 되나요?

스키마치료의 심상기법에서는 오히려 치료자가 심상에 들어가서 내담자를 변호하고, 가해자를 꾸짖는 등 치료자의 심상 출연을 디폴트로 제시한다.[128] 그러나 IRRT나 ImRs의 경우에는 만약 도움이 되는 친척이나 친구 등 보다 친밀한 관계의 인물이 없는 경우에 활용하도록 권장하며, IRRT는 그 역할도 지지적인 것에 국한하고 있지만,[129] ImRs는 치료자가 보다 적극적으로 개입하여 어떻게 행동하고 말해야 하는지 구체적이고 명료하게 전

---

127 M. Siegesleitner et al., "Improving Imagery Rescripting Treatments: Comparing an Active Versus Passive Approach", ibid.69 (2020).

128 J. E. Young, J. S. Klosko, and M. E. Weishaar, *Schema Therapy: A Practitioner's Guide* (New York, NY: Guilford Press, 2006).

129 A. Hackmann, "Imagery Rescripting in Posttraumatic Stress Disorder", *Cognitive and Behavioral Practice* 18, no. 4 (2011).

달한다.[121] 이때 치료자는 자신감 있는 태도로 적극적으로 자기주장을 한다. 치료자 활용의 장점은 본인의 자원이 부족하고 지지적 경험이 부족한 환자의 경우, 거부감 없이 쉽게 가용할 수 있는 지지인물이 된다는 점이고, 단점은 대인관계적 경계가 침범되기 쉬운 성격장애 환자의 경우, 과도한 치료자 의존이나 이상화가 심해질 수 있다는 점이다. 그러나 이런 경우에도 저자들의 경험으로는 비용-이득 분석을 한다면, 도움이 되는 편이 많았다고 덧붙이고 싶다.

사례

경계성 성격장애 환자의 최근 외상 사건을 심상변화하는 과정에서 본인이나 조력자를 찾지 못하는 딜레마에서, 치료자는 자신과 과거 관계형성이 잘 되었던 이전 치료자를 동시에 투입하는 심상을 제안하였고, 환자는 이를 받아들이고, 본인의 아이디어를 덧붙여 극복 심상을 수행할 수 있었다.

4. 심상각본이 지나치게 비현실적입니다

어떤 경우는 환자의 각본이 상상력이 과도해서 너무 비현실적이라고 느껴질 때가 있다. 예를 들어 심각한 외상경험에 비교해서 너무 웃기고, 공상과학적이며, 만화적인 대안이다. 그러나 이 아이디어가 환자로부터 나왔으며, 그 각본이 환자의 일반적이고 자서전적인 기억과 연관될 수 있다면 즉, 환자의 경험이나 사고체계에서 수용되고 이해된다면 좋은 심상이 될 수 있다. 한 IRT 연구는 상상력을 많이 동원하는 경우, 악몽을 줄이는 데 더 효과가 있는 것 같다는 연구 결과를 보고하기도 하였다.[130]

사례

사고 장면에서 적응적인 새로운 대처를 좀처럼 생각하지 못하던 환자가 혹시 현실적이지 않은 것도 괜찮냐고 치료자에게 질문하였고, 그 과정에서 어린 시절 본인이 즐겨 읽

130 K. E. Thompson, M. Hamilton, and J.A. West, "Group Treatment for Nightmares in Veterans with Combat-Related Ptsd", *NCP Clinical Quarterly* 5, no. 4 (1995).

던 해리포터 소설에 나오는 마법 빗자루를 타고 사고를 피하는 시나리오를 생각해 내었다. 치료자는 좋은 아이디어라고 격려를 한 뒤, 이를 바탕으로 심상각본을 만들어 성공적으로 처리하였다. 이 사례가 시사하는 바는 환자가 먼저 제안하였으며, 환자에게 의미 있고, 이해될 수 있는 내용이라면 비현실적이고 공상적인 내용도 괜찮다는 점이다.

5. 아이의 관점을 이해하지 못합니다

어떤 환자들은 아이의 관점에서 무엇이 필요한지, 위로과 양육은 어떻게 받아야 하는지 상상하지 못한다. 이는 가족 환경 혹은 학대와 방임의 결과로, 어린 시절에 이러한 기대를 충족시키지 못한 결과로 볼 수 있다. 예를 들어 부모의 질병, 맞벌이, 부재 등으로 집안일을 하거나 동생이나 아픈 가족을 돌봐야 했던 경우를 생각해 볼 수 있다. 또한, 부모의 학대와 방임으로 인해 자신의 요구를 충족시키거나 주장함으로써 더 큰 위험에 빠질까 두려워, 이러한 기대를 부정하고 감춘 결과일 수도 있다. 마지막으로 학대 부모에게 애정을 얻기 위해 자신의 요구보다는 어른스러운 삶을 선택하는 것이다. 대처방법은 첫째, 더 어린 시절의 기억을 선택하는 방법이 있다. 나이가 어릴수록 당연히 도움이 더 필요하기에, 보다 쉽게 필요한 것들을 알아차릴 수 있다. 둘째, 치료자가 심상에 들어가서 부모나 동생들을 대신 돌보아 주고, 아이는 성인의 의무에서 벗어나 아이에 걸맞은 욕구를 안전하게 경험하게끔 한다. 셋째, 치료자가 심상 속의 아이와 비슷한 연령으로 들어가서 그 나이에 맞게 대화하고 행동하여, 내적 아이가 보다 정서적 필요성을 표현할 수 있도록 유도한다.[121]

사례

가부장적 훈육환경에서 자란 중년 남성은 아동기 정서학대를 다루는 심상과정에서 성인자아가 오히려 아동기 자아를 나무라고 힐책하는 상황이 벌어졌다. 상황을 파악한 치료자는 곧바로 아이에게 다른 조력자를 투여하는 것을 제안하였다.

심상치료 중의 문제

1. 부모에게 할 행동이 아니라고 합니다

이러한 반응은 사회적 가치로서 부모에 대한 충효 사상이 강조되는 동양문화권에서 흔히 관찰되는 문제이다. 이 반응의 배경에는 대부분 부모의 학대에 대해 아이가 반항하면 벌을 받거나 버려질 거라는 두려움이 자리 잡고 있다.[121] 이러한 아이들이 보여주는 학대 부모로부터 애착을 유지하는 생존 방법을 외상적 애착traumatic attachment이라고 한다. 이러한 관점은 어린아이의 상황에서는 생존에 필요했지만 어른인 지금은 아니라는 것을 강조하고, 부모에게 얼마나 효도하는 것이 적절한지 균형된 시각을 갖도록 유도한다.

사례

> 한 환자가 회기 중에 부모에게 아동의 고통과 훈육의 문제점을 지적하는 심상을 도저히 못 하겠다고 포기하는 상황이 벌어졌다. 지금도 같이 살고 있는 부모고 그들에게는 나름대로 다 이유가 있을 거라면서 치료를 완강히 거부하는 과정에서, 치료자는 이 심상이 실제 지금의 부모에 대한 것이 아니라 마음속에 있는 과거 부모의 이미지에 작업하는 것이라고 설득하였으나 결국은 거절당했다. 치료자는 부모에 대한 심상을 포기하고, 대신 상처받은 아동기 자아와 작업하는 것을 시도하였다. 이 작업은 예상외로 잘 되어, 환자는 안도감과 편안함으로 회기를 마칠 수 있었다.

2. 스스로는 못 하겠다고 합니다

심상치료 중에 환자가 너무 두려워서 혹은 맞설 힘이 없어서 못 하겠다고 얘기하거나, 심지어는 가해자에게 공격당하거나, 비웃음을 사는 경우가 드물지만 있다. 치료자는 먼저, 환자의 성인 자기가 그 가해 인물에게 물리적, 언어적 개입을 할 수 있는 육체적, 심리적 조건이 되는지 현실적으로 판단하여야 한다. 만약 그렇지 않다고 느껴지면, 미리 재각본 단계에서 이를 반영하여 환자의 몸집을 거인처럼 크게 만들거나 가해자를 작게 만드는 사전 조치를 하는 것이 바람직하다. 또한, 환자가 무기나 방어막을 가지고 가해자를 대면하거나 다른 사람들, 특히 경찰이나 아동학대 조사관, 권위 인물과 동반하여 심상으로 들어갈 수도 있다.

사례

성폭행과 관련된 심상작업에서 가해자에게 물리적으로 대항하기 어려운 신체조건을 극복하기 위해, 환자는 킹콩처럼 몸집을 확대하여 개미처럼 보이는 가해자에게 하지 못했던 말과 행동을 하는 심상을 진행하였다.

사례

아동기 성학대 가해자에게 극복 심상을 작업하던 중, 본인은 못 할 것 같다고 해서 일종의 팀을 구성하여 진행하였다. 경찰, 아동학대 조사원, TV에 자주 나오는 소아정신과 원장님이 투입되었고, 극복과정뿐 아니라 이후 어린 시절 자아를 상담해 주고 치료해 주는 심상까지 이어질 수 있었다.

3. 심상 속의 아이가 헤어지는 것을 힘들어합니다

성인 자기가 보호와 위로를 제공하고 긍정적 상호작용 후 떠나려 할 때, 이후 일을 걱정하거나 이별에 대해 매우 슬퍼하는 경우가 있다. 예를 들어, 성인 자기가 떠난 후 다시 가해자와 같이 생활해야 하는 것에 대한 두려움, 성인 자기도 역시 떠나가서 다시 혼자 있어야 하는 슬픔일 수 있다. 우선 치료자는 심상 속의 아이가 불편한 이유를 파악해야 하고, 이에 상응하는 조치를 환자가 추가하도록 한다. 비상벨이나 핸드폰 단축키로 성인 자기를 부를 수 있게 하거나, 주기적으로 찾아오겠다고 안심시켜줄 수 있으며, 어떤 경우는 아이를 데리고 나와서 같이 사는 상황을 연출할 수도 있다.

사례

성인자아와 작별하는 과정에서 아동기 자아가 계속 울고 안 떨어지려는 상황이 연출되었다. 이 배경을 묻는 과정에서 환자는, 어린 시절 부모가 잠시 친척 집에 있으라는 말을 남기고, 수년간 사라졌던 기억을 떠올리며 또 버림받을까 봐 두려운 것 같다고 언급하였다. 치료자는 다시 심상을 통해 성인자아가 이러한 두려움을 공감해 주고, 정상화하도록 하고, 대처방안을 상의하여 하트모양의 비상벨을 주고 언제든지 필요할 때 누르면 만날 수 있다고 작업하였다.

기타

1. 과제를 꼭 주어야 하나요?

심상변화치료에서 과제는 필수적인가? 필수적이지는 않으나, 결론적으로 과제가 도움이 되는 것은 부인할 수 없다. 심상변화치료에서는 지속노출치료와 같이 세션의 녹음 내용을 반복적으로 듣는 과제는 필요 없으나, 새로운 기술이나 새로운 자아상과 같은 심상작업을 한 경우, 회기의 녹음이 효과 증진을 위해 필요하다는 것이 일반적인 견해이다.[131] 이 책에 소개하는 기법들도 새로 창출된 재각본이나 심상시연의 녹음, 그림 등을 다시 들어보거나 시연하는 과제를 부여하지만, 부여한 과제를 환자가 수행하지 않아도 효과는 나타났다. 물론, 새로 조성된 심상이 환자의 개인적인 과거 경험을 기반으로 하고, 주요한 심상 부분(핵심 요소, hot spot)이 의미 있게 대체되고, 그 맥락이 환자에게 어필되었다는 전제하에서다. 오히려 정서조절의 어려움을 겪고 있는 환자들은 과제 수행 중 불안감이 상승하거나 새로운 부정적 기억이 떠오르는 등 악화되는 경우도 있어서, 과제부여는 임상적 판단하에 사례에 맞춰 선택적으로 결정할 문제다.

사례

교통사고 후 가해 차량에 대한 침습 증상으로 힘들어하는 학생과 심상변화치료 중, 사고 차량이 젤리로 만들어져 있다고 상상하는 것으로 정하여 심상변화를 시도하였다

131 A. Hackmann, J. Bennett-Levy, and E. A. Holmes, "Establishing the Platform for Imagery Interventions: General Principles and Practices", in *Oxford Guide to Imagery in Cognitive Therapy* (Oxford University Press, 2011).

(젤리는 평소 학생이 좋아하는 간식이다!). 치료자는 하루 2회 새로운 각본을 시연하는 과제를 부여했으며, 다음 회기에서 과제 수행 여부를 묻자 환자는 다음과 같이 얘기했다. "선생님, 숙제 안 했어요. 안 해도 돼요. 이제는 차만 생각하면 젤리가 생각이 나서 키득키득 웃어요. 사고 생각은 안 나고 재미있는 생각으로 바뀌었어요."

2. 심상치료의 PTSD 치료효과를 입증한 임상연구가 있을까요?

외상치료 영역에서 심상치료가 사용된 것은 매우 오래전이었다고 1장에서 소개하였으나 재조명된 것은 지난 4반세기이며, 대부분 연구가 심상치료를 다른 치료의 일부분으로 포함하여 다루었기 때문에, 심상변화치료의 독립적인 효과 연구는 최근 5년 사이에 알려지기 시작하였다. 여러 학술단체나 기관에서 발행하는 PTSD 치료 가이드라인에 추천되는 치료들은 특정 치료의 무작위 임상연구들의 결과로 정해지는데, 아직까지 심상치료는 연구의 축적이 부족하여 준거중심의 PTSD 치료로 추천되지는 않고 있다. 최근 발행된 무작위대조연구를 간략히 소개한다.

1) 랑카스(Langkaas) 등의 2017년 연구[132]

67명의 PTSD 입원환자를 대상으로 총 10회기의 심상재각본[IR]과 지속노출치료를 무작위 대조연구한 결과, 치료 후와 1년 후 추적에서 동등한 결과를 보여주었다. 이는 PTSD의 표준치료와 견줄만한 효과가 나타났음을 의미한다. 1회기 당 치료시간은 90분에서 2시간이 소요되었다. 이 연구의 단점은 IR 자체가 상상노출의 요소를 동일하게 포함하고 이후에 심상재각본을 진행하기 때문에, 순수한 심상변화와 노출치료를 비교한 연구는 아니라고 할 수 있고, 입원환자의 특수성이 있어 일반적인 PTSD 환자군에게 일반화하기 어렵다는 점이다.

---

132 T. F. Langkaas et al., "Exposure and Non-Fear Emotions: A Randomized Controlled Study of Exposure-Based and Rescripting-Based Imagery in Ptsd Treatment", *Behav Res Ther* 97 (2017).

2) 드 한(de Haan) 등의 2021년 연구[133]

155명의 아동기 외상으로 인한 PTSD 환자를 대상으로 한 총 12회기(90분, 주 2회)의 심상재각본[ImRs]과 EMDR을 무작위 대조연구하여 치료 후와 1년 후 추적에서 동일효과를 입증하였다. 이 연구에 사용된 ImRs는 위 연구의 IR에 비해 상상노출 부분이 적어 더 독립적인 심상치료로 간주할 수 있겠다. 따라서 이 연구를 통해 심상변화치료가 효과적임을 기존의 준거기반치료와의 비교로 입증하였다. 양 연구에서 중도탈락률은 10% 미만으로 기존 연구에 비해 적은 편이었다.

3) 라베(Raabe) 등의 2022년 연구

최근 발표된 이 연구는 아동기 외상으로 인한 PTSD 환자를 대상으로 심상재각본치료의 단독 효과를 확인하고자 하였다. 아동기 외상을 경험한 PTSD 환자 61명을 세 집단으로 나누어 총 16회기(90분, 주 2회)의 ImRs를 단독으로 받은 집단, 8회기 STAIR(정동 및 대인관계 조절훈련)와 16회기 ImRs를 이어서 받은 집단, 8회기 대기군에 무작위로 할당한 후 각 집단의 치료 효과를 비교하였다. 연구 결과 ImRs의 치료 효과는 STAIR나 대기군에 비해 우월했고, STAIR와 ImRs를 모두 받은 환자군의 치료 효과와도 차이가 없었다. 이는 안정화 단계의 치료인 STAIR를 추가적으로 시행하지 않아도 ImRs가 단독으로도 효과적인 PTSD 치료일 수 있음을 시사하는 결과이다.

133 K. L. Boterhoven de Haan et al., "Imagery Rescripting and Eye Movement Desensitisation and Reprocessing as Treatment for Adults with Post-Traumatic Stress Disorder from Childhood Trauma: Randomised Clinical Trial," *Br J Psychiatry* 217, no. 5 (2020).

참고문헌

Arntz, A., M. Tiesema, and M. Kindt. "Treatment of Ptsd: A Comparison of Imaginal Exposure with and without Imagery Rescripting." J Behav Ther Exp Psychiatry 38, no. 4 (Dec 2007): 345-70.

Arntz, A., and A. Weertman. "Treatment of Childhood Memories: Theory and Practice." Behav Res Ther 37, no. 8 (Aug 1999): 715-40.

Arntz, Arnoud. "Imagery Rescripting as a Therapeutic Technique: Review of Clinical Trials, Basic Studies, and Research Agenda." Journal of Experimental Psychopathology 3, no. 2 (2012): 189-208.

Boterhoven de Haan, K. L., C. W. Lee, E. Fassbinder, S. M. van Es, S. Menninga, M. L. Meewisse, M. Rijkeboer, M. Kousemaker, and A. Arntz. "Imagery Rescripting and Eye Movement Desensitisation and Reprocessing as Treatment for Adults with Post-Traumatic Stress Disorder from Childhood Trauma: Randomised Clinical Trial." Br J Psychiatry 217, no. 5 (Nov 2020): 609-15.

Fidaleo, Raymond A, Tara Proano, and Robert D Friedberg. "Using Imagery Techniques to Treat Ptsd Symptoms in Bereaved Individuals." Journal of Contemporary Psychotherapy 29, no. 2 (1999): 115-26.

Hackmann, A. "Imagery Rescripting in Posttraumatic Stress Disorder." [In English]. Cognitive and Behavioral Practice 18, no. 4 (Nov 2011): 424-32.

Hackmann, A., J. Bennett-Levy, and E. A. Holmes. "Establishing the Platform for Imagery Interventions: General Principles and Practices." In Oxford Guide to Imagery in Cognitive Therapy, 29-42: Oxford University Press, 2011.

Klein, E., Y. Caspi, and S. Gil. "The Relation between Memory of the Traumatic Event and Ptsd: Evidence from Studies of Traumatic Brain Injury." Can J Psychiatry 48, no. 1 (Feb 2003): 28-33.

Langkaas, T. F., A. Hoffart, T. Oktedalen, P. G. Ulvenes, E. A. Hembree, and M. Smucker. "Exposure and Non-Fear Emotions: A Randomized Controlled Study of Exposure-Based and Rescripting-Based Imagery in Ptsd Treatment." Behav Res Ther 97 (Oct 2017): 33-42.

Raabe, S., Ehring, T., Marquenie, L., Arntz, A., & Kindt, M. (2022). Imagery Rescripting as a stand-alone treatment for posttraumatic stress disorder related to childhood abuse: A randomized controlled trial. Journal of Behavior Therapy and Experimental Psychiatry, 77, 101769.

Seebauer, L., S. Fross, L. Dubaschny, M. Schonberger, and G. A. Jacob. "Is It Dangerous to Fantasize Revenge in Imagery Exercises? An Experimental Study." J Behav Ther Exp Psychiatry 45, no. 1 (Mar 2014): 20-5.

Siegesleitner, M., M. Strohm, C. E. Wittekind, T. Ehring, and A. E. Kunze. "Improving Imagery Rescripting Treatments: Comparing an Active Versus Passive Approach." J Behav Ther Exp Psychiatry 69 (Dec 2020): 101578.

Thompson, K. E., M. Hamilton, and J.A. West. "Group Treatment for Nightmares in Veterans with Combat-Related Ptsd." NCP Clinical Quarterly 5, no. 4 (1995): 13-17.

van der Hart, O, and B. Friedman. "A Reader's Guide to Pierre Janet: A Neglected Intellectual Heritage." Dissociation 2 (1989).

Young, J. E., J. S. Klosko, and M. E. Weishaar. Schema Therapy: A Practitioner's Guide. New York, NY: Guilford Press, 2006.

김대호. 기본 치료 프로토콜 매뉴얼. 서울: 정신건강기술개발사업단/한양대학교 산학협력단, 2019.

부록

심상훈련지

1. 긍정 심상훈련

"본격적인 치료를 하기 전에 심상을 떠올리는(혹은 상상하는) 연습을 해보려고 합니다. 눈을 감으시고 하면 더 집중이 되어 좋지만, 원하시면 눈을 뜨고 하셔도 됩니다. 어떻게 하시겠습니까?"

눈감고 하기 __________ 눈뜨고 하기 __________

"좋습니다. 이제 긍정적인 상상을 해보겠습니다. 최근에 있었던 기분 좋은 일이나, 좋아하는 음식, 풍경이나 장소일 수도 있습니다. 즐거웠던 활동이나 좋아하는 동물 혹은 연예인일 수도 있습니다. 어떤 것이 좋을까요?"

____

"좋습니다. 그 이미지 혹은 상황을 마음속에 떠올려 보세요. 어떤 느낌이십니까?"

____ (긍정적이라면)

"그 이미지와 느낌을 조금 더 떠올려 보시겠습니다."

"지금은 어떻습니까?"

____

추가적인 연장: 심상훈련이 더 필요한 경우

"즐거운 심상을 조금 더 오래 상상해 보겠습니다. 상쾌한 감각을 더해볼 수 있습니다. 무엇이 보이는지 둘러보시고, 무슨 소리가 들리는지, 상쾌한 냄새는 없는지, 그 장면을 상상할 때 감정이나 몸의 느낌은 어떤지 살펴보시고 얘기해 주세요."

이미지 ____________________________ 소리 ____________________________

향기 ____________________________ 감정 ____________________________

몸의 느낌 ____________________________

"이 감각들에 집중하고 더 떠올리도록 하겠습니다."

"잘하셨습니다. 본격적인 치료에 들어가기 전에 지금 연습했던 심상을 하루 중에 시간을 내어 상상해 보는 연습을 하시면 좋겠습니다. 혹시 상상 중에 불편한 점이 생기면 멈추시고 다음 시간에 알려주십시오."

2. 심상바꾸기 연습

"심상변화치료를 경험하기 전에 간단한 연습을 해보겠습니다. 우선 지금 살고 있는 본인의 방을 한번 떠올려 보겠습니다."

간단히 떠올리게 하고, 다음으로

"그런데 방을 1주일 동안 치우지 않았다고 생각합시다. 이불과 벗어놓은 옷들이 사방에 흩어져 있고, 먹다 남은 과자 봉지와 그릇도 방바닥과 책상에 아무렇게나 버려져 있겠죠. 그리고 물건들도 정신없이 쌓여있습니다… 상상하셨습니까?"

이번에는 시간을 두고 창의적인 방법으로 지저분하게 만든다.

"이제는 방을 순식간에 깨끗이 청소하고 정돈된 모습으로 바꿉니다. 본인이 직접 치우거나 누군가의 도움으로 치운다고 생각하셔도 좋습니다. 완벽히 정돈된 모습의 방을 상상해 봅니다… 잘 되셨습니까?"

"이번에는 더 나아가 방을 새롭게 꾸밉니다. 가구를 새것으로 바꾸고, 벽지도 멋있고 마음에 드는 새것으로 바꿉니다. 그리고 원하는 물건들을 가져다 놓고 꾸며봅니다. 어떤 것을 갖다 놓거나 새롭게 꾸미고 싶습니까? … 좋습니다. 바뀐 방을 상상해 보십시오."

3. 유도심상

최대한 편안한 자세에서 몸에 불편한 것이 있으면 편하게 조치하고 시행한다.

"오늘은 상상을 통해 편안한 장소를 방문하여 여러 좋은 감각을 느끼고 심신을 안정시키는 연습을 해보겠습니다. 우선 최대한 편안한 자세를 취하시고 불편한 것이 있으면 편하게 하거나, 내려놓으셔도 됩니다."

"당신은 기다란 나무 계단을 내려와서 아름답고 넓게 펼쳐진 해변에 들어섭니다. 해변에는 아무런 인적이 없고 모래가 끝이 안 보일 정도로 길게 뻗어 있습니다. 모래는 매우 가늘고 가볍습니다… 하얀 색깔입니다. 당신은 맨발로 모래 위에 올라섭니다. 그리고 발가락 사이에 모래를 문지릅니다. 이 아름다운 해변을 천천히 걸어갑니다. 기분이 너무 좋습니다. 파도의 웅장한 소리는 마음을 진정시켜, 마음에 있는 어떤 것이든 내버릴 수 있을 것 같습니다. 당신은 파도가 들어왔다 나가는 것을 지켜보고 있습니다… 파도는 천천히 들어와서… 서로 뒤엉켜 부서지며… 그리곤 천천히 다시 흘러나갑니다. 바다 자체는 아름다운 푸른색입니다…. 푸른색을 바라보는 것만으로도 편안해집니다. 당신은 바다 위 멀리, 수평선까지 바라봅니다. 그리고 수평선이 보이는 끝까지 따라갑니다. 당신은 바다를 자세히 바라보다가, 해변에서 수 킬로 떨어진 곳에서 수면을 스치고 지나가는 작은 배를 발견합니다. 이런 풍경이 당신을 더욱더 홀가분하고 이완되게 합니다. 해변가를 따라 내려가면서 신선하고, 소금 냄새나는 바다의 공기를 느끼게 됩니다. 당신은 호흡을 깊게 들이마시고… 내쉽니다…. 청량감을 느끼고 더욱 편안해집니다. 당신의 머리 위로 갈매기 두 마리가 바다 쪽으로 날아갑니다…. 바람 속으로 솟구쳐 오르면서 우아하게 날아갑니다… 그리고 당신은 만약 날아갈 자유가 있다면 어떤 느낌일지 상상합니다. 당신이 해변가를 따라 걸어 내려가면서, 당신은 점점 더 편안한 이완 상태로 빠져듭니다. 당신은 바닷바람이 살며시 당신의 뺨을 향해 불어오는 것을 느끼며, 머리 위 태양의 따사함이 당신의 목과 어깨를 관통하는 것을 느낍니다. 따듯한 햇빛이 몸에 흘러내리는 느낌이 당신을 더욱 이완시킵니다…. 그리고 이 아름다운 해변에서 당신은 완전한 만족감을 느끼기 시작합니다. 참 아름다운 날입니다. 잠시 후, 당신 앞에 편안해 보이는 비치의자를 봅니다. 천천히, 그 비치의자에 다가서기 시작합니다… 그리고 당신은 그 위에 편안히 앉습니다. 편안한 비치의자에 누우면서, 당신은 홀가분하고 더욱 깊은 상태로 이완됩니다. 잠시 후, 눈을 감고 파도치는 소리를 듣습니다. 파도가 밀려오고 흘러나가며 끊임없이 반복합니다. 규칙적인 파도 소리는 당신을 더욱더 깊은… 더욱더 깊은 고요와 평화의 상태로 이끕니다."

과제 기록지

1. 주간 수면 기록지[134]

이름 ______ 치료 ____주 1일 ____년 __월 __일 __요일

	질문		1일	2일	3일	4일	5일	6일	7일
1	총 수면 시간	시간							
2	심상시연(낮)	했으면 O 표시를 해주세요.							
3	심상시연(취침 전)	했으면 O 표시를 해주세요.							
4	이완(낮)	했으면 O 표시를 해주세요.							
5	이완(취침 전)	했으면 O 표시를 해주세요.							
6	악몽 횟수	하룻밤에 꾼 악몽 횟수							
7	악몽으로 인한 불편감 (0~10)	없음 0 ~ 최고 10							
8	수면의 만족도(0~10)	최악 0 ~ 최고 10							
9	오늘의 스트레스 점수	없음 0 ~ 최고 10							

2. 녹음듣기 숙제

"녹음을 들으시기 전에, 듣기 전 느껴지는 주관적 불편감 점수(SUDS 점수), 들으신 후 SUDS 점수, 녹음을 들으면서 가장 높은 SUDS 점수를 적어주세요. 가장 큰 고통은 100, 고통이 없거나 괜찮은 것을 0, 중간 정도, 즉 불편하지만 아직은 참을 수 있는 정도가 50입니다."

---

134 Adapted from Thompson, K. E., M. Hamilton, and J.A. West. "Group Treatment for Nightmares in Veterans with Combat-Related Ptsd." *NCP Clinical Quarterly* 5, no. 4 (1995): 13-17.

요일/시간		듣기 전 SUDS 점수	가장 힘든 순간 SUDS 점수	듣기 후 SUDS 점수
월				
화				
수				
목				
금				
토				
일				

워크시트

1. 심리교육

1) 시작하기

“이번 시간은 충격적인 사건을 경험하면 누구에게나 생길 수 있는 불편한 점들에 대해 알려드리고, 불편함이 생기는 이유와 얼마나 오래가는지, 치료는 어떻게 하는가에 대해 설명해 드리려고 합니다. 올바른 정보를 얻는 것이 불편함을 해결하는 첫 단계입니다.”

2) 외상의 정의

“외상 혹은 트라우마란 우리가 감당하기 어려운 사건을 겪은 것을 의미합니다. 여기서 말하는 트라우마 사건에는 재난, 사고, 전쟁, 성폭행, 폭력 등 충격적인 사건들이 있습니다.”

기준되는 외상 사건 ______________________________

3) 정상화와 타당화

“이런 일을 경험하면 누구나 다양한 불편한 증상들, 즉 외상 반응을 보일 수 있습니다. 이것은 정상적인 반응이며 이상하게 되거나 미쳐가는 것은 아닙니다. 사건이 발생한 후 처음에는 대부분 이런 증상이 생기지만 시간이 지나면서 회복됩니다. 단일한 사고나 사건은 거의 100% 회복이 되는데, 다만 회복되는 시기가 사람마다 차이가 있고 일부는 수년간 오래 지속되는 경우가 있습니다. 그래서 회복을 앞당기기 위해 치료가 필요한 것입니다.”

4) 외상 반응의 의미

"지금 불편한 것은 한마디로 요약하면, 놀란 기억이 몸과 마음에 남아 있어서 그렇습니다. 마치 상한 음식을 먹거나 지나치게 과식을 하면 소화가 안되어 더부룩하고 신물이 넘어오는 것과 같습니다. 또 다른 비유는 뇌는 세탁기, 기억은 세탁물과 같다고 생각하시면 됩니다. 외상기억은 세탁기가 처리할 수 있는 세탁물이 한계를 초과한 것입니다. 그래서 세탁기인 뇌는 세탁은 해야 하기 때문에 기억을 떠올리지만 세탁이 되지 않는 과정이 반복됩니다. 치료는 몸이 과식한 것을 잘 소화하도록, 뇌가 과도한 세탁물을 잘 세탁하도록 도와주는 것입니다."

"외상경험후 반응은 네 가지로 나누어 생각할 수 있습니다. 그런데 이 불편한 반응은 나름대로 다 이유가 있고 충분히 납득이 되는 것들입니다. 심지어는 나에게 도움을 주려는 좋은 의도가 숨겨져 있습니다. 외상경험자에게 나타나는 반응 네 가지를 하나씩 살펴보겠습니다."

"첫째는 사건과 관련된 기억이 반복해서 떠오르는 것입니다. 내가 원치 않는데 왜 이런 현상이 나타나는 것일까요? 이것은 앞으로 이런 일이 또 있을지도 모르니까 잊지 말자, 기억해야 한다는 뇌의 메시지입니다. 우리 자신을 위험으로 보호하기 위해 잊지 말고 지내자는 좋은 의미입니다. 그러나 문제는 너무 자주, 너무 심하게 떠오르며, 이해하기 어렵게 부분적인 측면(예, 순간적인 장면이나 느낌, 감각)만 기억나기 때문에 이상하게 느껴지는 것입니다. 어떤 경우는 그때의 상황이 영화처럼 내 앞에서 펼쳐지기도 합니다. 단순히 이것은 나를 도와주려는 의도가 너무 과도한 것뿐입니다."

"둘째는 우리의 몸과 마음이 너무 과하게 대비해서 준비하는 것입니다. 준비는 혹시라도 미래에 안 좋은 일이 생기면 나 자신을 보호하기 위해 꼭 필요한 일이지요. 문제는 너무 과도하다는 것입니다. 비상 상황도 아닌데 수시로 경계경보가 울리고 항상 긴장하도록 하기 때문에 쉽게 놀라고, 예민하고 잠도 안 오는 것입니다. 마치 도난경보기 센서가 너무 예민해져서 옆에 사람만 지나가도 울리는 상태라고 보시면 됩니다."

"셋째는 안 좋은 것을 과도하게 차단하는 것입니다. 불편한 감정을 못 느끼게 되고 사건 기억을 잊어버릴 수 있습니다. 그리고 사건을 연상시키는 것들을 피하게 됩니다. 심한 경우 비현실감을 느끼거나 자신이 자기가 아닌 것처럼 느끼기도 합니다. 이러한 반응은 당장은 불편함을 줄이는 데 어느 정도 효과가 있을 수도 있습니다. 그러나 즐거운 감정을 느끼기 어렵게 되고 사건 후 불편한 상황들을 자꾸 피하게 되다 보니 세상과 단절되는 부작용이 생깁니다."

"넷째는 이렇게 예민한 상태가 계속되면 몸과 마음이 지치고 안 좋은 생각과 감정이 계속 들어 부정적이게 됩니다. 공포, 두려움, 우울감, 소외감, 죄책감, 무감각, 분노 같은 불편한 감정들이 계속되고 자기 자신, 타인, 세상도 부정적으로 보게 됩니다."

5) 외상후스트레스장애 증상 설명

면접 검사지, 혹은 설문지를 활용하여 내담자와 함께 증상에 대해 이야기를 나누어 볼 수 있다.

"외상 사건 경험후 가장 대표적인 반응인 외상후스트레스장애에 대해 설명드리겠습니다. 크게 네 가지 증상이 있습니다."

(1) 침습

"침습은 사건과 관련된 기억이나 기억의 일부가 떠오르는 것입니다. 즉, 생각, 감각적 요소(장면, 소리, 냄새, 신체감각), 감정이 올라오게 됩니다. 어떤 경우는 악몽으로 나타나기도 하고, 극단적인 경우는 영화 장면처럼 선명히 떠오르기도 합니다. 이것을 플래시백이라고 하는데 마치 그 상황에 있는 것처럼 생생하게 느끼고 행동하게 됩니다. 또한, 사건을 떠오르게 하는 것들 때문에 괴롭거나 신체반응이 오기도 합니다."

침습 증상(있음 ________ 없음 ________)

____

____

____

(2) 회피

"외상을 경험하고 불편한 감정들이 계속되면 우리의 마음은 이를 차단하거나 피해서 자신을 보호하려 합니다. 그런데 처음에는 자연스러운 반응이지만 이것이 계속되고 반복되면 우리 활동에 제한이 생깁니다. 예를 들어, 사건을 떠오르게 하는 상황이나 사람을 피하게 되고, TV의 뉴스나 사고 장면이 나오는 영화를 보지 않기도 합니다."

회피 증상(있음 _______ 없음 _______)

____

____

____

(3) 인지와 기분 변화

"외상 사건을 경험한 다음 안 좋은 생각이나 나쁜 기분이 계속될 수 있습니다. 세상이나 사람들, 자신에 대해 부정적으로 생각하게 되고, 두려움, 공포, 분노, 수치심, 죄책감 같은 안 좋은 감정들이 지속되기도 합니다. 평소 좋아하던 활동이 재미없어지고 사람들로부터 소외감을 느낄 수도 있습니다. 감정이 메말라 긍정적인 감정을 느끼기 어렵기도 합니다."

인지와 기분 변화 증상(있음 _______ 없음 _______)

____

____

____

(4) 과각성

"과각성이란, 우리의 몸과 마음이 지나치게 경계상태에 있는 것입니다. 예민해지기 때문에 주위 사람들에게 쉽게 화를 내기도 합니다. 지나치게 주위를 살피고, 소스라치게 놀라기도 합니다. 그러나 보니 긴장되고 피곤한 상태가 계속되기도 합니다. 신경이 곤두서니 잠도 안 오고 집중력이 떨어져 치매로 오인되기도 하지만 치매가 아니고 건망증입니다. 때로는 술을 많이 마시거나 자해와 같이 자신에게 해로운 행동을 하기도 합니다."

과각성 증상(있음 ______ 없음 ______)

____

____

____

6) 기타 외상 관련 문제 설명

해당 증상이 없으면 생략 가능함.

"외상후스트레스장애 외에도 다음과 같은 증상이 있을 수 있습니다."

(1) 해리

"해리 증상은 자신의 몸이나 자신으로부터 분리가 되는 경험입니다. 내가 아닌 것 같이 느끼기도 하며, 내 주변 일들이 마치 다른 사람에게 일어나는 것처럼 느끼기도 합니다. 주변 환경에 대한 인식이 줄어들거나 낯설게 느껴지고 꿈꾸는 것 같기도 합니다. 몸이 마비되거나 일시적으로 시력이나 청력을 상실할 수도 있습니다. 어떤 경우는 사고 당시 상황이나 일상생활 일부가 기억나지 않을 수도 있습니다. 해리는 너무 충격적인 경험과 반응을 뇌가 강력히 차단하기 때문에 생기는 것으로 이해하시면 됩니다."

해리 증상(있음 ______ 없음 ______)

____

____

____

(2) 통증 및 신체증상

"사고 당시 다치지 않은 경우에도 몸에 통증이나 불편함이 있을 수 있습니다. 물론 당시에 다치거나 통증이 있었다면 더욱 더 그럴 수 있습니다. 이러한 신체증상은 일반적인 의학적 검사에 나타나지 않을 수도 있습니다. 그렇다고 이것이 꾀병이나 과장된 것은 아닙니다. 실제 몸이 불편하거나 아픈 증상입니다. 대부분은 긴장, 불안, 사고 당시의 신체에 남은 기억 때문에 그렇습니다. 많이 불편하시더라도 실제 큰 신체적 병이 생긴 것은 아니며, 시간 경과에 따라 호전되고 치료될 수 있다는 점을 기억하시기 바랍니다."

통증이나 신체증상(있음 ______ 없음 ______)

(3) 우울장애

"종종 외상경험후 슬픔이나 우울감이 있을 수 있습니다. 사는 것이 귀찮고 재미없어지기도 합니다. 이로 인해 희망 상실, 절망감, 잦은 울음 등을 경험할 수 있고, 때로는 자해나 자살에 대해 생각하기도 합니다. 그런데 이런 증상이 2주 이상 지속되면서 이로 인해 고통스럽고 일상생활에 지장이 올 수도 있는데, 이때는 우울장애가 생겼을 가능성이 있습니다. 우울장애는 외상후스트레스장애와 흔히 동반되는 질환이며, 외상후스트레스장애가 호전되면 회복됩니다."

우울 증상(있음 ______ 없음 ______)

(4) 불안장애

"외상경험후 불안이나 두려움의 증가는 당연한 결과이며, 특별한 상황이나 자극에 불안해지는 경우가 대부분이지만 아무런 이유도 없는데 불안하기도 합니다. 공포증, 사회불안증, 범불안장애, 공황장애가 동반할 수 있습니다. 중요한 것은 이로 인해 몸은 힘들지만 실제 몸에 이상이 생긴 것은 아니며, 이러한 불안증상은 치료로 호전된다는 점입니다."

불안 증상(있음 _______ 없음 _______)

___

___

___

(5) 물질이나 행위 중독

"외상 사건을 겪으면 정신적으로 신체적으로 힘들기 때문에, 이를 나름대로 치료하고 줄여보려고 술이나 수면제, 혹은 음식, 게임, 스마트폰, 어떤 경우는 위험한 행동(예를 들어 과속운전이나 사람들과 싸움)을 반복하기도 합니다. 이는 모두 고통과 긴장, 불안을 줄여보려는 시도입니다. 사실 기분을 전환하고 힘들 때 신경을 돌릴 수 있는 건강한 행위는 오히려 치료에 매우 도움이 되므로, 좋은 취미나 활동 거리를 만드시는 것이 필요합니다. 어떤 활동을 습관화하면 좋을 것 같으신가요?"

중독 증상(있음 _______ 없음 _______)

___

___

___

7) 경과와 치료 안내

"지금 불편한 것들이 언제까지 계속될까 궁금하시지요? 좋은 소식은 시간이 경과하면서 호전된다는 점입니다. 심지어는 치료가 없어도 시간이 많이 지나면 좋아집니다. 그러나 그 시간이 매우 오래 걸리는 분들도 있고, 자연회복까지 기다리는 데 고통과 손실이 너무 클 수 있습니다. 따라서 치료를 통해 회복을 빠르게 앞당길 수 있습니다."

"그렇다면 현재 겪고 계신 고통을 완화시키는 방법, 그러니까 치료방법이 무엇이 있는지 말씀드리겠습니다. 우선적으로 모든 치료는 안정화 단계를 거쳐야 하고, 그 이후에 불편한 기억을 덜 불편하게 만드는 방법들을 함께 배워보겠습니다. 또한, 사건에 대한 기억이 덜 불편해지면 사건에 대한 의미를 되새기고, 다시 사회와 일상생활로 돌아가는 부분들을 도와드리게 됩니다."

(1) 안정화

"안정화 기법은 외상을 경험하고 난 후 생기는 불편함을 줄이고, 증상을 조절하는 기술입니다. 트라우마를 경험하면 고통스러운 기억, 여러 불편한 감정과 감각이 나타나는데, 이때 몸과 마음을 진정시키는 방법들을 말합니다. 이 방법을 배우고 스스로 조절할 수 있는 능력을 키우게 됩니다. 또한, 안전감과 긍정적인 감정을 높이는 방법들도 같이 연습하게 됩니다. 배운 방법들을 집에서 불편할 때 연습하여 익숙해진다면 지금보다 많이 편안해지실 겁니다. 우선적으로 이 안정화 치료를 저와 함께 해보겠습니다."

(2) 기억다루기

"안정화 치료가 끝나면 기억에 대한 치료를 진행합니다. 아시다시피 트라우마 문제는 기억의 문제라고 할 수 있습니다. 기억을 지울 수는 없지만, 기억을 덜 불편하게 만드는 것은 가능합니다. 아까 말씀드린 소화되지 않은 음식을 소화시키는 것처럼, 기억을 덜 불편하게 만들고 그것을 소화하도록 바꾸는 치료를 진행할 것입니다. 이렇게 기억을 뇌가 소화한다면 그 영향으로 나타났던 생각, 기분, 감정의 문제도 따라서 좋아지기 마련입니다."

8) 피드백

"오늘 얘기한 내용 중 궁금한 점이나, 덧붙이고 싶은 점이 있으면 말씀해 주세요."

2. 유발요인 찾기

1) 시작하기

"외상 사건을 경험하면 흔히 원치 않는 기억이나 생각, 감정, 감각이 자꾸 떠오르거나, 이것에 빠져 몰입하게 될 수 있습니다. 또 멍해지거나 딴 세상에 가 있는 것 같거나, 꿈꾸는 것 같고 주위가 사실이 아닌 것처럼 느껴지기도 합니다. 이는 트라우마를 경험한 분들에게 흔히 있는 일입니다. 대부분의 경우, 이런 현상은 트라우마를 경험할 당시의 기억을 자극하는 어떤 단서가 있어 생기는데요, 그 당시의 상황, 신체감각, 기분, 생각과 유사한 내/외적 자극이 이런 증상을 유발하게 됩니다."

"이번 시간은 내가 언제 불편해지는지 그 자극요인 혹은 유발요인을 찾고, 이를 예측해서 불편해지기 전에 대처하는 방법을 알려드리는 시간입니다. 특별한 이유 없이 불편해진다고 느끼실 수 있지만, 실제로는 대부분 자극요인이 있어서 이로 인해 불편함이 유발되는 것입니다. 유비무환이라는 말이 있듯이 알고, 준비하고, 잘 대처할 수 있도록 만드는 시간입니다."

"우선 유발요인이 무엇인지 알려드리고, 그 예를 들어드리겠습니다. 그런 다음에 저와 같이 지금 불편함을 야기하는 유발요인을 찾고, 이에 대한 대처방법을 상의해 드리겠습니다."

2) 유발요인의 정의

"유발요인은 지금 반복적으로 불안, 공포, 분노, 슬픔, 무기력, 신체증상 등 불편함을 일으키는 단서 혹은 자극이라고 할 수 있습니다. 유발요인에 노출이 되면 사건 당시의 생각이나 기억이 떠올라 불편할 수도 있고, 그 기억에 완전히 빠져서 이후에 무슨 일이 일어났는지 모르게 되는 경우도 생길 수 있습니다. 어떤 유발요인이 있을까요?"

대상자의 대표적 유발요인: ______________________________

____

"그것에 노출되면 어떤 반응이 일어납니까?"

유발요인 노출 후 반응: ______________________________

____

3) 유발요인 찾기

"지금 말씀하신 ____________ 외에도 찾아보면 유발요인이 더 있을 수 있습니다. 대개 4~5가지 이상의 유발요인이 있습니다. 유발요인은 장소나 사람, 상황뿐 아니라 감각적, 감정적인 요소도 포함됩니다. 이런 것을 내적 요인이라고 하는데, 이것은 스스로 찾기가 어렵습니다. 자, 이제 저와 같이 여러 가지 유발요인들을 살펴보면서, 본인에게 해당되는 것을 한번 찾아보기로 하겠습니다."

"어떤 상황에서 사건과 관련된 느낌이 올라오거나 불편해집니까?"

시각, 보이는 것

____

소리, 냄새 혹은 맛

____

신체감각(몸의 느낌, 촉감, 통증, 움직임, 자세, 진동, 어지러움)

____

하루 중 시간, 계절, 날짜(기념일)

____

상황, 사람, 장소, 물건

____

각성(예민하거나 집중하려 할 때), 화, 스트레스, 강한 슬픔이나 불안

____

생각이나 행동

____

4) 주요 유발요인 찾기

"지금 저와 함께 찾은 유발요인 중 가장 심하고 문제되는 세 가지를 말씀해 주시겠습니까?"

유발요인 1 ______________________________________

유발요인 2 ______________________________________

유발요인 3 ______________________________________

5) 대처방법 조사

"위의 세 가지 유발요인에 대처하는 방법이 있으면 알려주세요. 마음을 진정시킨다든지 어떻게 하면 영향을 덜 받는지요."

____

____

____

6) 추가적인 대처방법 상의

"혹시 더 좋은 방법이 있을지 한번 같이 생각해 봅시다. 간단하게 몸을 움직인다든지, 음악을 듣는다든지, 심호흡한다든지."

____

____

____

7) 종료

"수고하셨습니다. 다음에는 보다 적극적으로 이러한 유발요인에 대처할 수 있는 방법을 가르쳐 드리겠습니다. 착지연습, 즉 불편함에 빠지지 말고 현실에 머무르는 방법입니다.

여러 가지 방법을 알려드리는데, 이 중에서 본인에게 효과가 있는 방법을 찾게 되면 불편해지기 전에 혹은 불편해지더라도 훨씬 덜 불편하도록 조절하실 수 있습니다.”

3. 착지연습

1) 시작하기

"이제 저와 함께 배워 볼 치료는 착지연습이라는 안정화 기법입니다. 앞서 설명해 드린 대로 우리는 유발요인들로 인해 쉽게 트라우마를 경험했을 당시로 몰입되고 집중되기도 합니다. 외부 환경을 경험하는 감각, 즉 시각, 청각, 신체감각 및 움직임 등의 지각적 요소에 주의를 기울이면서 과거 외상경험의 기억으로 빠지지 않고 현재에 머무를 수 있게 도와주는 방법입니다. 우리는 착지연습을 통해 지금, 여기에 존재할 수 있고요, 신체를 안전하게 통제할 수 있게 됩니다. 따라서 오늘 하는 연습으로 안 좋은 기억에 빠지거나, 멍해지거나 현실감이 없어지는 것을 예방하거나 줄일 수 있습니다. 이런 증상이 자주 있는 분들은 증상이 없을 때에도 수시로 연습하시면 좋습니다. 이 방법들은 졸릴 때 잠을 쫓는 방법과 유사합니다."

2) 시각적 착지

"우선 보이는 것에 집중하는 연습을 해보겠습니다. 지금 여기 상담실을 천천히 둘러보시고, 보이는 다섯 가지를 얘기해 주세요."

1. ________ 2. ________ 3. ________ 4. ________ 5. ________

"잘하셨습니다. 다음에는 다섯 가지를 하나하나 자세히 보시고 모양이나 색깔, 크기가 어떤지, 어떤 느낌이 들었는지 등 좀 더 자세하게 표현해 주세요."

1. ________________________________
2. ________________________________
3. ________________________________
4. ________________________________
5. ________________________________

3) 청각적 착지

"다음은 들리는 소리에 집중하는 것입니다. 어떤 소리가 들리는지 천천히 눈을 감고 들어 보세요. 그리고 지금 상담실에서 들리는 소리 세 가지를 천천히 얘기해 주세요."

1. ________ 2. ________ 3. ________ 4. ________ 5. ________

"잘하셨습니다. 다음에는 세 가지가 어떻게 들리는지 자세히 기술해 주세요."

1. ________________
2. ________________
3. ________________

4) 신체감각적 착지

"다음은 무엇을 만지거나 접촉할 때 느껴지는 몸의 느낌에 집중하는 것입니다. 자, 우선 의자 팔걸이나 옆 부분을 만져 보세요. 손의 느낌을 말씀해 주세요."

____

"이번에는 엉덩이와 등을 의자에 붙이고 느낌을 얘기해 주세요."

____

"발바닥을 바닥에 붙이고 무게를 실어 보세요. 발바닥이 바닥에 닿는 느낌이 어떠신가요?"

____

(물건을 건네며) "이걸 만져 보시고 느낌이 어떤지 얘기해 주세요."

____

"주머니나 가방에서 한 가지 물건을 꺼내서 만져 보세요. 손의 느낌이 어떠신가요?"

____

5) 운동감각적 착지

"이번에는 간단한 동작들을 저를 따라서 해보겠습니다."
"박수치기 세 번을 해보겠습니다."
"이제 다섯 번 박수를 쳐보겠습니다."
"어렸을 때 했던 잼잼 동작을 왼쪽, 오른쪽 번갈아 하겠습니다."
"어깨와 등을 한번 쭉 펴시고, 앞으로 세 번, 뒤로 세 번 돌려보겠습니다."
"양 발가락을 꼼지락거리면서 움직여 보세요."
"제가 먼저 화장지 한 장을 던지겠습니다. 받고 또 저한테 던져 주세요."
"이번에는 저를 따라 한쪽 팔꿈치를 다른 쪽 무릎에 대는 동작을 반복해 보겠습니다."

6) 피드백 및 종료

"오늘 해보신 기법들 중에서 어떤 것이 도움이 될지 두 가지만 골라보시겠습니까?"
시각 ________ 청각 ________ 신체감각 ________ 운동감각 ________

"이 기법들을 어떤 상황에서 써보고 싶으십니까?"
1. ________
2. ________
3. ________

"이 상황에서 도움이 될 것들이 추가로 있으신가요?"
1. ________
2. ________
3. ________

"이 방법들을 사용해 보시고 다음에 어떠셨는지 말씀해 주세요. 잘 활용하시길 바랍니다."

4. 봉인연습

1) 시작하기

"현재 나를 불편하게 하는 생각이나 감정, 감각 등 모든 것을 한꺼번에 집어넣을 수 있는 이미지, 즉 단단한 상자나 금고를 만들어 보려 합니다. 이를 통해 나를 괴롭히는 것들로부터 안도감과 통제감을 느낄 수 있습니다."

"단단하고 새지 않는 것이 좋습니다. 예를 들어, 금고나 철제 상자, 캐비닛, 단단한 박스일 수도 있습니다."

2) 이미지 만들기

"자신의 모든 불편한 것을 충분히 담을 수 있는 이미지를 떠올려 보십시오."

"어떤 것인가요?" ______________________________

"무엇으로 만들어져 있나요?" ______________________________

"그 모양은 어떻습니까?" ______________________________

"크기와 색깔은 어떤가요?" ______________________________

3) 봉인 방법 정하기

"그 ___(용기)___ 을(를) 닫는 방법을 정해 봅시다. 뚜껑일 수도 있고 마개나 여닫는 문일 수도 있습니다. 그리고 자물쇠, 열쇠, 쇠사슬, 강력 접착제, 테이프, 용접 등 봉인하는 방법도 정해 봅시다."

봉인 방법: ______________________________

4) 봉인

"봉인하고 싶은 불편한 모든 것을 담는다고 생각해 봅시다. 마치 안이 보이지 않는 검정 비닐봉지에 넣었다고 생각하세요. 그리고 그 ___(용기)___ 을(를) 마음속에 떠올리십시오. 불편한 모든 것들을 그 ___(용기)___ 안에 넣습니다. 필요한 만큼 천천히 하세요. 가능한 한 많이 넣어보세요. 충분히 다 들어갔다고 생각하면 뚜껑을 닫아 보겠습니다. 심호흡하시고 눈을 떠 보세요."

5) 평가

"어느 정도 들어갔습니까?"

다 들어간 경우나 대부분 들어간 경우

"그럼 이제 그 ___(용기)___을(를) ____________로(으로) 봉인해 보겠습니다."

상당 부분 안 들어간 경우

"조금 더 넣을 수 있는 방법이 무엇일까요? 더 크거나 단단한 용기로 바꿀 수 있고, 아예 쓰레기 처리장에 용기를 처리해 버리는 것을 상상할 수 있습니다."

6) 강화

"잘하셨습니다. 기분이나 신체감각은 어떠세요?" ____________________________

긍정적인 느낌을 보고하는 경우

"그 ___(감각)___에 집중하고 천천히 숨을 쉬면서 좀 더 진행하겠습니다." (10초 정도 후)
"어떻습니까?" ____

7) 종료

"어떤 분들은 불편함을 담아놓은 용기를 처리하는 상상을 하길 원합니다. 혹시 그 용기를 여기 상담실에 놓고 가거나, 땅에 파묻거나 소각하시고 싶으십니까?"

만약 그렇다면, 처리하는 상상까지 진행한다.

"오늘 수고하셨습니다. 지내시면서 스트레스 받거나 불편할 때 이 용기를 사용해서 담고 처리하는 상상을 하시면 좋습니다."

5. 안전지대 연습

1) 장소 설정

"아무한테도 방해를 받지 않고, 편안하고 안전하게 느껴질 장소를 떠올려 보십시오. 가보았던 장소도 좋고 상상의 장소도 좋습니다. 고요하고 안전하게 느껴지는 곳을 생각하세요. 바닷가나 계곡, 편안한 방일 수도 있습니다."

____

____

2) 감각적 요소 설정

"당신의 안전한 장소인 ________________ 을(를) 떠올리면…."
"무엇이 보입니까?" ________________________
"무엇이 들립니까?" ________________________
"어떤 좋은 냄새가 납니까?" ____________________
"어떤 감정이 느껴집니까?" ____________________
"몸에는 어떤 감각이 느껴집니까?" ________________

3) 강화

"안전지대의 풍경, 소리, 냄새 등 하나하나 제가 불러드릴 테니 집중해 보세요."
"우선 아까 얘기하신 ________________ 장면을 떠올리시고 집중해 보세요."
"이번엔 ________________ 소리를 들어보세요."
"________________ 의 향기를 직접 맡아 본다고 상상하세요."
"그리고 ________________, 그 감정을 느껴보세요."
"마지막으로 ________________, 몸의 감각을 느껴보세요."
"상상하시는 동안 불편함은 없으셨습니까? 이번에는 연이어서 제가 불러드릴 테니 그 장소의 감각들을 집중하고 천천히 심호흡을 해보세요."
"지금 어떻습니까?"

긍정적이면 수차례 반복한다.

"좀 더 해보겠습니다. 거기에 집중하십시오. 지금은 어떤 것이 느껴지시나요?"

---

4) 이름 짓기

"당신의 안전지대를 부를 수 있는 이름이 있나요? 뭐라고 이름을 붙이면 잘 연상할 수 있을까요?"

---

5) 종료

"수고하셨습니다. 이제 불편감을 느끼거나 스트레스를 받을 때, 언제라도 찾아가서 안전하게 쉴 수 있는 마음의 공간이 생겼습니다. 연습하셔서 잘 활용하시기 바랍니다."

6. 자원강화

1) 시작하기

"외상 사건을 경험하면 종종 예전에는 충분히 할 수 있었던 일도 어렵게 느껴질 수 있습니다. 재난 혹은 트라우마는 무력감을 느끼게 하고, 우리의 통제력을 잃게 하기 쉽기 때문입니다. 따라서 이번 시간에는 현재, 혹은 앞으로 있을 일들을 잘 대처하고 해결하기 위한 긍정적 자원을 키우는 치료를 해보겠습니다."

2) 문제 상황 탐색과 평가

"앞으로 어떤 문제를 해결하고 싶습니까?"

____

____

"지금 그 상황을 생각해 보면, 0점은 전혀 문제가 없다, 5점은 어려움이 있지만 견딜 수 있는 정도이다, 10점은 상상할 수 있는 최악이라면 그 상황은 어느 정도라고 생각하십니까?"

0	1	2	3	4	5	6	7	8	9	10
(전혀 문제 없음)					(견딜 수 있음)					(최악)

3) 자원 탐색

"어떠한 자원, 즉 능력, 장점 혹은 강점이 이 문제를 해결하는 데 필요할까요?"

(예: 자신감, 강함, 용기, 희망, 여유, 확신, 자기주장, 유연성, 감정조절, 안정감)

1. ____
2. ____
3. ____

4) 자원의 강화 및 연결

(1) 첫 번째 자원: ____________________

"첫 번째 자원인 ________을(를) 생각해 봅시다. 언제든지 이러한 능력(혹은 자원)을 느꼈던 상황이 있었나요? 혹은 내가 가장 _______하게 느끼고, 행동했던 적은 언제였나요?"

자기 경험에서 자원을 못 찾으면, 자원을 가진 지인 혹은 가상의 인물, 대상을 찾는다.

____

"그때 상황의 이미지를 상상할 수 있나요? 그때를 생각하면 어떤 장면이 보이세요?"
이미지: ____________________

"그때를 생각하면, 몸의 느낌이 어떻습니까?"
신체감각: ____________________

"__(몸의 느낌을 기술)__은(는) 몸 어디서 느낍니까?"
신체감각 위치: ____________________

강화

"____(이미지)____, ___(몸의 감각과 위치)___을(를) 느끼면서 집중을 해봅니다." (5~10초)
"무엇이 떠오릅니까?"

____

긍정적 연상 시

"자, 거기에 집중하고 좀 더 상상해 보겠습니다."

____

(반복) ____

(반복) ____

연상내용이 긍정적이거나 중립적이면 수차례 강화를 계속한다. 부정적 연상이 나타나면 조치하거나 다른 자원으로 넘어간다.

연결

"그 당시의 자신이 지금 당신에게 얘기를 해준다면 뭐라고 할 것 같습니까?"

____

(2) 두 번째 자원: ____________________

"두 번째 자원인 ________ 을(를) 생각해 봅시다. 언제든지 이러한 능력(혹은 자원)을 느꼈던 상황이 있었나요? 혹은 내가 가장 ________ 하게 느끼고, 행동했던 적은 언제였나요?

자기 경험에서 자원을 못 찾으면, 자원을 가진 지인 혹은 가상의 인물, 대상을 찾는다.

____

"그때 상황의 이미지를 상상할 수 있나요? 그때를 생각하면 어떤 장면이 보이세요?"
이미지: ____________________

"그때를 생각하면, 몸의 느낌이 어떻습니까?"
신체감각: ____________________

" (몸의 느낌을 기술) 은(는) 몸 어디서 느낍니까?
신체감각 위치: ____________________

강화

" (이미지) , (몸의 감각과 위치) 을(를) 느끼면서 집중을 해봅니다." (5~10초)
"무엇이 떠오릅니까?"

____

긍정적 연상 시

"자, 거기에 집중하고 좀 더 상상해 보겠습니다."

____

(반복) ______________________________

(반복) ______________________________

연상내용이 긍정적이거나 중립적이면 수차례 강화를 계속한다. 부정적 연상이 나타나면 조치하거나 다른 자원으로 넘어간다.

연결

"그 당시의 자신이 지금 당신에게 얘기를 해준다면 뭐라고 할 것 같습니까?"

____

(3) 세 번째 자원: ______________________________

"세 번째 자원인 ________을(를) 생각해 봅시다. 언제든지 이러한 능력(혹은 자원)을 느꼈던 상황이 있었나요? 혹은 내가 가장 ________하게 느끼고, 행동했던 적은 언제였나요?

자기 경험에서 자원을 못 찾으면, 자원을 가진 지인 혹은 가상의 인물, 대상을 찾는다.

____

"그때 상황의 이미지를 상상할 수 있나요? 그때를 생각하면 어떤 장면이 보이세요?"
이미지: ______________________________

"그때를 생각하면, 몸의 느낌이 어떻습니까?"
신체감각: ______________________________

“ (몸의 느낌을 기술) 은(는) 몸 어디서 느낍니까?
신체감각 위치: ______________________

강화

“ (이미지) , (몸의 감각과 위치) 을(를) 느끼면서 집중을 해봅니다.” (5~10초)
“무엇이 떠오릅니까?”

____

긍정적 연상 시

“자, 거기에 집중하고 좀 더 상상해 보겠습니다.”

____
(반복) ______________________
(반복) ______________________

연상내용이 긍정적이거나 중립적이면 수차례 강화를 계속한다. 부정적 연상이 나타나면 조치하거나 다른 자원으로 넘어간다.

연결

“그 당시의 자신이 지금 당신에게 얘기를 해준다면 뭐라고 할 것 같습니까?”

____

5) 자원 통합

“세 가지 자원 ________, ________, ________을(를) 함께 생각하고, 몸의 느낌에 집중해봅시다. 어떤 느낌이 몸의 어디에서 느껴지나요?” ______________________
“자, 그 느낌에 집중해 보겠습니다.”

____

(반복) ____________________

(반복) ____________________

신체적 감각과 자원을 떠올리고 강화시킴. 긍정적 연상이 나타나면 수차례 지속한다.

6) 재평가와 종료

"지금 찾은 자원들을 가지고 있다고 생각하고, 처음의 문제를 다시 떠올려보겠습니다. 만일 지금 그 상황을 생각해 보면, 0점은 전혀 문제가 없다, 5점은 어려움이 있지만 견딜 수 있는 정도이다, 10점은 상상할 수 있는 최악이라면, 그 상황은 어느 정도라고 생각하십니까?"

0	1	2	3	4	5	6	7	8	9	10
(전혀 문제 없음)					(견딜 수 있음)					(최악)

"잘하셨습니다. 누구나 힘들어지면 가지고 있는 능력에 대해서도 잊어버리거나, 그 능력을 축소해서 별거 아닌 것처럼 생각하기 쉽습니다. 오늘 하신 것처럼 내 안에 항상 있어왔던 힘과 능력들을 잊지 마시고 현재의 어려움을 해결하는 데 활용해 보십시오. 오늘 다시 확인한 자원을 떠올리고 긍정적인 감각을 충분히 느낀다면 여러모로 도움이 될 것입니다."

7. 긍정적 치료목표

1) 시작하기

"많은 분들이 외상경험 이후에 미래가 없는 듯한 느낌을 갖게 됩니다. 외상경험이 우리가 삶에 대해 가지고 있던 연속성, 안전성에 대한 믿음을 무너뜨리기 때문입니다. 그러나 분명히 지금보다 호전된 미래는 있을 것입니다."

2) 목표 설정

"앞으로 치료가 잘 돼서 회복이 되면 무엇을 하고 싶은지 알아봅시다. 이것을 일종의 치료목표로 삼으려 합니다. 지금 나를 힘들게 하는 것들이 다 해결되고, 건강한 상태가 된 이후에 무엇을 하고 있을까요?"

____

____

3) 목표의 타당성 확인

"이 목표가 꽤 괜찮습니까? 이렇게 되고 싶습니까?"
"이것을 하고 있거나 이 상태라면, 지금보다 많이 좋아졌다고 생각할 수 있을까요?"

____

____

4) 목표의 감각적 요소 설정

(이미지) "그 목표를 떠올리면 무엇이 보입니까?" ________________
(소리) "그 목표를 떠올리면 어떤 소리가 들립니까?" ________________
(냄새나 향기) "그 목표를 떠올리면 어떤 냄새 혹은 향기가 날까요?" ________
(감정) "그 목표를 떠올리면 어떤 감정이 드나요?" ________________
(신체감각) "그 목표를 떠올리면 몸에서 어떤 느낌이 느껴지나요? 그 느낌이 몸 어디에서 느껴지나요?" 느낌 ____________ 위치 ____________

5) 목표의 강화

"말씀하신 목표의 이미지, 소리, 냄새 등을 하나하나 제가 불러드릴 테니 집중해 보세요."
"우선, 아까 이야기하신 __________ 장면을 떠올리시고 집중해 보세요."
"이번엔 __________ 소리를 들어보세요."
"__________의 향기를 직접 맡아 본다고 상상해 보세요."
"그리고 __________ 그 감정을 느껴보세요."
"이번엔 마지막으로 __________의 __________ 감각을 느껴보세요."

6) 피드백과 추가 강화

"하시는 동안 불편함은 없으셨습니까? 이번에는 연이어 제가 불러드릴 테니, 그 장소의 감각들을 집중하고 천천히 심호흡을 해보세요."
"어떻습니까? 뭐가 생각나셨습니까?"

____

7) 긍정적 조정

(1) 시각적 조정

"자, 이번에는 시각적 요소를 조정해 보겠습니다. 그 장면을 더 멋있게, 더 긍정적으로 만들어 상상하는 것입니다. 본인의 모습을 더 크게, 선명하게 웃는 모습으로 만들 수도 있고, 주위를 더 멋있게 장식할 수도 있습니다. 좋아하는 사람들을 그 장면에 넣을 수도 있습니다. 어떻게 해볼까요?"

____

____

"어떻습니까? 뭐가 생각나셨습니까?"

____

긍정적이면 수차례 반복한다.

"좀 더 해보겠습니다. 거기에 집중하십시오. 지금은 어떤 것이 느껴지시나요?"

(2) 청각적 조정

"시각적 조정과 마찬가지로, 청각적 조정을 하려 합니다. 그 목표 장면에 소리를 넣을 수도 있고, 변경할 수도 있습니다. 예를 들어, 본인의 목소리를 더 크고 당당하게 할 수도 있고, 주위 사람들의 웃음소리, 박수소리를 넣을 수도 있습니다. 사람들이 얘기하는 긍정적인 말도 좋습니다. 내가 좋아하는 음악이나, 신나는 음악을 배경음악으로 깔 수도 있습니다."

"어떻습니까? 뭐가 생각나셨습니까?"

긍정적이면 수차례 반복한다.

"좀 더 해보겠습니다. 거기에 집중하십시오. 지금은 어떤 것이 느껴지시나요?"

8) 종료

"잘하셨습니다. 오늘 정한 긍정적 치료목표를 생각하면서 앞으로 치료과정에 임하시면 좋을 것 같습니다. 다음 시간에 계속하겠습니다."

8. 거리두기

1) 시작하기

"외상을 경험한 사람들은 외상 상황이 끝났지만, 종종 그때의 장면이나 기억이 원하지 않는데도 수시로 떠오르기도 합니다. 오늘은 이러한 불편한 장면, 기억을 줄이는 방법을 연습해 보겠습니다."

2) 지시

"반복되어 떠오르는 기억이 있으시죠? 이것을 덜 불편하게 만들려고 합니다. 그 기억을 구체적으로 떠올리거나 얘기하실 필요 없습니다."

3) 심상조절

(1) 동영상에서 정지화면으로

"우선 그 장면이 동영상입니까, 아니면 정지화면입니까? 동영상이면 한 장의 사진처럼 정지화면으로 바꾸세요. (3~5초 후) 되셨습니까?"

(2) 컬러에서 흑백으로

"다음은 그 장면이 컬러인가요, 흑백인가요? 컬러라면 흑백으로 바꾸세요. (3~5초 후) 되셨습니까?"

(3) 크기와 경계 설정

"그 장면이 크기가 어느 정도인가요?" ______________________________

"우선 사진에 경계가 있는 것처럼 장면에 모서리나 경계를 만들어 봅니다."

(4) 줄이기

"이제 (   ) 정도 크기로 장면을 줄입니다. 컴퓨터에서 그림의 크기를 축소시키는 것처럼 최대한 줄여보세요. (5~10초 후) 이제 어느 정도 크기로 줄었나요?"

____

(5) 거리두기

"이제 작아진 그 장면을 멀리서 본다고 생각하세요. 최대한 그 장면과 나 사이의 거리를 두세요. 길 건너에 있다고 생각하셔도 좋습니다. 그 사건과 현재 사이에 오랜 시간을 생각해도 좋습니다."

(6) 확인

"그 작아진 장면과의 거리가 얼마나 멀어졌나요?" ______________________________
"그 장면은 얼마나 작게 보이나요?" ______________________________

4) 처리하기

"작아진 장면을 마저 처리하는 것을 상상해 보겠습니다. 어떤 것이 좋을까요? 태우거나, 작게 자르거나, 묻거나, 강물이나 바람에 흘려보낼 수도 있고, 태평양 한가운데 던져버릴 수도 있습니다."
"그렇게 처리하는 것을 상상해 보겠습니다."

5) 긍정적 감각 강화

"잘하셨습니다. 지금 느껴지는 기분이 어떻습니까?"

____

긍정적 감각, 생각, 기분을 보고하면

"그 기분을 몸 어디서 느낍니까?" ______________________________

"____________의 ____________한 느낌에 집중하고 호흡을 해보겠습니다."

6) 종료

"수고하셨습니다. 불편한 기억이나 장면, 감정이 떠오를 때, 그것과 나 사이에 거리를 두고 멀리서 본다고 상상하고, 지금 하신 거리두기를 연습하시면 도움이 될 겁니다."

9. 단축된 심상시연치료

1) 시작하기

“외상경험 이후 이와 관련한 악몽을 반복적으로 꾸는 경우가 많이 있습니다. 오늘은 그 꿈의 내용을 불편하지 않게 바꾸는 방법을 연습합니다.”

2) 악몽 고르기

“불편한 꿈을 불편하지 않은 내용으로 바꾸는 것인데요, 우선 반복적인 악몽이어야 합니다. 오늘 같이 바꿔 볼 악몽을 고르세요. 본인이 느끼기에 감당하기 힘든 악몽은 이 시점에서는 다루지 않겠습니다.”

____

3) 악몽 보고와 그리기

“악몽이 어떤 내용인지 그리고 관련된 불편한 생각, 감정, 상황 들을 간단히 알려주세요.”

____

____

____

____

____

“이제 악몽을 그려보세요. 자세하게 그릴 필요는 없습니다.”

4) 악몽 바꾸기와 그리기

“다음은 악몽의 결과나 내용을 바꾸어 보겠습니다. 보통 악몽의 나쁜 결과와 다른 것이라면 어떤 것이라도 좋습니다. 변화가 극적이면 더 좋을 수 있습니다.”

____

"이제 바뀐 악몽을 그려보세요. 변경된 결과와 기타 변경 사항을 포함합니다. 이 그림은 자세할수록 좋습니다. 여러 생각이나 감정, 상황들을 긍정적인 것으로 바꾸어 그려보세요."

5) 강화

"새로 바뀐 꿈의 그림을 바라보면서 천천히 호흡하겠습니다. 그림의 내용을 상상하고 느껴지는 기분이나 감각을 떠올려 보세요."
"기분(신체감각)이 어떠십니까?"

긍정적인 보고가 나오면 2~3회 정도 반복한다.

(반복)
(반복)

6) 종료

"매일 밤 자기 전에 호흡 등 이완을 하면서 변경된 꿈 전체를 상상하고, 영화 보는 것 같이 시연하세요."
"추가로 낮에 최소 한 번 이상 새로운 꿈을 상상하고 시연하세요. 악몽이 바뀌려면 반복된 연습이 필요합니다. 연습한 만큼 효과도 비례합니다."

10. 수정된 심상시연치료

1) 시작하기

"오늘은 지난 시간과 마찬가지로 외상 사건 후 떠오르는 불편한 기억들을 덜 불편하게 바꾸는 치료를 해보려고 합니다."

2) 침습 기억 고르기

"반복적으로 떠오르는 불편한 기억에는 어떤 것이 있을까요? 기억의 장면, 냄새, 소리일 수도 있고, 그때 느꼈던 감정이나 신체감각일 수도 있습니다. 반복적으로 당신을 불편하게 하는 기억입니다. 만약 이것이 너무 감당하기 힘든 기억이라면 지금은 다루지 않도록 하겠습니다."

3) 기억의 요소 정하기

"자꾸 떠오르는 기억이 어떤 것인지 알아 봅시다. 장면일 수도 있고, 냄새나 소리, 몸의 느낌일 수도 있습니다. 또는 생각일 수도 있습니다. 이러한 것들이 대개는 함께 있는 경우가 많습니다. 어떤 것들인가요?"

모든 요소를 다 찾을 필요는 없으나, 심상 대체를 위하여 적어도 두 가지 이상의 감각 요소는 확보하는 것이 좋음.

이미지(시공간) ______________________________
대체 ______________________________

청각 ______________________________
대체 ______________________________

후각 ______________________________
대체 ______________________________

몸의 느낌 ______________________________
대체 ______________________________

몸의 움직임(행동) ______________________________
대체 ______________________________

생각 ______________________________
대체 ______________________________

감정 ______________________________
대체 ______________________________

4) 대체할 기억 요소 선택

"다음은 그 기억의 부분을 바꾸어 보겠습니다. 사건과 관련이 없는 전혀 다른 맥락의 장면, 소리, 후각, 감각, 생각으로 바꾸어 보겠습니다. 불편한 기억과 유사하지만, 전혀 다른 의미의 것이면 좋고, 특히 본인이 직접 경험했던 긍정적인 기억과 관련되면 더 좋습니다."

원래 요소 ______________________________
대체 ______________________________

원래 요소 ______________________________
대체 ______________________________

원래 요소 ______________________________
대체 ______________________________

"이제 바뀐 장면을 그려보세요. 변경된 결과와 기타 변경 사항을 포함합니다. 이 그림은 자세할수록 좋습니다. 여러 생각이나 감정, 상황들을 긍정적인 것으로 바꾸어 그려보세요."

그림이 완성되면 핸드폰 카메라로 찍어서 연습 시 사용할 수 있게 한다.

5) 강화

"새로 바뀐 기억의 그림을 바라보면서(혹은 감각을 떠올리면서) 천천히 호흡하겠습니다. 수정된 기억의 장면을 상상하고 느꼈던 기분이나 감각을 떠올리면서 그림을 바라보세요."
"기분(신체감각)이 어떠십니까?"

____

긍정적인 보고가 나오면 좀 더 지속한다.

(반복) ______________________________
(반복) ______________________________

6) 종료

"하루에 최소 두 번 이상 변경된 기억의 장면을 심호흡과 함께 상상하면서 시연을 하세요. 그림을 보면서 하면 더 좋습니다. 특히, 자기 전에는 꼭 하시길 바랍니다. 반복된 연습이 필요합니다. 연습한 만큼 효과도 비례합니다."

11. 플래시기법

1) 시작하기

"오늘은 편안한 장소와 불편한 기억을 번갈아 떠올리면서 하는 치료를 진행할 텐데, 편안한 장소는 더 오래 떠올리고 불편한 기억은 잠깐 순식간에 떠올리는 식으로 진행하려 합니다."

2) 불편감 평가하기

"불편한 기억의 불편점수는 몇 점입니까? 0에서 10까지로 나타내며, 10은 가장 고통스러운 것이고 0은 불편감이 없는 상태입니다."

0	1	2	3	4	5	6	7	8	9	10
(불편감이 없음)										(가장 고통스러움)

3) 자원 상태 정하기

"먼저 편안하고 안정감을 주는 생각이나 기억, 장면이 있을까요?"

____

____

"그 ____________ 와(과) 관련된 몸의 느낌은 어떤 것인가요? 그 느낌이 몸 어디에서 느껴지나요?"

느낌 ____________________________________

위치 ____________________________________

4) 준비

"그 __________ 장면과 편안함, 안정감, ____(몸의 느낌)____을(를) 떠올리고, 제가 하나, 둘, 셋, 넷까지 셀 동안 이것에 집중해 보세요. 그리고 제가 '찰칵'이라고 하면 순간적으로 기억을 떠올리고, 다시 '찰칵'이라고 하면 편안한 ____(편안한 기억/장면)____로(으로) 돌아옵니다."

"하나, 둘, 셋, 넷, 찰칵, 다시 ____(자원 상태)____로(으로) 왔습니까?" (환자의 동의 확인)

이 과정을 수차례 반복하여, 외상기억에 순간적으로 노출했다가 자원 상태로 다시 돌아오는 연습을 통해 다음 과정을 준비시킨다.

5) 노출

준비단계에서 환자가 어려움 없이 자원 상태로 돌아올 수 있으면, 세 번 플래시하는 것으로 한 세트를 구성하고, 이 세트를 연달아 3회 실시한다.

"그 __________ 장면과 ____(몸의 느낌)____을(를) 떠올리고, 하나(2~3초)··· 둘(2~3초)··· 셋(2~3초)··· 넷(2~3초)··· 찰칵(순식간), 그리고 자원 상태로 돌아옵니다."

"다시, 그 __________ 장면과 ____(몸의 느낌)____을(를) 떠올리고, 하나(2~3초)··· 둘(2~3초)··· 셋(2~3초)··· 넷(2~3초)··· 찰칵(순식간), 그리고 자원 상태로 돌아옵니다."

"다시, 그 __________ 장면과 ____(몸의 느낌)____을(를) 떠올리고, 하나(2~3초)··· 둘(2~3초)··· 셋(2~3초)··· 넷(2~3초)··· 찰칵(순식간), 그리고 자원 상태로 돌아옵니다."

"자, 심호흡해 보시고요. 괜찮으시죠? 그럼 다시 3회를 시작하겠습니다."

"그 __________ 장면과 ____(몸의 느낌)____을(를) 떠올리고, 하나(2~3초)··· 둘(2~3초)··· 셋(2~3초)··· 넷(2~3초)··· 찰칵(순식간), 그리고 자원 상태로 돌아옵니다."

"다시, 그 ________ 장면과 ____(몸의 느낌)____ 을(를) 떠올리고, 하나(2~3초)… 둘(2~3초)… 셋(2~3초)… 넷(2~3초)… 찰칵(순식간), 그리고 자원 상태로 돌아옵니다."

"다시, 그 ________ 장면과 ____(몸의 느낌)____ 을(를) 떠올리고, 하나(2~3초)… 둘(2~3초)… 셋(2~3초)… 넷(2~3초)… 찰칵(순식간), 그리고 자원 상태로 돌아옵니다."

"자, 심호흡해 보시고요. 괜찮으시죠? 마지막으로 다시 3회를 시작하겠습니다."

"그 ________ 장면과 ____(몸의 느낌)____ 을(를) 떠올리고, 하나(2~3초)… 둘(2~3초)… 셋(2~3초)… 넷(2~3초)… 찰칵(순식간), 그리고 자원 상태로 돌아옵니다."

"다시, 그 ________ 장면과 ____(몸의 느낌)____ 을(를) 떠올리고, 하나(2~3초)… 둘(2~3초)… 셋(2~3초)… 넷(2~3초)… 찰칵(순식간), 그리고 자원 상태로 돌아옵니다."

"다시, 그 ________ 장면과 ____(몸의 느낌)____ 을(를) 떠올리고, 하나(2~3초)… 둘(2~3초)… 셋(2~3초)… 넷(2~3초)… 찰칵(순식간), 그리고 자원 상태로 돌아옵니다."

"자, 멈추시고요. 심호흡을 해보겠습니다."

6) 불편감 재평가하기

"외상기억을 떠올릴 때 불편감에 변화가 있으십니까?"

____

변화가 없거나 적으면 다시 3세트를 시도한다. 만약 불편감이 많이 줄거나, 쉽게 기억에 접근할 수 있다면, SUDS를 물을 수 있다.

"자, 다시 한번 그 기억의 불편점수를 매겨 봅시다. 0에서 10까지로 나타내며, 10이 가장 고통스로운 것이고, 0은 불편감이 없는 상태입니다. 불편점수는 몇 점입니까?"

0	1	2	3	4	5	6	7	8	9	10
(불편감이 없음)										(가장 고통스러움)

SUDS 점수가 0이나 1처럼 매우 낮아진다면, 회기를 종료할 수 있다. 만약 2 이상이라면, 추가로 3세트를 진행할 수 있고, SUDS가 계속 낮아진다면 이에 따라 추가적인 플래시기법을 반복할 수 있다. 더 이상 감소하지 않으면 종료하거나 다른 기억다루기 기법을 시도할 수 있다.

7) 피드백 및 종료

"수고 많으셨습니다. 오늘 어려운 과제를 잘 진행하셨는데 전반적으로 어떠셨나요?"

___

기억의 완전한 처리를 위해 추가적인 다른 치료를 이어서 계획할 때는 다음과 같이 소개할 수 있다.

"이제 덜 불편해진 기억을 더 완전하게 다루는 치료를 진행해 보겠습니다."

12. 외상기억 재경화

1) 시작하기

"오늘은 그 사건의 기억을 간접적으로 그리고 최대한 불편하지 않게 상상해서 치료하는 시간을 갖겠습니다."

2) 외상 사건 이야기와 SUDS 측정

"우선 그 사건을 처음 시작하는 부분부터 간단히 얘기해 주세요. 모두 얘기하는 것은 아니고, 제가 중간에 멈추시도록 안내할 겁니다."

환자가 사건을 얘기하면서 자율신경항진의 증후(안색의 변화, 심박수와 호흡수 증가, 떨림, 땀흘리기 등)가 시작되면, 이야기를 멈추고 현재로 돌아오게 하고 SUDS를 묻는다.

"네, 거기서 멈추겠습니다. 괜찮습니까? 지금 불편점수는 몇 점입니까? 0에서 10까지로 나타내며, 10은 가장 고통스러운 것이고 0은 불편감이 없는 상태입니다."

0	1	2	3	4	5	6	7	8	9	10
(불편감이 없음)										(가장 고통스러움)

3) 제목과 시작-끝 정하기

"자, 그 사건을 지칭하는 이름을 붙여 보겠습니다. 단, 불편한 연상이 되는 이름은 적당하지 않습니다."

"그 사건이 시작되기 직전은 어떤 상황입니까?"

"그리고 사건이 끝나는 시점은 어떤 상황이죠?"

---

4) 3단계 해리

"이제 사건에 대해 떠올리는 작업을 하려고 합니다. 그런데 그 사건을 마치 극장에서 영화를 보는 것처럼 상상하려고 합니다. 우선 영화 극장 한가운데 혼자 앉아 있다고 생각해 보세요. 본인이 큰 극장을 혼자 대여한 거라서 가장 편한 좌석에 앉아 있습니다. 자, 이제 아까 정했던 사건의 시작 직전 당신의 모습이 흑백 정지화면으로 스크린에 보입니다. 그렇게 하셨습니까?"

"이번에는 유체이탈을 해서 극장 뒤쪽에 있는 영사실로 갑니다. 좌석에 앉아서 스크린을 보고 있는 당신의 뒷모습과 스크린의 흑백 정지화면 속 사건 시작 직전 당신의 모습도 보입니다."

5) 흑백영화 상영

"이제 흑백영화를 처음부터 끝까지 상영하는데, 영사실에서 객석에 있는 자신의 반응을 포함해서 관찰합니다. 무성 영화로 소리는 들리지 않습니다."

이후 불편감이 없어질 때까지 영화를 반복한다. 영상의 길이는 최대 2분을 넘기지 않아야 하고, 필요시 불편감을 감소시키기 위해 화면과의 거리, 화면의 크기, 선명도, 속도 등을 변경할 수 있다.

6) 되감기

객석으로 이동하고 영화 속으로 들어간 뒤, 그 영화의 끝부분부터 반대로 재생하는 단계이다. 이때는 영화를 컬러로 변경하고 2초 내 빠르게 되감기를 반복한다.

> "이번에는 영사실에서 객석으로 내려가고, 객석에서 스크린을 봅니다. 그리고 본인이 직접 영화에 들어갑니다. 영화의 끝부분이 시작되고 이때 영상은 컬러에 소리도 들리는 상황입니다. 2초 정도의 짧은 영상으로 끝부분부터 반대로 빨리 되감기를 합니다."

이 과정을 불편감이 없고 자율신경항진이 최소화될 때까지 반복한다.

7) 불편감 재평가

> "자, 다시 한번 그 기억의 불편점수를 매겨 봅시다. 0에서 10까지로 나타내며, 10은 가장 고통스러운 것이고, 0은 불편감이 없는 상태입니다. 불편점수는 몇 점입니까?"

0	1	2	3	4	5	6	7	8	9	10
(불편감이 없음)										(가장 고통스러움)

불편한 점이 없다고 보고하거나 점수가 1이나 2라면, 다음 단계로 진행하고, 만약 3점 이상이면 이전 단계(되감기나 무성의 흑백영화 상영)로 돌아가 진행한다.

8) 사건의 재각본

이제 사건을 다른 버전으로 만들어 경험을 시킨다. 몇 가지 다른 대체 버전을 고안해서 경험하게 하고, 수차례 시연한다.

9) 최종평가

"자, 다시 한번 처음 기억의 불편점수를 매겨 봅시다. 0에서 10까지로 나타내며, 10은 가장 고통스러운 것이고 0은 불편감이 없는 상태입니다. 불편점수는 몇 점입니까?"

0 1 2 3 4 5 6 7 8 9 10

(불편감이 없음) (가장 고통스러움)

큰 불편감 없이 사건을 얘기할 수 있으면 종료한다.

13. 심상재각본

1) 시작하기

"오늘은 좀 더 기억을 구체적으로 바꾸는 치료를 해보려 합니다. 만약 외상기억이 영화라고 생각하면 우리가 영화의 처음과 끝을 정해서, 그 사이사이 내용을 바꾸는 것입니다. 마치 감독이 영화 장면이 마음에 안 들면 커트하고 다시 찍는 것과 비슷한 작업입니다."

"우선 외상기억과 관련된 이미지, 생각, 감정, 신체감각을 마음속으로 생각하고, 이를 다시 얘기해 주시도록 요청할 것입니다. 다음으로 다시 그 외상기억에 대해 검토를 하되, 이번에는 그 기억을 보다 긍정적인 새로운 결과로 변화시켜 볼 것입니다. 이러한 작업은 스스로를 외상 사건에 수동적으로 반응하는 피해자가 아니라, 이를 스스로 극복하고 조절하는 적극적인 존재로 바라보는 데 도움이 될 것입니다. 물론 과거의 외상 사건이 일어난 것 자체를 바꿀 수는 없지만, 지속되고 있는 외상과 관련된 이미지, 생각, 느낌, 믿음은 보다 긍정적인 방향으로 변화시킬 수 있습니다. 이에 대해 질문이 있으십니까?"

2) 주관적 불편감 평가

"외상기억과 장면들을 다시 떠올릴 때, 불안감과 불편감을 경험할 수 있습니다. 그래서 치료과정 중에 가끔 '지금 얼마나 불편하신지'에 대해 질문할 것입니다. 상상할 수 있는 가장 큰 고통을 100, 고통이 없거나 괜찮은 것을 0, 중간 정도, 즉 불편하지만 아직은 참을 수 있음이 50이라고 볼 때, 몇 점에 해당하는지 떠오르는 즉시 말씀해 주시면 됩니다. 그 기억 전체에 대한 불편감이 지금 몇 점 정도입니까?" SUDS ______

3) 외상기억 재현

(1) 멈춤 설명

"앞으로 얘기하시다가 중지하고 싶으신 경우, 언제라도 저에게 얘기해 주시고 멈추실 수 있습니다. 중간중간에 제가 불편한 점수를 0~100 사이로 물어보기도 할 거고, 궁금한 것도 여쭤보겠습니다."

(2) 기억의 구역을 정하기

"만약 그 사건이 한 편의 영화라면, 그 길이가 얼마나 될까요?" ________분
"그 영화의 제목은요?" ____________________
"자, 우선 그 영화의 시작과 끝을 정합시다. 그 기억이 시작되고 끝나는 상황이 되겠지요."
시작 ____________________
끝 ____________________

(3) 사건의 기억을 기술하기

"이제부터 경험하신 사건에 관해 얘기를 듣겠습니다. 1인칭 현재 시점으로 얘기해 주세요. '그때 그 사람이 내게 뭐라고 말했어요'가 아니라 '지금 그 사람이 내게 뭐라고 얘기하고 있어요'라고 말씀하시면 됩니다."

"자, 준비되시면 처음 ________ 상황부터 끝나는 ________ 상황까지 쭉 얘기를 해주세요. 무엇이 보이고 들리는지 감각 경험과 뭘 생각하고 있는지, 몸과 마음에서 무엇이 느껴지는지에 대해 구체적으로 말씀해 주시면 됩니다. 아까 말씀드린 것처럼 그 사건이 지금 일어나고 있는 것처럼 현재, 나의 시점으로 말씀하시는 게 중요합니다."

"지금은 얼마나 불편하신가요? 0에서 100 사이의 숫자로 말씀해 주시면 됩니다."
SUDS ______

대상자가 기술하는 사건 기억을 아래에 요약하여 적고, 중간중간 SUDS를 질문한다.

____
____
____
____
____
____
____
____

(4) 추가적인 힘든 부분 찾기

"지금까지 얘기하신 것 중에서 추가로 불편하신 부분이 있었습니까?"

3) 재각본

(1) 1차 바꾸기

"이번에는 그 기억 중에서 힘든 부분을 찾아내어, 이 부분을 중심으로 바꿔보겠습니다. 정해진 답은 없습니다. 어떤 방식으로든 원하는 대로 자유롭게 변화시킬 수 있습니다. 이것은 현실적일 수도 있고, 비현실적일 수도 있습니다. 중요한 점은 결과를 덜 위협적이고 덜 무서운 방향으로 바꿔야 한다는 점입니다."

"단순히 그 일이 안 일어났다고 생각하는 것보다, 잘 대처하고 덜 해로운 결과가 나타났다고 생각하면 좋습니다."

1차 각본)

(2) 2차 바꾸기

“작성한 기억에 아직 불편한 부분이나 석연치 않은 부분이 있나요? 좀 더 바꾸어 봅시다.”
“지금 만드신 기억에 좀 더 긍정적인 요소나 좋은 감각적인 요소를 추가하여 강화시킬 수 있습니다.”

추가 혹은 수정된 요소들)

“새롭게 변경한 내용을 말씀해 주세요. 처음부터 끝까지 가능한 세세하게 이야기해 주세요. 기억과 관련된 생생한 이미지, 느낌, 신체감각 등을 포함하면 좋습니다.”

2차 각본)

(3) 3차 바꾸기

"잘하셨습니다. 추가로 변경할 부분이 있을까요? 그런대로 괜찮지만 탐탁지 않거나, 별로 와닿지 않는 부분, 조금 불편한 부분이 있으면 추가로 바꿀 수 있습니다. 더 긍정적으로 바꿀 수도 있습니다."

추가 혹은 수정된 요소들)

"새롭게 변경한 내용을 말씀해 주세요. 처음부터 끝까지 가능한 세세하게 이야기해 주세요. 기억과 관련된 생생한 이미지, 느낌, 신체감각 등을 포함하면 좋습니다."

3차 각본)

(4) 최종 재각본 완성

"이번에는 이 완성된 각본을 처음부터 끝까지 얘기하시고, 이것을 녹음하겠습니다. 녹음하는 목적은 새로운 기억을 자꾸 들어, 머릿속 과거 기억을 덜 불편하게 만드는 것입니다."

5) 종료

(1) 치료과정에서 느끼고 생각한 점에 대해 나누기

"지금까지 외상기억에 대해 떠올리고, 새로운 결론으로 대체하는 작업을 해보았습니다.

오늘 함께한 치료작업이 어떠셨습니까? 지금 기분은 어떠십니까?"

(2) 숙제 부여

"마치기 전에 과제를 드리도록 하겠습니다. 오늘 함께한 치료작업 못지않게 과제를 열심히 수행하는 것이 중요합니다. 과제는 하루에 두 번 이상 새로 만든 기억을 생생히 떠올리고 상상하는 것입니다. 잊지 말고 연습하세요. 연습한 만큼 효과도 비례합니다."

14. 상상단서노출

1) 시작하기

“지금부터 노출치료를 위해 피하게 되는 상황을 함께 찾아보고, 그중에 치료에 적용할 상황을 골라보도록 하겠습니다. 사람들은 힘든 기억과 그와 연관된 상황, 이야기로부터 도망치고 싶어 합니다. 고통스러운 경험을 회피하는 것은 단기적으로는 효과가 있겠지만 장기적으로도 그럴까요? 말씀드렸던 바와 같이 회피는 회복을 오히려 더디게 합니다. 회피를 반복하게 되면 이러한 습관은 더욱 강해지기 마련입니다. 노출치료를 하면서 회피하고 있는 상황을 조심스럽게 직면하기 시작하면, 회피하는 습관을 극복할 수 있게 됩니다. 많은 분들이 회피하는 이유는 그 상황이 위험하다고 생각하기 때문입니다. 피하고 싶은 상황에 반복적으로 직면하게 되면, 그 상황이 실제로는 생각보다 안전하고 문제가 없다는 것을 알게 됩니다. 회피를 계속한다면, 상황이 위험하다는 인식을 바꿀 기회가 없어 계속 피할 수밖에 없겠지요. 노출은 이렇게 실제로 위험할 수 있는 상황과 안전한 상황을 구분할 수 있게 도와, 외상경험 이후에 마주하기 어려웠던 활동을 가능하게 합니다. 그러면서 자신이 해결할 수 없고 무능하다고 느꼈던 상황에서 자신감을 회복할 수 있게 됩니다.”

2) 주관적 불편점수 소개

“어떤 상황에서 고통, 불편감이 어느 정도인지 평가하기 위해, 우리는 앞으로 0부터 100까지 주관적 불편감 척도, SUDS를 사용할 것입니다. 가장 큰 고통을 100, 고통이 없거나 괜찮은 것을 0, 중간 정도, 즉 불편하지만 아직은 참을 수 있을 정도가 50입니다. 지금 불편점수는 얼마일까요?”

3) 회피 상황 파악

“외상경험 이후에 피하는 상황이나 사람, 장소, 이야기 등을 함께 찾아봅시다. 어떤 것이 있을까요?”

“자기도 모르게 회피하여 무엇을 회피하는지 떠올리기 어려울 수도 있습니다. 일반적으로 외상을 경험한 분들이 회피하는 상황을 몇 가지 말씀드리도록 하겠습니다."

회피 상황의 예

- 외상 사건과 유사한 상황(장소, 환경, 냄새나 소리)
- 사람이 많은 곳(마트나 영화관)
- 운전하거나 차에 타는 것
- 비좁은 공간(엘리베이터, 방)
- 뉴스나 신문기사(유사한 사건 기사)
- 무서운 영화나 드라마
- 외상 사건에 관한 얘기하기
- 대중교통(지하철, 버스)
- 외상 사건이 일어난 장소 근처에 가는 것
- 시끄러운 장소에 있는 것

"말씀하신 상황에 지금 처했다고 생각하면, 0~100 사이 0은 아무런 불편감이 없는 수준이고, 100은 불편함이 가장 큰 수준일 때, 지금 얼마나 불안하십니까?"

____________________________ SUDS ________
____________________________ SUDS ________
____________________________ SUDS ________
____________________________ SUDS ________
____________________________ SUDS ________
____________________________ SUDS ________
____________________________ SUDS ________

4) 노출치료에 적용할 상황 선정

순서는 낮은 SUDS부터

S1 ____________________________ SUDS ________
S2 ____________________________ SUDS ________
S3 ____________________________ SUDS ________
S4 ____________________________ SUDS ________

S5 ____ SUDS __________
S6 ____ SUDS __________

5) 상황별 상상노출

S(   ) ____ **SUDS** __________

(1) 시작과 끝 정하기

"____________ 상황에 대면하는 본인의 모습을 상상해 봅시다. 처음 시작 부분과 끝나는 부분은 어디인가요?"

시작 ____

끝 ____

(2) 예상되는 불편 요소 찾기

"그 상황에 대처하는 장면을 상상한다면 불편한 부분, 예상되는 어려움이 어떤 것일까요?"

____

____

(3) 대처방법 확인

"어떻게 하면, 이 불편감 혹은 걱정되는 부분을 해소해서 잘 대처할 수 있을까요?"

____

____

(4) 상상노출

"영화를 시청하는 것처럼 그 과정을 상상하세요. 중간중간에 제가 끊고, 어디까지 진행되었는지, 어떤지 물어보겠습니다."

"이미지, 생각과 느낌, 감정, 신체감각 등을 포함해서 말씀해 주세요."

S(　) ______________________________ **SUDS** ________

(1) 시작과 끝 정하기

"__________ 상황에 대면하는 본인의 모습을 상상해 봅시다. 처음 시작 부분과 끝나는 부분은 어디인가요?"

시작 ______________________________

끝 ______________________________

(2) 예상되는 불편 요소 찾기

"그 상황에 대처하는 장면을 상상한다면 불편한 부분, 예상되는 어려움이 어떤 것일까요?"

____

____

(3) 대처방법 확인

"어떻게 하면, 이 불편감 혹은 걱정되는 부분을 해소해서 잘 대처할 수 있을까요?"

____

____

(4) 상상노출

"영화를 시청하는 것처럼 그 과정을 상상하세요. 중간중간에 제가 끊고, 어디까지 진행되었는지, 어떤지 물어보겠습니다."

"이미지, 생각과 느낌, 감정, 신체감각 등을 포함해서 말씀해 주세요."

____

____

____

____

S( ) ______________________________ **SUDS** ________

(1) 시작과 끝 정하기

"__________ 상황에 대면하는 본인의 모습을 상상해 봅시다. 처음 시작 부분과 끝나는 부분은 어디인가요?"

시작 ______________________________

끝 ______________________________

(2) 예상되는 불편 요소 찾기

"그 상황에 대처하는 장면을 상상한다면 불편한 부분, 예상되는 어려움이 어떤 것일까요?"

____

____

(3) 대처방법 확인

"어떻게 하면, 이 불편감 혹은 걱정되는 부분을 해소해서 잘 대처할 수 있을까요?"

____

____

(4) 상상노출

"영화를 시청하는 것처럼 그 과정을 상상하세요. 중간중간에 제가 끊고, 어디까지 진행되었는지, 어떤지 물어보겠습니다."

"이미지, 생각과 느낌, 감정, 신체감각 등을 포함해서 말씀해 주세요."

____

____

____

____

S(　) ____ **SUDS** __________

(1) 시작과 끝 정하기

"____________ 상황에 대면하는 본인의 모습을 상상해 봅시다. 처음 시작 부분과 끝나는 부분은 어디인가요?"

시작 ____

끝 ____

(2) 예상되는 불편 요소 찾기

"그 상황에 대처하는 장면을 상상한다면 불편한 부분, 예상되는 어려움이 어떤 것일까요?"

____

____

(3) 대처방법 확인

"어떻게 하면, 이 불편감 혹은 걱정되는 부분을 해소해서 잘 대처할 수 있을까요?"

____

____

(4) 상상노출

"영화를 시청하는 것처럼 그 과정을 상상하세요. 중간중간에 제가 끊고, 어디까지 진행되었는지, 어떤지 물어보겠습니다."

"이미지, 생각과 느낌, 감정, 신체감각 등을 포함해서 말씀해 주세요."

____

____

____

____

S( ) ______________________________ **SUDS** __________

(1) 시작과 끝 정하기

"__________ 상황에 대면하는 본인의 모습을 상상해 봅시다. 처음 시작 부분과 끝나는 부분은 어디인가요?"

시작 ______________________________

끝 ______________________________

(2) 예상되는 불편 요소 찾기

"그 상황에 대처하는 장면을 상상한다면 불편한 부분, 예상되는 어려움이 어떤 것일까요?"

____

____

(3) 대처방법 확인

"어떻게 하면, 이 불편감 혹은 걱정되는 부분을 해소해서 잘 대처할 수 있을까요?"

____

____

(4) 상상노출

"영화를 시청하는 것처럼 그 과정을 상상하세요. 중간중간에 제가 끊고, 어디까지 진행되었는지, 어떤지 물어보겠습니다."

"이미지, 생각과 느낌, 감정, 신체감각 등을 포함해서 말씀해 주세요."

____

____

____

____

15. 미래상상시연

1) 시작하기

"오늘은 앞으로 직면할 수 있는 어려운 상황을 미리 준비하고 자신감을 가지도록 상상하는 치료를 해보려고 합니다. 마치 운동선수들이 시합을 처음부터 끝까지 잘 치르도록 시합에 앞서 전 과정을 미리 상상해 보는 것과 유사합니다. 운동선수는 이미지트레이닝을 하면서, 특히 어려운 부분에 조금 더 시간을 들여 필요한 기술이나 방법들을 계획하고 준비하는데요. 저희도 치료 후반에 이런 방법들을 함께 시도해 보겠습니다."

2) 미래 상황 정하기

"앞으로 있을 수 있는 도전 상황을 생각해 봅시다. 집이나 학교, 회사에서 있는 일일 수도 있고, 누군가를 만나는 상황일 수도 있습니다. 또 그동안 하기 어려웠던 활동일 수도 있습니다."

____

____

그 상황의 처음과 끝을 정한다.

"그 상황을 처음부터 끝까지 상상한다면 시작 부분과 끝부분은 어떤 것일까요?"

시작 ____________________________________

끝 _____________________________________

3) 상상시연

"자, 이제 그 상황을 시작부터 끝까지 쭉 상상해 보세요. 마치 영화를 상영하는 것처럼 진행합니다. 중간에 불편한 것이나 잘 안되는 게 있으면 제게 알려주세요."

30초~1분 정도 상상 후 잠깐 멈추고 진행 상황을 확인한다.

"어디까지 상상하셨습니까?"

"계속해서 상상하세요."

"어디까지 상상하셨습니까?"

"계속 진행해 볼게요."

"어디까지 상상하셨습니까?"

"계속해서 끝까지 상상하세요. 잘하고 계십니다."

"수고하셨습니다. 혹시 중간에 불편하거나 자신이 없거나 불안한 상황이 있으셨나요?"

불편한 점이 있었으면, 그 대처방법을 상의하고 다시 상상한다.

"이처럼 불편한 상황에서 어떻게 하면 불편감이나 불안함을 줄여볼 수 있을까요?"

"네, 그렇게 대처하는 자신을 상상하며 다시 한번 상황을 처음부터 끝까지 영화를 돌리듯 상상해 보겠습니다. 잘하고 계십니다."

불편감 없이 상상하게 될 때 다음 과정으로 넘어간다.

4) 더 어려운 상황 도전하기

"이전에 예상했던 상황보다 더 어려운 상황을 만들어서 연습을 해보겠습니다."

S1 ______________________________

"그 상황에 대처하는 장면을 상상한다면 불편한 부분, 예상되는 어려움이 어떤 것일까요?"

____

____

"어떻게 하면, 이 불편감 혹은 걱정되는 부분을 해소해서 잘 대처할 수 있을까요?"

____

____

"자, 이제 그 상황을 상상해 보세요. 마치 영화를 상영하는 것처럼 진행합니다. 중간에 불편한 것이나 잘 안되는 게 있으면 제게 알려주세요."

30초~1분 정도 상상 후 잠깐 멈추고 진행 상황을 확인한다.

"어디까지 상상하셨습니까?"

____

____

"계속해서 상상하세요."

"어디까지 상상하셨습니까?"

____

____

"계속 진행해 볼게요."

"어디까지 상상하셨습니까?"

____

"계속해서 끝까지 상상하세요. 잘하고 계십니다."

"수고하셨습니다. 혹시 중간에 불편하거나 자신이 없거나 불안한 상황이 있으셨나요?"

불편한 점이 있었으면 대처방법을 상의하고 다시 상상한다. 불편감이 없을 때까지 이 과정을 반복한다.

S2

"그 상황에 대처하는 장면을 상상한다면 불편한 부분, 예상되는 어려움이 어떤 것일까요?"

"어떻게 하면, 이 불편감 혹은 걱정되는 부분을 해소해서 잘 대처할 수 있을까요?"

"자, 이제 그 상황을 상상해 보세요. 마치 영화를 상영하는 것처럼 진행합니다. 중간에 불편한 것이나 잘 안되는 게 있으면 제게 알려주세요."

30초~1분 정도 상상 후 잠깐 멈추고 진행 상황을 확인한다.

"어디까지 상상하셨습니까?"

"계속해서 상상하세요."

"어디까지 상상하셨습니까?"

"계속 진행해 볼게요."

"어디까지 상상하셨습니까?"

"계속해서 끝까지 상상하세요. 잘하고 계십니다."

"수고하셨습니다. 혹시 중간에 불편하거나 자신이 없거나 불안한 상황이 있으셨나요?"

불편한 점이 있었으면 그 대처방법을 상의하고 다시 상상한다. 불편감이 없을 때까지 이 과정을 반복한다.

5) 재시연

"다시 맨 처음 정했던 어려운 상황을 처음부터 끝까지 상상해 보겠습니다. 단, 이번에는 원래 속도보다 빠르게(4~8배속 정도) 돌려보겠습니다."

어려움 없이 시작부터 끝까지 상상하였으면 반대로 끝에서 시작까지 역방향으로 빠르게 상상시킨다.

"이번엔 테이프를 되감듯 끝에서 시작까지 어려운 부분을 포함해서 원래 속도보다 빠르게 거꾸로 돌려보겠습니다."

불편함 없이 상상하면 이 단계를 끝낸다.

6) 종료

"오늘 수고하셨습니다. 하시면서 느낀 점이 있으셨나요?"

16. 지시적 마음챙김 수용

1) 시작하기

"이번 시간에는 불편한 감정이나 감각을 있는 그대로 관찰하고 받아들이는 연습을 하려고 합니다. 이러한 연습을 통해서 감정을 잘 조절하고, 일상생활 속 스트레스나 불편한 감정에 휘둘리지 않고 이에 잘 대처할 수 있는 힘을 키울 수 있습니다."

2) 신체검색

"먼저 최대한 편한 자세를 취한 상태에서 시작해 보겠습니다. 눈을 감으셔도 되고, 눈을 뜨고 편안하게 물건을 바라보고 진행하셔도 좋습니다."
"이제 잠시 동안 몸에서 느껴지는 감각에 집중해 보겠습니다. 마치 스캔을 하듯이 우리 몸을 머리끝에서 발끝까지 쭉 살펴보면서 뭔가 느껴지는 감각이 있다면 그 감각에 주의를 집중을 해보세요."

감각을 찾았으면 좀 더 바라보게 하고 표현하게 한다.

"그냥 있는 그대로 그 감각을 편하게 바라보시고 어떤 것인지 느껴보세요."
"이제 그 감각의 크기와 모양, 색깔을 바라보세요. 그 감각이 움직이는지 가만히 있는지, 온도나 표면이 어떤지 살펴보겠습니다."
"크기/모양/색깔/움직임/온도/표면은 어떤가요?"
크기 ____________ 모양 ____________ 색깔 ____________
움직임 ____________ 온도 ____________ 표면상태 ____________

3) 감정의 수용 및 명명하기

"이제 그 감각을 약간 부드럽게 할 수 있는지 혹은 그냥 받아들일 수 있는지 한번 보세요."

만약 받아들이기 힘들거나 불편해하면 그것도 있는 그대로 바라보게끔 한다.

"이제 감각이 표현하는 감정의 이름을 붙입니다. 이름만 붙이시고 판단하거나 그것에 반응하지 마세요."

---

4) 생각의 마음챙김

"다음으로, 우리의 생각을 주목하고 바라보는 것을 해보겠습니다. 머릿속에는 항상 여러 생각들이 있습니다. 중요한 것은 그것에 상관하지 않는 것입니다. 대신, 생각이 떠오르면 단순히 '생각이 드네'하고 그 생각이 지나가도록 놔두는 것입니다. 하늘에 떠가는 구름을 바라보듯이 그 생각이 지나가는 것을 관찰해 보세요."

"지금 드는 생각이 있으십니까?"

"좋습니다. 그 생각을 있는 그대로 그냥 바라보고 지나가도록 놔두세요. 다음 몇 분 동안, 제가 멈추라고 할 때까지 그 생각을 바라보세요."
"이제 멈추세요. 지금은 어떠신가요? 아까 그 생각은 어떻게 되었습니까?"

생각이 지나가거나 더 이상 불편하지 않으면 중단한다.

5) 연습

주관적 불편점수가 3점 이하인 가급적 작은 스트레스로 연습하는 것이 좋다.

"최근 스트레스를 받았던 상황을 간단히 얘기해 주세요."

"그 사건을 떠올리고 지금 느껴지는 몸의 감각을 얘기해 주세요."

"이제 그 감각의 크기와 모양, 색깔을 바라보세요. 그 감각이 움직이는지 가만히 있는지, 온도나 표면이 어떤지 살펴보겠습니다."

"크기/모양/색깔/움직임/온도/표면은 어떤가요?"

크기 ____________ 모양 ____________ 색깔 ____________

움직임 ____________ 온도 ____________ 표면상태 ____________

"이제 그 감각을 약간 부드럽게 할 수 있는지 혹은 그냥 받아들일 수 있는지 한번 보세요."
"이제 감각이 표현하는 감정의 이름을 붙입니다. 이름만 붙이시고 판단하거나 그것에 반응하지 마세요."

____

"다음으로, 우리의 생각을 주목하고 바라보는 것을 해보겠습니다. 머릿속에는 항상 여러 생각들이 있습니다. 중요한 것은 그것에 상관하지 않는 것입니다. 대신, 생각이 떠오르면 단순히 '생각이 드네'하고 그 생각이 지나가도록 놔두는 것입니다. 하늘에 떠가는 구름을 바라보듯이 그 생각이 지나가는 것을 관찰해 보세요."

"지금 드는 생각이 있으십니까?"

____

"좋습니다. 그 생각을 있는 그대로 그냥 바라보고 지나가도록 놔두세요. 다음 몇 분 동안, 제가 멈추라고 할 때까지 그 생각을 바라보세요."
"이제 멈추세요. 지금은 어떠신가요? 아까 그 생각은 어떻게 되었습니까?"

____

____

"처음에 느꼈던 감정과 지금 바라보는 감정에는 차이가 있나요? 있다면 어떤 것이 달라졌나요?"

____

____

6) 종료

"수고하셨습니다. 앞으로 일상생활에서 불편한 감정이 생겼을 때, 이것에 영향을 덜 받는 방법을 연습해 보았습니다. 잘 활용하시길 바랍니다."

17. 메멘토 심상

1) 시작하기

"오늘은 그동안 우리가 다루었던 사건의 기억, 그 경험을 마무리하고 정리하는 치료를 해 보려고 합니다. 외상경험, 그 사건에 대한 기념물을 만든다면 어떤 것이 될까요?"

"예를 들어, 기념할 수 있는 물건이나 타임캡슐에 들어갈 물건이 될 수도 있고, 나무나 조각물이 될 수도 있습니다."

2) 메멘토 만들기

그림을 그려 더 구체적이고 생생하게 상상할 수 있다.

"그 모양과 크기, 색깔, 재질은 어떨까요?"

"우선 어느 곳에 (혹은 어떻게) 그 기념물을 놔두고 싶습니까?"

"기념물이나 옆에 추가할 사항이 있을까요? 예를 들어, 나무를 심는다든지 꽃다발을 놓는다든지, 주위를 꾸밀 수도 있습니다."

3) 강화

"그 기념물을 마음속에 떠올리고 상상을 해보겠습니다. 지금 어떤 것이 떠오르시나요?"

긍정적인 연상이 계속되면 수차례 계속한다. 이후 신체감각을 묻는다.

"지금의 신체감각은 어떻습니까?"

"그 감각에 집중하면서 자연스럽게 호흡하겠습니다. 지금은 어떻습니까?"

긍정적인 감각이면 다시 그 신체감각에 집중하고 1~2차례 강화한다.

4) 이름 붙이기(푯말 세우기)

"그 기념물에 이름을 붙인다면 어떤 이름일까요? 기념물 옆에 푯말을 세운다면 거기에 어떤 말을 남기고 싶나요?"

"이름과 말을 생각하면서 다시 기념물을 떠올려 보겠습니다. 지금 어떤 것이 떠오르시나요?"

긍정적인 연상이 계속되면 수차례 계속한다. 이후 신체감각을 묻는다.

"지금의 신체감각은 어떻습니까?"

"그 감각에 집중하면서 자연스럽게 호흡하겠습니다. 지금은 어떻습니까?"

긍정적인 감각이면 다시 그 신체감각에 집중하고 1~2차례 강화한다.

5) 종료

"수고하셨습니다, 오늘 기념물을 만들면서 어떠셨습니까?"

급성기 프로토콜

TIDES

Type-specific Interventions for Disaster Exposed Survivors

일시 ________ 년 _____ 월 _____ 일

내담자 ________

치료자 ________

1. 심리교육

스트레스 사건

침습(뭔가 자꾸 기억이 난다)
회피(관련된 것을 피한다)
과각성(과민하고 신경질, 깜짝 놀람)
인지와 기분 변화(생각이나 기분이 계속 부정적이다)

통증이나 신체증상
우울 증상
불안 증상
기타 증상

2. 유발요인 찾기

보이는 것	
들리는 것	
냄새나 맛	
촉각	
운동감각	
통증/신체감각	
날짜, 계절, 시간	
스트레스 사건, 상황, 장소	
감정, 생각 행동	

3. 착지연습(머무르기)

시각적 머무르기	

청각적 머무르기	

신체감각적 머무르기	

운동감각적 머무르기	

4. 봉인연습(담아넣기)

용기의 이미지	
종류	
모양	
크기, 색깔	
재질, 촉감, 온도	
봉인 방법	
처리 방법	

지은이

김대호

한양대학교 의과대학을 졸업하고 동대학원 의학박사와 전문의를 취득하였으며 현재 한양의대 정신건강의학과 교수로 재직 중이다. 캐나다 토론토대학 정신과에서 연구펠로우를 했으며, 2002년 한양대 구리병원에 외상 클리닉을 개설한 후 현재까지 여러 외상치료를 소개하고 연구 해왔다. 미국 외상성스트레스협회 펠로우, 국제EMDR협회 공식트레이너, 인지행동치료 전문가 자격이 있으며 〈재난충격해결을 위한 한국형 재난유형별 개입 기술의 개발 및 기반 연구〉의 연구책임자를 역임한 바 있다.

이현지

이화여자대학교 심리학과를 졸업하고 동대학원에서 발달 및 발달임상심리를 전공한 임상심리전문가이다. 한양대학교 구리병원 외상 클리닉 및 〈재난충격해결을 위한 기본 치료 프로토콜 개발〉의 선임연구원을 거쳐 현재 범죄 피해 트라우마 통합지원기관에서 외상치료자로 일하고 있다.

심상기반 외상치료

초판 1쇄 인쇄 2023년 4월 17일
초판 1쇄 발행 2023년 4월 24일

지은이 | 김대호, 이현지
펴낸이 | 소정영

펴낸곳 | 도서출판 하나의학사
출판신고 | 1988년 4월 1일 제2022-000082호

주소 | 서울특별시 송파구 동남로 159, 302호(한흥빌딩)
전화 | 02-730-2555, 2556 **팩스** | 02-730-2557
이메일 | hanampc1@naver.com
홈페이지 | www.hanampc.co.kr

ISBN 979-11-91658-27-9 93180